Espiritualidade no chão da vida

Organizado por

VALDIR STEUERNAGEL

MC

MUNDO CRISTÃO

Os textos bíblicos foram extraídos da *Nova Versão Transformadora* (NVT), da Tyndale House Foundation, salvo as seguintes indicações: *Almeida Revista e Atualizada*, 2ª ed. (RA), da Sociedade Bíblica do Brasil; *Nova Versão Internacional* (NVI), da Biblica, Inc.; e *A Mensagem*, de Eugene Peterson, da Editora Vida.

CIP-Brasil. Catalogação na publicação
Sindicato Nacional dos Editores de Livros, RJ

E78

Espiritualidade no chão da vida / organização Valdir Steuernagel. - 1. ed. - São Paulo : Mundo Cristão, 2022.
288 p.

ISBN 978-65-5988-140-6

1. Espiritualidade. 2. Vida cristã. 3. Conduta.
I. Steuernagel, Valdir.

22-78687 CDD: 248.4
CDU: 27-584

Meri Gleice Rodrigues de Souza - Bibliotecária - CRB-7/6439

Edição
Daniel Faria
Silvia Justino

Revisão
Natália Custódio

Produção e diagramação
Felipe Marques

Colaboração
Ana Luiza Ferreira
Marina Timm
Ricardo Shoji

Capa
Rafael Brum

Categoria: Espiritualidade
1ª edição: setembro de 2022

Publicado no Brasil com todos os direitos reservados por:

Editora Mundo Cristão
Rua Antônio Carlos Tacconi, 69
São Paulo, SP, Brasil
CEP 04810-020
Telefone: (11) 2127-4147
www.mundocristao.com.br

Sumário

Um livro que fala de caminhada: espiritualidade desenvolvida na vida pessoal, comunitária, na vocação e na cidadania. Algo mais: vida que jorra nas profundezas do encontro com o Deus Trinitário e os parceiros de estrada. É um dos resultados práticos e palpáveis dos 25 anos de mentoria do Projeto Grão de Mostarda. Como pode ser frutífera e abençoada a jornada entre mentores e mentoreados... Aí está o resultado. Espiritualidade cristã ao rés do chão, com os olhos nos céus.

Carlinhos Veiga e Cláudia Barbosa, líderes
na Igreja Presbiteriana do Lago Norte, em Brasília

Esta obra examina com graça e elegância o caminho do discipulado cristão. Jesus é o Verbo que se fez carne e tabernaculou no meio do povo. Foi o próprio Jesus que ensinou seus discípulos a viverem de modo responsável perante seus contextos históricos. A espiritualidade cristã está arraigada no solo da existência.

Davi Lago, pastor e escritor

Um presente cuidadosamente construído a muitas mãos e a ser apreciado com leveza. São histórias vividas por pessoas simples, que em seu cotidiano simples tiveram a experiência do encontro, do renovo e da entrega na presença de Deus. Que é o caminhar pelas estradas da vida na companhia de irmãos e irmãs que os fazem crescer na fé, no amor, no aprendizado, na admiração e na compaixão pelo outro.

Débora Lília dos Santos Fahur, psicóloga e conselheira da Rede
Evangélica Nacional de Ação Social (RENAS)

Um convite a articular e encarnar a esperança e o amor de Deus em meio aos dilemas, desafios e belezas da vida. O Projeto Grão de Mostarda continua produzindo encontros e transformação, gestando hospitalidade e acolhida. Sentemos a essa mesa de leitura e comunhão, soletrando a fé e o assombramento que saltam de cada um desses textos impregnados de graça e simplicidade e que nascem do encontro com o Verbo que se fez carne e habita entre nós!

Elizete Lima, peregrina de estradas e mesas em
muitos países e contextos da África, Ásia e Europa

Neste precioso livro, os autores compartilham suas experiências com as mais diversas facetas da vida a partir da espiritualidade. Tudo é matéria-prima para exercer ou encontrar a espiritualidade: os filhos, um divórcio, as especialidades, a vocação e o trabalho, a morte, o racismo, a adoção, as redes sociais, a natureza, a feminilidade, a comida e a hospitalidade, o exercício da cidadania. Além de ser fonte de edificação pessoal ou comunitária, é também um incentivo ao registro pessoal de nossas experiências.

Klênia Fassoni, diretora da Editora Ultimato

Anos atrás uma de minhas inquietações, ao ver o momento que a igreja brasileira vivia, era a formação de novos líderes evangélicos com uma compreensão abrangente sobre a missão. Este livro é a culminação de um projeto sinérgico que vem ao encontro dessas inquietações: líderes experientes caminhando com jovens profundamente comprometidos com Cristo que abordam, juntamente com seus mentores, assuntos extremamente pertinentes para a agenda missionária da igreja no século 21.

Marcos Amado, diretor do Centro de Reflexão Missiológica Martureo

Nossa fé se desenvolve no chão batido da realidade. No cuidar dos pequenos, no apreciar das pequenas belezas da vida, na mesa posta, nas lágrimas, nos escritórios, no lidar com o diferente e com o caos do lado de cá da eternidade. Este livro é um compilado ímpar de sabedoria e direcionamento espiritual derramados em novas gerações ao longo de anos pelos mestres Ricardo, Osmar, Ziel, Valdir e Silêda. Certamente é um tesouro do qual tiramos pérolas que nos ajudarão a seguir a direção do nosso Rei em meio aos desafios do cotidiano.

Paulo Nazareth, compositor, músico e pastor na Comunidade da Vila,
e **Luiza Nazareth**, comunicadora e teóloga

Este livro me trouxe à memória duas verdades norteadoras para todo discípulo. A primeira é que Deus age de forma extraordinária através de encontros e conversas, aparentemente, ordinárias. A segunda é que Jesus não nos enviou em missão sozinhos, mas, sim, em comunidade e mutualidade.

Ricardo Agreste, pastor da Chácara Primavera
e líder do Movimento Ressurgência

Prefácio

Meu querido amigo Valdir Steuernagel me convidou para prefaciar esta preciosa obra. Acolhi o convite com muita alegria. Em geral, espera-se que o prefácio agregue mais valor a um livro. Honestamente, não é este o caso. Principalmente porque não se trata de um livro qualquer.

Este é um livro que representa um conjunto de narrativas construídas por muitas vidas ao longo de muitos anos. Tive a honra de ler todos os textos antes de sua publicação. Enquanto lia cada capítulo, fui me dando conta de que não se tratava de narrativas elaboradas para a produção de um livro. Eram simplesmente testemunhos de coisas que acontecem na vida. O livro foi uma consequência da relevância de experiências que alimentam a alma com amor e profundidade, ampliam percepções sobre espiritualidade e aguçam o sentimento de amizade e comunhão com Deus. A espiritualidade neste livro é uma longa interação de grãos de mostarda e habilidosos horticultores. Em toda a leitura ficou evidente que o Pai, o agricultor (Jo.15.11), esteve presente na vida de cada narrador. Deus foi o autor dos fatos, antes dos autores dos textos. Nisso consiste a singularidade deste livro.

Você deve conhecer bem aquele tipo de literatura em que vamos debulhando as palavras ávidos para ler as linhas seguintes. Neste livro, tive ainda a sensação de que Deus vem o tempo todo até nós em nosso chão da vida, ampliando e aprofundando nossa espiritualidade. Desafio você a mergulhar neste poço de vida buscando interpretar e abraçar o jeito amoroso como Deus anota e escreve, também, nas suas experiências e na sua espiritualidade no seu chão da vida.

Assim como em todos os roteiros da existência, uma espiritualidade no chão da vida percorre caminhos paradoxais: de dor e bálsamo, de morte em meio às lágrimas e consolação. Nas páginas deste livro, você deparará com as lamentações como exercício humano das dores que encontraram chão no coração de pessoas em situação de sofrimento. Quando peregrinamos e pisamos na estrada, quantas vezes as pedras da estrada invadem sem permissão os pavimentos de nossa alma! Assim, as narrativas deste livro se veem permeadas de experiências dolorosas que, pela comunhão com Deus e com pessoas batizadas de ternura e sabedoria, foram transformadas em bálsamo e em processos de maturidade. Todo o amargo encontrou sabores agridoces para reanimar a alma.

A sensibilidade da escuta se faz presente na espiritualidade no chão da vida. Os jardins e os céus comunicam, sem linguagem nem palavras, a glória de Deus (Sl 19.1). Lendo este livro encontrei gente com sensibilidade esperta e ávida para escutar a Deus em suas mais diversas formas de revelação. Este é o tipo de livro que propicia uma leitura numa via de duas mãos: enquanto é lido nos ajuda a fazer leituras de nossa própria vida.

Na espiritualidade no chão da vida aprendemos a degustar o texto bíblico em oração, sob a graça e a iluminação do Espírito Santo, alinhando os sentimentos e as experiências da vida ao texto bíblico. Aqui o texto bíblico não se presta ao desserviço de demarcação territorial religiosa. O texto bíblico é saboreado em forma de oração, para encontrar ressonância e eco nas entranhas da alma, aflorando adoração, oração, contemplação, engravidando a vida.

Além do mais, neste livro a fecundação da espiritualidade tornou-se uma tecelagem de poetas que observaram, decodificaram e anotaram as experiências como mensagens de Deus. Encontramos aqui histórias de vidas inteiras e de muitas vidas, mas se não houvesse registros, poesia escrita e narrativa testemunhal tudo se perderia no tempo. Portanto a elaboração é também um ato de espiritualidade. Só temos os salmos, as narrativas bíblicas, as epístolas, as expressões artísticas graças ao esforço da transpiração na tarefa do registro.

Proponho, então, um desafio em seu roteiro de leitura: leia este livro pinçando na memória experiências nas quais você possa identificar Deus notando e anotando as vivências de espiritualidade no seu chão da vida. Leia degustando, desfrutando do livro em conexão com as suas histórias semelhantes às muitas que aparecem nas narrativas aqui contidas. Tenho certeza de que você desfrutará uma das leituras mais preciosas e edificantes de sua vida.

CARLOS QUEIROZ
Pastor, teólogo, professor e conselheiro

Gratidão

Uma das dimensões mais bonitas e profundas da fé cristã é que, à medida que o evangelho vai chegando e se enraizando, vai-se formando uma nova comunidade. Uma comunidade diversa e cuidadora. Este livro é expressão dessa experiência, razão de alinhavar aqui minha mais profunda gratidão. Gratidão ao núcleo-chave do Projeto Grão de Mostarda (PGM), composto por Sandro e Chris Caetano, Osmar Ludovico da Silva, Ricardo Barbosa de Sousa, Silêda Silva Steuernagel, Ziel Machado e eu, Valdir. É a vocação compartilhada entre nós e o companheirismo aprofundado no decorrer dos anos que têm dado cor e sabor, substância e graça a esta caminhada conjunta de mentoria e convivência, fazendo-se uma pequena comunidade, que se tornou irmandade.

Aos poucos e à medida que se identificavam e emergiam temas pertinentes e significativos em nossos encontros de mentoria, uma comunidade maior foi se formando: a comunidade de autores e mentores que, de maneira mutuamente acolhedora, foram dando forma a este livro, que não poderia se chamar senão *Espiritualidade no chão da vida*. Pois é disto que o livro trata e é isto que ele retrata: caminhadas de vida que afirmam a identidade encontrada em Cristo e a humanidade encontrada no outro. A cada um desses autores e mentores, que nos permitiram participar de alguns dos vislumbres de sua vida, de experiências e de conhecimentos — devidamente apresentados no final deste livro —, expresso minha mais profunda gratidão. Uma gratidão que é, certamente, extensiva a Carlos Queiroz, que se dispôs a escrever carinhosa, profunda e compreensivamente o prefácio deste livro.

Uma obra desta natureza requer um longo processo, desde a proposta inicial até a publicação. Expresso profunda gratidão ao Davi (Julião) Heller, pela retaguarda operacional e legal, sempre amparado pela prontidão e agilidade do Vitor Crubelatti, que tornou esta produção mais fácil e ágil. Sabedores do que faziam, neles eu descansei.

Expresso gratidão, também, a um pequeno grupo de participantes da caminhada do PGM, o qual se tornou parceiro consultivo no processo de gestação deste livro. Foram eles: Sandro e Chris Caetano, Fabio Tadashi, Guilherme Ribeiro de Paula, Marcell Steuernagel, Marcus Vinicius, Martina Seefeld Storck, Fabiane Luckow e Silêda Steuernagel. Juntos, sonhamos o projeto e identificamos temáticas e autores, dando rosto a um livro que retrata uma caminhada no universo da espiritualidade humana, comunitária e profundamente dependente do "cicio de Deus".

No transcorrer deste projeto, ainda desejo destacar a Editora Mundo Cristão, que se fez presente de forma afirmativa e acolhedora, através da interlocução com Silvia Justino e Daniel Faria. A eles expresso minha gratidão e meu reconhecimento por sua graça e competência.

Introdução

Por mais de 25 anos, o Projeto Grão de Mostarda (PGM) tem acompanhado a vida de centenas de jovens líderes em um programa de formação espiritual e de mentoria que busca gestar uma espiritualidade com a marca de Jesus. Uma espiritualidade simples, transparente e que abrace a vida por inteiro, em sua dimensão pessoal e comunitária. Uma espiritualidade saudável que se transforme em um estilo de vida que reflita uma cultura voltada para a boa-nova do reino de Deus.

Ao longo dos anos, diversos grupos passaram por esse processo, sendo acompanhados e mentoreados por Osmar Ludovico, Ricardo Barbosa, Ziel Machado (a partir de 2011), Silêda Steuernagel e por mim. Para nós, como mentores, tem sido uma rica experiência de vida, que nos tem permitido encontrar e alimentar uma amizade de vida e uma profunda irmandade. Mais que isso, trata-se de uma experiência que nos tem presenteado com o privilégio de acompanhar muitos jovens líderes entre 25 e 35 anos. Em sua busca pela construção de uma cidadania saudável, sólida e comunitária, esses jovens vão alimentando relacionamentos, gestando matrimônios, sendo agraciados com filhos, definindo chamados e encontrando o próprio ministério em suas diferentes expressões vocacionais.

Mas esse privilégio é expresso também na convivência com intrincados processos de dor, experiências de perda, rupturas de relacionamentos e no mergulho em caminhos vocacionais que acabam conduzindo a verdadeiros becos sem saída ou a escuros labirintos existenciais e sociais, apontando para as inevitáveis encruzilhadas que marcam a vida de cada um de nós.

As bases do processo de mentoria foram delineadas no livro *Formação espiritual: Um caminho de fé, vida e missão* (2020), de autoria dos gestores dessa caminhada. Mas havia ainda tanta coisa por dizer, tanta experiência por compartilhar e tanta história por contar que a decisão pela publicação de um segundo livro foi rápida e natural. Um livro que fosse além, que abordasse áreas experienciadas na vivência dessa espiritualidade comunitária e testemunhal. Afinal, o PGM acabou se tornando exatamente isto: uma comunidade, ainda que dispersa, a serviço do reino na vida do outro. Do outro perto e do outro longe, mas sempre do outro.

Aqui, em *Espiritualidade no chão da vida*, mentores e alguns dos mentoreados encontram uma plataforma comum para compartilhar experiências e aprendizados. É um livro escrito a várias mãos e em coautoria. A esmagadora maioria dos autores é composta de pessoas que participaram dos diferentes grupos que foram constituindo a Comunidade do Grão de Mostarda. Este livro, portanto, dá testemunho coletivo de uma espiritualidade que integra o coração à ação, o silêncio ao testemunho, a individualidade à comunidade, o amor ao serviço e a oração à vocação, sempre em sintonia com os pais e as mães que nos ensinaram a dizer e a viver o *ora et labora*. Pais e mães que, a exemplo do que se encontra na tradição monástica, nos recomendaram como norma de vida saudável, na linguagem de Anselm Grün, uma alternância equilibrada entre oração e trabalho, entre vigília e sono, entre refeição e jejum, entre solidão e convivência.[1] Uma alternância que acaba gestando uma espiritualidade afirmadora de nossa humanidade.

Este livro quer ainda representar um convite aberto a todos que, sempre seguindo os passos de Jesus de Nazaré, buscam viver uma "espiritualidade no chão da vida". Quem percorrer estas páginas deparará com uma enorme gama de assuntos, estilos e histórias de vida, mas tudo perpassado pelo mesmo fio condutor. A espiritualidade que buscamos é aqui traduzida na proposta de viver o que professamos, ainda que em contínuo encontro com nossa fragilidade e carência da graça de Deus. Por isso precisamos entender que *espiritualidade de vida é um caminho sem atalhos*.

Eugene Peterson diz que a formação espiritual se constitui fundamentalmente no que o Espírito faz, formando a vida do Cristo ressurreto em nós.[2] Pela ação do Espírito, então, somos levados à presença de um Deus trino, que em sua Trindade nos revela quem ele é e como atua em nós e através de nós. Ao sermos conduzidos à presença de Deus Pai, o cuidadoso Criador, do Filho encarnado, o revelado Senhor, e do Espírito, o grande Consolador, a base de nossa fé é revelada e delineada.

A Trindade de Deus não é abstrata, mas concreta na vida de Jesus Cristo. Deixar-se encontrar por esse Jesus, segundo o testemunho dos Evangelhos, significa encontrar a Trindade e ter a vida impactada por ela. Daí nasce a importância do encontro profundo e contínuo com esses Evangelhos, nos quais

[1] Anselm Grün, *O céu começa em você: A sabedoria dos padres do deserto para hoje* (Petrópolis, RJ: Vozes, 2004), p. 107.

[2] Eugene H. Peterson, *A maldição do Cristo genérico: A banalização de Jesus na espiritualidade atual* (São Paulo: Mundo Cristão, 2007), p. 277.

encontraremos o verdadeiro Jesus, expressão da Trindade de Deus, sem rodeios nem escapes. É onde nos saberemos chamados para ser dele, viver para ele e seguir em nome dele. Esse é o caminho da espiritualidade. Esse é o caminho do seguir a Jesus, que abrange toda a vida, pela vida toda.

Como ocorreu várias vezes com os próprios discípulos, que procuravam um atalho que agilizasse o amadurecimento no exercício da vida de fé, assim ocorre repetidamente conosco. Logo nos damos conta, porém, de que se trata de um caminho para toda a vida, e um caminho em que não experimentamos mais autonomia, mas, sim, mais dependência. Um caminho em que precisamos ser confrontados constantemente com as mesmas palavras ouvidas por Pedro: "Eu lhe digo a verdade: quando você era jovem, podia agir como bem entendia; vestia-se e ia aonde queria. Mas, quando for velho, estenderá as mãos e outros o vestirão e o levarão aonde você não quer ir" (Jo 21.18). E o nosso desafio é o mesmo dado a ele: "Quanto a você, siga-me" (Jo 21.22b).

O caminho do seguir a Jesus não tem atalhos. É um caminho para a vida toda, e durante toda nossa vida nos percebemos orando: "Senhor, tem piedade de nós", enquanto ele nos responde: "A minha graça te basta".

Espiritualidade por dentro e por fora

O jeito como Jesus nos chama para si penetra todos os poros de nossa existência e nos marca por dentro e por fora. Jesus não nos convida a uma experiência religiosa cosmética, como tantas vezes pretendemos em nossas produções religiosas. Nem o seu chamado é meramente programático, convocando-nos a executar tarefas. A voz de Jesus nos alcança nos níveis mais profundos da alma e nos pede a própria vida, modelada por seu gesto ao dar a *sua* própria vida em nosso favor. A voz de Jesus nos alcança em nossas lutas inglórias e após uma noite de pesca sem peixes. Ele nos convida a deixar tudo na praia e a segui-lo pelo resto da vida, como fizeram Tiago, João e Simão (Lc 5.1-11). A voz de Jesus convida a negar a nós mesmos, com nossas frivolidades, superficialidades e desvios, para nele encontrarmos nossa identidade, pois, como diz o apóstolo Paulo, "nele vivemos, nos movemos e existimos" (At 17.28).

A voz de Jesus nos coloca na trilha do reino de Deus, por onde ele mesmo andou e onde vivencia e anuncia a verdade, a justiça e o amor, no anseio de que vivamos do mesmo modo e caminhemos na mesma direção. Não há lugar nem tempo em que esse reino de Deus não espere ser vivenciado e sinalizado, por dentro e por fora. Em nossa alma e vocação. Em nossa oração e ação. Em nossa adoração e serviço, em uma vida, enfim, que se transforma em altar no qual oferecemos a Deus nosso culto racional (Rm 12.1-2).

Espiritualidade é uma experiência em comunhão e misericórdia

No caminho do seguir a Jesus nunca estamos sós. A natureza da fé é gregária, assim como o próprio Deus o é em sua expressão trinitária. Pai, Filho e Espírito Santo se transformam em uma comunidade que quer inspirar e modelar a comunidade humana. O próprio Jesus, em sua oração sacerdotal, nos chama para dentro dessa comunidade: "Não te peço apenas por estes discípulos, mas também por todos que crerão em mim por meio da mensagem deles. Minha oração é que todos eles sejam um, como nós somos um, como tu estás em mim, Pai, e eu estou em ti. Que eles estejam em nós, para que o mundo creia que tu me enviaste" (Jo 17.20-21).

A afirmação e contínua recuperação da dimensão comunitária da fé é essencial, tanto pela natureza do próprio evangelho e da relação da natureza humana como pela dimensão testemunhal da própria fé cristã. Viver sozinho, uma tentação de nosso tempo, encolhe a natureza humana. "Egoismar" a vida entristece a alma. Ao reafirmar a natureza comunitária da fé, não só apontamos para nossa experiência de que não é bom viver só, como também transformamos a comunidade de fé em um fator missionário, ao fazer dela um espaço vital onde as pessoas se encontram e encontram o outro.

Espiritualidade e vocação... há lugar para todos

Um dos princípios de nossa caminhada de fé, como bem expresso desde os primórdios da Reforma protestante, é que ela acentua o sacerdócio geral de todos os crentes, dignifica o trabalho e o encara como uma resposta vocacional ao chamado de Deus para a vida, individual e coletivamente. A fé evangélica desconstrói o mito de que a vocação clerical é a única que Deus nos concede. Em vez disso, ela dignifica as diferentes áreas de atuação humana, categorizando-as como "vocação" — uma vocação que serve ao outro e estabelece condições para a convivência humana. Quando a vivemos em comunidade, essa convivência afirma o melhor de nossa humanidade, uma vez que a comunidade que honra a Deus dignifica o outro e ainda celebra e cuida da natureza.

Em seu universo temporal e histórico, os discípulos de Jesus o seguiram intensivamente. Em um segundo momento, porém, quando já se expandia a igreja, nem sempre e nem todos os seguidores de Jesus podiam dedicar-se a um apostolado evangelístico e pastoral exclusivo. Foram surgindo novos e diferentes caminhos testemunhais que apontavam para o exercício missional e que se integravam a diferentes matizes profissionais. O próprio apóstolo Paulo conciliava, em determinados momentos, o exercício de sua vocação evangelística com a profissão de fazedor de tendas.

Muitas vezes, no entanto, a tentação de clericalizar a vocação cristã tem emergido como uma sombra sobre a comunidade de fé, como ocorre hoje ao celebrar a figura da autoridade eclesiástica de forma unilateral, reservando o altar de nossas igrejas ao clero e, muitas vezes, a um clero exclusivamente masculino. Além de excludente, essa opção empobrece o testemunho e a natureza da fé cristã. Daí a importância de vivenciar uma espiritualidade que dê lugar a todos, e um lugar digno. Uma espiritualidade capaz do reconhecimento vocacional voltado à construção de um testemunho evangélico integral e ao estabelecimento de um tecido social que busque a convivência justa, igualitária e pacífica de todos. Essa espiritualidade é testemunhal, pois convida a uma grande mesa em que Cristo é tudo que importa e em que ele vive em todos (Cl 3.11).

Missão e conflito profético

Os Evangelhos são muito claros quanto à natureza da fé cristã. Ela é altruísta, e não egoísta. E nem poderia sê-lo, pois Deus não o é. Pelo contrário, Deus é amor, o que o identifica como um Deus missionário, um Deus que se transforma no dom da vida para o outro, quem quer que este seja ou onde quer que esteja. A encarnação de Jesus, como enviado por Deus Pai, é a expressão maior e exata dessa natureza de Deus e de sua intencionalidade em marcar seu povo com essa mesma natureza e com esse mesmo estilo. O evangelista João deixa isso muito claro ao fazer da missão de Jesus o modelo para o envio de seu povo. Jesus o expressa assim: "Paz seja com vocês! Assim como o Pai me enviou, eu os envio" (Jo 20.21; ver 17.18).

É importante destacar que a missão que Deus nos confia não constitui um empreendimento em que devamos delinear a estratégia e o plano de ação. Essa seria uma aventura que não só desfiguraria a missão de Deus como ainda o próprio Deus não seria reconhecido nela. Nossa missão, para ser a missão de Deus através de nós e percebida em nós, precisa seguir o modelo de Jesus, o que significa mergulhar nos Evangelhos a fim de entender e abraçar o jeito missional de Jesus. Significa, ademais, deixar-nos enviar por ele para fazer o que ele fazia, como ele fazia e onde ele fazia. Ele em seu tempo e em seu lugar, e nós em nosso tempo e em nosso lugar.

Seremos percebidos como seguidores, inspirados e modelados por Jesus ao pregar o evangelho, curar enfermos e expulsar demônios, sempre como anúncio da realidade e proximidade do reino de Deus. Tal anúncio, porém, é uma novidade que entra em choque com a velha realidade vigente, na qual os demônios "reinam", os enfermos são abandonados, os pobres são explorados e a injustiça domina. É por causa do encontro com essa realidade que Jesus diz aos setenta e dois que eles serão enviados como cordeiros no meio de lobos (Lc 10.1-3). É por isso que a missão que se vive em nome de Jesus traz dentro de si o que poderia ser qualificado como conflito profético. O arauto do novo reino denuncia, implícita e necessariamente, o velho reino que "mata as ovelhas", assim como Jerusalém matava seus profetas. Jesus o expressa assim: "Jerusalém, Jerusalém, cidade que mata os profetas e apedreja os mensageiros de Deus! Quantas vezes eu quis juntar os seus filhos como a galinha protege os seus pintinhos sob as asas, mas você não deixou" (Mt 23.37).

Em suma, não existe fé cristã sem missão. Não existe missão sem evangelho. Não existe evangelho sem anúncio de transformação, e não existe anúncio sem denúncia da deformação da realidade. Não existe, enfim, missão sem conflito e perseguição, e não existe vivência de vocação sem sacrifício, o que esperamos, e precisamos, deixar claro neste livro.

As diferentes expressões de *espiritualidade* e *missão* aqui delineadas expressam algo do que tem sido nossa caminhada no PGM, sabendo tratar-se de um pequeno grão de mostarda que tem crescido e gerado vida no decorrer dos anos. Neste livro aprofundamos algumas das marcas dessa caminhada, pois as consideramos essenciais para nós e para a igreja. Sabemos que um livro é só um jeito de dizer as coisas, mas queremos que por trás das palavras aqui desenhadas cada leitor e cada leitora possa se perceber caminhando em direção a um olhar, um sorriso e uma oração: o olhar da escuta, o sorriso do abraço e a oração que, no silêncio, soletra a expressão *gloria Dei*.

Sejam todos muito bem-vindos a esta mesa de conversa. Uma mesa na qual também há lugar para você que nos acompanha na leitura deste livro.

PESSOALIDADE

1
O evangelho é coisa dos pequeninos

Fernanda Kivitz e Valdir Steuernagel

Valdir,

Escrevo para contar um pouco das aventuras com minha filha, Valentina, que completou dois anos. Aventuras que implicam necessariamente uma experiência interior, no coração e na alma desta mãe de primeira viagem. Valentina é uma criança feliz, palavra que ela adora pronunciar e que, do seu jeitinho, soa como "fe-iz".

Hoje uma amiga compartilhou a foto de uma escola pública de São Paulo em que quatro crianças, usando máscaras, ocupam uma sala sem mesas, cadeiras e professor. A foto expressa o vazio enorme quanto ao cuidado das crianças, à proteção de seus direitos e à atenção de suas necessidades. Vi a foto quando me preparava para levar Valentina à escola. Ela estava de casaco, tênis, mochila e com a lancheira cheia de guloseimas. Não pude deixar de sentir um constrangimento. Eu disse: "Filha, olha para mim. Mamãe vai tirar uma foto sua!". Ela sorriu para a foto. Toda "fe-iz" por ir à escola. Com lágrimas nos olhos, eu disse a ela: "Nós temos tanto, filha".

Sim, temos tanto. Em um mundo onde muitos têm tão pouco.

Esses dias contei a você sobre uma pergunta que me persegue: Como ensinamos às crianças que a desigualdade não é natural, mas sim construída social e culturalmente? Como ensinamos uma criança a estranhar a desigualdade? Como posso ensinar minha filha a se indignar com o fato de que, enquanto temos tanto, outros têm tão pouco? E como ensino a ela que devemos não apenas nos indignar, mas também agir em favor da justiça e da paz?

Em contrapartida, enquanto somos tão desiguais, somos tão semelhantes. E isso é algo que não preciso ensinar a minha filha. Ela sabe. Ela me ensina isso! Quando alguém se agacha para falar com a Valentina, ela também se agacha; afinal, para ela, somos do mesmo tamanho. É como se ela dissesse: Não há motivo para se agachar quando quiser falar comigo. Somos iguais.

Mas em algum momento, quando começa a ter contornos de adulto, a criança deixa de pensar que somos iguais e passa a ver as diferenças. Que momento é esse em que as diferenças passam a ser tão determinantes em nossas relações a ponto de nos afastar uns dos outros? E não apenas isso. Elas também passam a provocar discriminações, exclusões e violências.

Por isso, viver com a Valentina tem sido para mim uma viagem tão profunda. Não me canso de aprender com minha filha. Quero aprender com ela a ver cada pessoa como meu igual.

Fernanda,

Adorei essa imagem da Valentina se agachando quando um adulto se agacha diante dela. Aliás, dessa cena até me mandaste uma foto. Trata-se de um gesto forte e identificador de uma identidade sendo gestada e afirmada. Prepara-te, pois essa menina terá clareza quanto à própria identidade e ao olhar que ela terá do outro. Ela, pelo que percebes, afirma a igualdade, e seria muito bonito e importante que jamais perdesse isso.

Parece, Fernanda, que estás dizendo duas coisas. Numa delas estás percebendo que, quando crianças, nos percebemos iguais e, em algum momento, começamos a nos perceber diferentes. Na outra, estás te referindo à grande desigualdade que já existe entre nós e que se torna tão visível, e até cruel, quando projetada na vida das crianças. Creio que é bom quando percebemos as desigualdades e não nos conformamos com elas, e considero isso sinal de que ainda há alguma humanidade em nós. Ou seja, há humanidade no inconformismo e no protesto à desigualdade.

Posso contar uma história? Por anos, como sabes, fui executivo na Visão Mundial Internacional. Por trabalharmos com crianças de diferentes lugares do mundo e no contexto de diferentes expressões religiosas, estávamos elaborando uma política global sobre Nutrição Espiritual das Crianças. A fim de entender um pouco mais, resolvi estudar o assunto. Descobri que as crianças têm uma espécie de "espiritualidade nata", que é desconstruída pelos adultos, à medida que elas crescem, ao lhes afirmar repetidamente que devem crescer, se tornar adultas e deixar de lado "essa fé infantil". Foi uma espécie de "descoberta" assustadora, pois, ao desafiá-la a se tornar como ele, o adulto arranca da criança uma verdadeira riqueza. Com isso, todos ficamos mais destituídos, mais secos e mais tensos, todos passamos a viver na redoma de uma racionalidade negacionista daquela espiritualidade que torna a própria vida mais envolvente, mais significativa e mais "fe-iz". Assim como a Valentina.

Essa história me ajudou a querer descobrir que eu precisava não apenas me voltar para a criança e aprender com ela, mas também me tornar como ela se eu quisesse voltar a crer, a imaginar e aceitar o que havia sido eliminado e/ou enquadrado dentro de mim: a "espiritualidade nata".

O que quero dizer é que a criança não apenas se percebe igual à outra, mas se percebe também em sintonia com o eterno, que a conhece, dela cuida e a leva para o futuro envolta num respirar esperançoso. A criança sabe quem ela é porque sabe quem é o eterno. E, por saber quem é o eterno, sabe quem ela é, que o outro é igual a ela e ela é igual ao outro, e, portanto, devem caminhar juntos pela vida. Passar, ou melhor, estar passando por essa experiência tem sido uma descoberta e um desafio que me leva a me agachar diante da Valentina.

O que preciso dizer ainda é que nessa jornada fui percebendo que Jesus fala exatamente disso ao nos desafiar não apenas a não romper a relação entre ele e as crianças, mas ainda a nos tornar como elas se queremos ter alguma participação nas coisas do seu reino. Não foi isso que ele disse? "Deixem que as crianças venham a mim. Não as impeçam, pois o reino de Deus pertence aos que são como elas. Eu lhes digo a verdade: quem não receber o reino de Deus como uma criança de modo algum entrará nele" (Mc 10.14-15).

Quando vais trazer a Valentina aqui em casa? Preciso me agachar diante dela, e Jesus já estará com ela. Assim encontro os dois.

Valdir,

Recebo suas palavras com alegria. Gosto muito de ouvir suas histórias, as suas e as da Silêda. Somos constituídos de histórias. Elas são o palco de nossa transformação. É no correr do tempo, em diversos espaços, com tantos sujeitos-personagens, que vamos nos fazendo, vamos sendo, vamos nos tornando quem somos.

Entretanto é preciso ter um certo olhar, uma certa escuta, um certo coração para que nossas histórias nos transformem. É preciso estar aberto, atento, presente. É assim que me sinto na maioria das vezes com minha filha. É por isso que acho os encontros com as crianças tão transformadores. Sim, elas nos ensinam tanto! Invertem nossas lógicas, desconstroem nossa vida "adulto-centrada", "eu-centrada". E quando você fala que os pequeninos desconstroem a nossa espiritualidade pretensamente "adulta e madura", uau! Sim, o reino é dos pequeninos.

Eu me lembrei do Janusz Korczak, pediatra e pedagogo polonês, e de seu livro *Quando eu voltar a ser criança*. Incrível o título, não é? Você falou sobre voltar a ser criança para desenvolver uma "espiritualidade nata". Quando pequenos, desejamos ser adultos. Mas quem sabe o caminho que trilhamos não deva ser justamente o contrário: voltar a ser criança.

Em seu livro, Korczak narra um diálogo com um adulto cansado de se relacionar com as crianças: "Cansa-nos porque precisamos descer ao seu [da criança] nível de compreensão. Descer, rebaixar-se, inclinar-se, ficar curvado". Mas o pedagogo afirma que isso é um equívoco, pois o que nos cansa na verdade é "termos de elevar-nos até o nível dos sentimentos das crianças. Elevar-nos, subir, ficar na ponta dos pés, estender a mão. Para não machucá-las".[1]

Valentina responde a alguém que se agacha diante dela, agachando-se também. Mas para agachar-se diante de uma criança foi preciso que esse adulto, por assim dizer, se elevasse, ficasse na ponta dos pés. Colocar-nos diante de uma criança sem machucá-la é um exercício grandioso e ao mesmo tempo imensamente singelo.

Seria esse o mesmo exercício que precisamos fazer em nossa jornada espiritual? Ficar na ponta dos pés, elevar-nos com

[1] Janusz Korczak, *Quando eu voltar a ser criança* (São Paulo: Summus, 1981), p. 11.

delicadeza e grandeza? Se queremos viver a espiritualidade das crianças e com as crianças, quais movimentos devemos fazer? Quero viver a espiritualidade da Valentina, com a Valentina.

Fernanda,

Tu perguntas pelos movimentos que "devemos fazer", e parece que, diante da Valentina, duas imagens querem nos chamar atenção. A "fe-iz" Valentina, para focar uma imagem, gosta de ir à escola e nela convive com todas as crianças sem discriminá-las. Mas, como mãe da Valentina, sabes que a realidade que cerca a ambas, e para dentro da qual ela crescerá, é marcada pela discriminação. Uma discriminação que marca a sociedade a partir dos mais variados vieses, sejam etnoculturais, socioeconômicos ou até religiosos.

Vejo, Fernanda, que queres educar tua filha com foco em uma vivência acolhedora do outro e marcada por uma experiência de incômodo diante da desigualdade, como um convite a participar da construção de uma comunidade em que a busca pela justiça e pela igualdade humana como padrão de relacionamento seja uma constante. O que me parece importante aqui é tomar consciência de que para isso sempre precisamos começar em nós mesmos, pois a discriminação e a prática da desigualdade estão dentro de nós, de nossa própria casa e de nossa própria igreja. Assim, como já deves ter percebido, a Valentina te convida e desafia a uma vivência sem discriminação, como é a vivência dela na escolinha. A Valentina nos chama à conversão, não achas?

Isso me leva à segunda imagem que aflorou nesta nossa conversa e que tem a ver com a espiritualidade, seja a experimentada com essa naturalidade que olha e abraça o eterno, e integra na vida o milagre e o outro, seja a experimentada pela convivência com as próprias carências e a necessidade de ser cuidado, e não machucado, como tão bem alertaste.

Ao pensar nesses movimentos, sinto muita necessidade de olhar para Jesus e perceber como ele integrou as dimensões para as quais apontamos nessas duas imagens. Ou seja, a relação com o eterno e a convivência com o outro, pois ele parece nunca separar esses dois universos. Em diferentes momentos dos Evangelhos, podemos observar esse movimento de Jesus que integra a conversa com o "seu Pai" e a pergunta ao outro quando ele simplesmente diz: "O que você quer que eu lhe faça?" (Lc 18.41). Na oração da noite, numa cena imaginativa, ele suspira em gratidão pela presença ativa de "seu Pai" com ele e ao redor dele, no decorrer daquele dia, e sorri ao desfilar diante desse "seu Pai" aqueles que foram consolados, curados e libertados nesse mesmo dia.

Sinto necessidade, também, de olhar para os discípulos de Jesus e perceber a enorme dificuldade que tiveram em entender esse jeito de Jesus de se relacionar com Deus, o seu Pai, e com essa multidão de cegos, coxos, pobres e oprimidos dos quais nunca parecia se cansar e para os quais sempre olhava com compaixão (Mc 6.34). Quando olho para esses discípulos é como se estivesse me olhando no espelho, pois sou um daqueles que, por ter "outra agenda", reluta, de fato, em entender Jesus. Uma agenda que, como os discípulos, foca outra direção, em busca de algo diferente do que Jesus tem a oferecer, algo mais parecido com os "que têm poder sobre o povo", como Jesus os designa, os quais desejam dominar e exercer autoridade sobre os outros (Mc 10.42). Uma agenda que busca algo mais parecido com o que a mãe de Tiago queria para os filhos: vê-los sentados à direita e à esquerda de Jesus, em seu reino (Mt 20.20-21).

É o que os discípulos desejam, e aparentemente nós também. (Tens certeza, Fernanda, de que não vais querer isso para a Valentina?) Ou seja, queremos ser servidos, quando Jesus insiste em querer nos levar por outro caminho. Um caminho que relutamos seguir, mas do qual temos existencial saudade e no qual encontramos o segredo da própria identidade. Um caminho onde encontramos Jesus, o outro e a nós mesmos, o caminho do amor expresso em serviço.

Para indicar esse caminho e insistir nele, Jesus não só aponta para as crianças, desafiando-nos a ser como elas, mas ele também parece apontar para um grupo maior que o dos "meus pequeninos" ao referir-se aos que tinham fome, sede, eram forasteiros, estavam nus, enfermos e presos (Mt 25.35-40); ao qualificar como pequeninos o grupo, denominado os "outros setenta", que ele enviou em missão de anunciar o reino e repreender as forças do mal (Lc 10.21). Esses pequeninos haviam sido agraciados quando Deus os tornou receptores privilegiados da revelação de Deus. Uma revelação que segue um roteiro surpreendente: "Então, em particular, ele se voltou para os discípulos e disse: 'Felizes os olhos que veem o que vocês viram. Eu lhes digo: muitos profetas e reis desejaram ver o que vocês têm visto e ouvir o que vocês têm ouvido, mas não puderam'" (Lc 10.23-24). Essa é a revelação com a qual os pequeninos foram agraciados. O evangelho, de fato, é coisa dos pequeninos. E todos eles fazem companhia às crianças, e as crianças a eles.

Nossa, Fernanda! Preciso dar uma volta em busca de ar, pois sinto que acabei indo longe nesta nossa conversa sobre a Valentina "fe-iz" se agachando diante de quem se agacha diante dela. Mas, voltando a essa imagem e reencontrando algumas cenas de Jesus, eu o percebo agachado ao lado da

Valentina, como se os dois se conhecessem e se entendessem de um modo que sempre me desafia e convida. Vejo os dois se encontrando, e Jesus me olhando como se me dissesse: "Agache-se com a gente, pois se ficar aí em pé acabará deixando de perceber as coisas novas do reino que nascem nesse mundo dos pequeninos".

É que o evangelho é coisa dos "agachados". "Agachados" nas pontas dos pés, como sinal de cuidado.

2

A espiritualidade das pequenas coisas

Sandro Caetano, Christiane Scheuer Caetano
e Silêda Silva Steuernagel

À primeira vista era apenas mais uma foto de jardim compartilhada no WhatsApp. Mas como eles não costumam me mandar "qualquer coisa", eu (Silêda) detive-me para olhar. Era um vídeo curtinho, com uma legenda: "As abelhinhas chegaram!". Só depois de observar atentamente, percebi um movimento sutil, lá atrás. Um pontinho preto, minúsculo traçava um risquinho pontilhado contra a parede clara e subia até desaparecer entre as folhas verdes do jardim. Então, aguçando o olhar, vi que mais abaixo havia outros pontinhos pretos, que se espalhavam e bailavam graciosamente em volta das florezinhas brancas do canteiro. Depois percebi um zumbido muito suave, quase imperceptível, e então entendi: "É o jardim deles! As abelhinhas chegaram!".

Quem não sabe da história nada veria de excepcional naquela foto de um jardim com pequenos íris-da-praia se abrindo. Mas, para nós três, ela traz à tona uma história de expectativas cultivada desde que Sandro e Chris decidiram plantar um jardim e erguer um pergolado, bem ao lado da janela sob a qual há uma bancada em que ela cultiva suas orquídeas e que fica próxima à mesa de jantar. É onde eles recebem seus amigos para comer e conversar. Volta e meia, Valdir e eu sentamos ali com eles, conversamos, circulamos pela cozinha enquanto o churrasco não fica pronto, falando sobre os amigos, a igreja, a vocação compartilhada e o Grão de Mostarda, que para nós é mais que uma sementinha, é o PGM, esse projeto de mentoria que nos une há muitos anos, a eles e a um monte de amigos preciosos. É ali na mesa, intencionalmente integrada à cozinha e à churrasqueira, que rimos (e, às vezes, choramos) saboreando os pratos e as sobremesas preparados com carinho pelo casal. Repartimos a vida, sonhamos, fazemos planos e oramos juntos, tomamos vinho e contemplamos as orquídeas.

A Chris conta:

> As orquídeas são muito importantes para nós dois. Elas são um símbolo de nosso casamento e do cuidado de Deus em nossa vida. Quando o Sandro começou a me dar orquídeas, eu não sabia cuidar delas, e elas morriam depois de algum tempo. Matei uma, duas, três... Mesmo assim, ele não desistiu de me dar orquídeas; e eu, em retribuição, não desisti de aprender a cuidar delas, até que elas começaram a sobreviver. E continuo aprendendo.

Quando irrompeu a pandemia da covid-19, de repente os encontros foram suspensos, em todo lugar. Ninguém mais podia visitar, encontrar ou abraçar o outro. O que todos pensavam ser temporário foi se estendendo por um tempo que parecia interminável, como um túnel sem fim. E quando finalmente os encontros começaram a voltar, ainda cautelosos e limitados pelos protocolos sanitários, trouxeram para a mesa novos ingredientes, de sabor estranho e difícil de degustar: máscaras, distanciamento e suspeitas constantes. O abraço tão ansiado e a vontade de abraçar eram reprimidos num suspiro e no cumprimento desajeitado entre punhos e cotovelos. Ademais, as conversas agora tinham outros componentes inevitáveis, desde as novas cepas do vírus requerendo novas restrições, as terríveis tragédias e desmantelos sociais que continuam explodindo no mundo todo, até o desarranjo e o necessário realinhamento de pequenos grandes detalhes que compunham nossa rotina cotidiana e que foram subitamente desestabilizados. O mundo mudou, e o nosso mundo também.

Tudo isso nos levou a refletir, entre muitas coisas, sobre os impactos dessas mudanças em nossa vida de fé e na vivência de nossa espiritualidade. Nas pequenas coisas que importam e no que importa mudar ou preservar.

Um dos temas recorrentes em nossas conversas ao redor da mesa, desde alguns anos, tem sido o sonho há muito acalentado pelos dois de serem pais. O turbilhão inesperado da pandemia desestabilizou o processo de adoção que já estava bem avançado. Mas Sandro e Chris não se deixaram abater e, à semelhança de Sara e Abraão, que esperaram o filho prometido crendo no Deus que "chama à existência coisas que não existem, como se existissem" (Rm 4.17, NVI), continuaram a preparar a casa para a chegada das crianças que eles, mesmo sem conhecer e sem certeza dos detalhes, já haviam acolhido no coração como seus filhos.

Nesse contexto de expectativa fruto da espera é que se dá a reflexão sobre a espiritualidade que integra paternidade com trabalho, casa, mesa e jardim. Como será ser pai e mãe, depois de anos de espera? Que mudanças ocorrerão na dinâmica familiar e nos relacionamentos? Como criarão os filhos de modo a proporcionar-lhes, além de muito amor e a segurança de um lar, uma formação cristã sólida e equilibrada? Nesse novo momento em que valores cristãos e os próprios fundamentos da fé estão abalados e são relativizados, como nutrir espiritualidade, comunhão e vocação? Como...? Assim relata o Sandro:

> Perguntas me vêm à cabeça: O que realmente é importante? Como seremos após a pandemia? Estávamos acostumados com a casa cheia, tempo de curtir e de servir ao outro... E estávamos sonhando! E agora?

No caminho da espiritualidade, muitas vezes desanimamos quando sonhos e planos são ameaçados, e a estrada com a qual "estávamos acostumados" desmorona. Os deslizamentos nos paralisam. Sem paixão, sem uma força motriz que nos impulsione e sustente, e a menos que estejamos plantados "à margem do rio" (Sl 1.3) e tenhamos raízes robustas que "se estendem até as correntes de água" onde reside a fonte de vida (Jr 17.8), desabamos e estagnamos. Qual será a profundidade de nossas raízes? Qual é a fonte de nossa força e de nosso sustento?

Ronald Rolheiser define espiritualidade como aquilo que fazemos com o fogo que há dentro de nós. A espiritualidade, diz ele, é o que fazemos com nossos desejos, é como lidamos com a dor e com a esperança que os desejos nos trazem.[1]

Sandro conta o que lhe aconteceu em meio ao desânimo que ameaçava derrotá-lo e compartilha pequenas descobertas que foram se tornando revelação e aprendizado nessa caminhada entre o desejo e a esperança.

> Numa manhã acordei e disse: "Vamos arrumar o jardim! Quero uma grama na qual deitar, quero um pé de jabuticaba e um pergolado coberto de maracujás que tragam sombra e frutos. E quero flores, muitas flores".
>
> Começamos o projeto do jardim, tiramos a grama velha, colocamos grama nova, lemos sobre jardinagem, sobre como regar a

[1] Ronald Rolheiser, *The Holy Longing: The Search for a Christian Spirituality* (New York: Image, 2014), p. 7.

terra... E a imaginação voava, lembrando dos textos em que Jesus falou sobre solo e sobre plantas e sementes.

Os dias foram passando, as plantas crescendo, os espaços sendo ocupados, e a minha ansiedade foi sendo tratada. Eu tinha de esperar o tempo da jabuticabeira florir, o tempo da flor virar fruta e o tempo da fruta amadurecer. Meu Deus, que sofrimento! Mas, com tudo isso, fui aprendendo muito sobre mim mesmo. Eu, um acelerado por natureza e *expert* em prover soluções rápidas, aprendi a contemplar, confiar e esperar. A minha ansiedade não antecipava em nada as coisas que eu julgava poder controlar. E no tempo certo comi jabuticaba no pé!

E o pé de maracujá? Com esse aprendi tantas coisas. Aprendi que, para dar muitos frutos, e frutos saborosos, ele precisa ser podado, e os galhos, direcionados. E aí, um dia, vejo um monte de lagartas comendo o meu pé de maracujá! E agora? Tentamos cortar as folhas com lagartas, mas eram tantas que desistimos. Vamos dormir! E à medida que eu tentava afastar a lembrança daqueles bichinhos vorazes que ameaçavam os meus planos e o meu sono, fui aprendendo que dormir é também um exercício espiritual, é descansar em Deus, como diz o salmista: "Em paz me deitarei e dormirei, pois somente tu, SENHOR, me guardas em segurança" (Sl 4.8). E um dia, ao fazer a ronda pelo jardim, vejo uma borboleta, e depois mais uma, de repente três... Então era isso: as lagartas eram borboletas a caminho!

Percebo que esse jardim tem muito mais coisas para me ensinar. Eu ainda descobriria que não basta plantar e regar, cuidar e esperar. A flor do maracujá precisa de um agente polinizador para dar frutos. Recorro ao Google (afinal, disso eu entendo bem, e é sempre mais rápido!) e ele me diz que tenho de esperar (de novo!?), pois preciso ter uma abelha que faça esse papel. E a minha ilusão de onisciência dispara: "Isso é impossível! Eu nunca vi uma abelha por aqui!". Mais uma lição a ser aprendida na prática da espera: "Fé é a certeza daquilo que esperamos e a certeza das coisas que não vemos" (Hb 11.1, NVI). Então um dia, na minha ronda pelo jardim, deparo com a abelha, aquela que o Google disse que devia existir para polinizar o maracujá. E a minha ansiedade se vai e dá lugar ao canto: "Nem Salomão, em toda a sua glória, se vestiu como os lírios do campo!". E ouço, de novo, Jesus me dizer que olhe para as aves do céu e os lírios do campo. Eles me ensinarão a confiar que Deus sabe do que eu preciso e a escolher o essencial: "Busquem, em primeiro lugar, o reino de Deus e a sua justiça, e todas essas coisas lhes serão dadas" (Mt 6.25-33).

Quando Jesus surpreende seus discípulos empenhados em uma grande discussão acerca de "qual deles seria o *maior*", antes de dizer qualquer palavra ele "trouxe para junto de si uma criança pequena". Será que ele desejava que os próprios discípulos comparassem a estatura? Mas ele inverte a questão, dizendo: "O *menor* entre vocês será o maior" (Lc 9.46-48, grifos nossos). A verdade é que também somos como aqueles discípulos. Não nos agrada ser pequenos, muito menos "o menor". Não queremos ser "crianças", queremos ser "gente grande", ser autossuficientes e detentores do poder. Mas Jesus aponta para outro jeito de viver, desafiando-nos a olhar para "os pequeninos" e para coisas pequenas de nosso dia a dia (sal, sementes, fermento, moedinhas perdidas, cisco nos olhos) a fim de enxergarmos além, atentando à revelação de Deus manifesta no costumeiro e no inusitado, como nas "abelhinhas" que julgávamos não existirem por aqui.

Em Filipenses 1—2, o apóstolo Paulo diz que nosso jeito de viver, nossos desejos e ambições, o tipo de relacionamento mantido com os outros, nosso agir na sociedade, a ética praticada e o exercício da cidadania refletem aquilo que somos. Nossa espiritualidade se revela em casa e lá fora, nos pequenos gestos do dia a dia. Paulo chama isso de *atitude* e diz que devemos ter "a mesma atitude demonstrada por Cristo Jesus. Embora sendo Deus, não considerou que ser igual a Deus fosse algo a que devesse se apegar. Em vez disso, esvaziou a si mesmo; assumiu a posição de escravo [...]. *Por isso* Deus o elevou ao lugar de mais alta honra e lhe deu o nome que está acima de todos os nomes" (Fp 2.5-11, grifos nossos).

Viver assim não é fácil, mas é um chamado à obediência e à fidelidade ao nosso Mestre e Senhor, que exemplificou isso com a própria vida ao tornar-se "pequeno" por amor a nós.

Em um fascinante livro intitulado *Keeper of the Springs* [Guardiã das fontes], a já idosa Ingrid Trobisch refletiu sobre a espiritualidade encarnada nas pequenas coisas do cotidiano. Compartilhando coisas simples de sua longa história, ela mencionou a importância de viver como quem cultiva flores: "Flores são como filhos. Precisam de alguém para cultivá-las. Alguém precisa nutrir e fertilizá-las na primavera para que brotem e cresçam fortes, altas e saudáveis. Alguém precisa estar lá para admirar seus brotos no verão, para podar e arrancar o que se estragou e secou no outono. Mesmo no inverno, nem tudo se perde. Há oportunidades para cultivar beleza".[2]

Trata-se de lições de vida que vamos aprendendo, juntos, à medida que o jardim floresce, a jabuticabeira frutifica e as abelhinhas chegam (assim como vieram as lagartas e as borboletas) para polinizar o pé de maracujá, que nos trará frutos e sombra. E tem as orquídeas, não é, Chris?

É isso mesmo! Hoje são mais de sessenta orquídeas aqui em casa, nos painéis da churrasqueira, no jardim, no balcão da sala de

[2] Ingrid Trobisch e Marlee Alex, *Keeper of the Springs* (Colorado Springs: Multnomah Books), p. 19.

jantar… Elas me ensinam muita coisa, todos os dias. Primeiro, que o cuidado nem sempre nos é natural, mas podemos insistir, ir atrás. Deus nos criou para cuidarmos do jardim (Gn 2.15). Essa foi nossa primeira tarefa, cuidar do jardim onde ele nos colocou! É tão lindo, mas tão difícil, às vezes. Se não nos esforçarmos um pouco, perderemos uma das missões mais importantes como filhos de Deus: cuidar! Palavra tão simples e tão menosprezada, mas que diz tanto: nutrir, fazer crescer, desenvolver, alegrar-se com as raízes novas e esperar um brotinho nascer e as flores se abrirem.

Cuidar das plantas me ensina, cada vez mais, sobre a construção de relacionamentos: com Deus, com a família, com os amigos, com todos aqueles que cruzam nosso caminho. Relacionamentos também precisam ser cuidados. Como é lindo acompanhar o desenvolvimento de uma criança, e como dá trabalho! Relacionar-se com o outro não é fácil, é um aprendizado constante que também precisa de uma boa dose de esforço, persistência e nutrição.

Leighton Ford conta que os professores da escritora Anne Cunningham, então com treze anos de idade, intrigados com a capacidade incomum da menina de ouvir e gravar tudo que ouvia, perguntaram-lhe como ela aprendera isso. Anne respondeu que apenas ouvia com atenção o que as pessoas diziam. Ela havia descoberto que a capacidade para tal escuta é um dom a ser valorizado, a ser explorado, a ser usado como meio para uma escuta mais profunda e interior. Ela havia descoberto, assim, o que os primeiros pais da igreja queriam dizer ao falar sobre o "ouvido do coração".[3]

Anos atrás, meu filho chegou em casa com uma mudinha de planta e um pacote de terra fértil, e me chamou para o jardim.

[3]Leighton Ford, *The Attentive Life: Discerning God's Presence in All Things* (Downers Grove, IL; InterVarsity Press, 2014), p. 43.

"Procurei muito até encontrar o que eu buscava", disse. "Eles me garantiram que é uma cerejeira, mas ainda desconfio que não seja o que eu quero. Mesmo assim, decidi plantar, regar e esperar. Daqui a um ano a gente vai saber." E acrescentou, pensativo: "O nome dela é Graça". Eu o abracei em silêncio. Não precisava de palavras para saber que ele estava falando de sonhos e desejos cultivados entre o medo da desilusão e a esperança de um milagre.

Meses depois no tempo da floração, o jardineiro decretou a morte da plantinha. Ela havia crescido muito pouco e só tinha umas folhas esparsas; ela não vingaria. Meu filho examinou a raiz e as pontinhas dos ramos, com uns brotinhos murchos e encolhidos como um bichinho morto. Então disse ao jardineiro: "Deixe-a como está. Eu mesmo vou podar e cuidar dela. Ela ainda vai brotar; mais tarde, mas vai. Eu a plantei num pequeno espaço onde o sol consegue chegar apenas uma hora por dia; mas com essa pequena incidência do sol, em algum momento, ela florescerá, mesmo fora de época e fora das previsões". E continuamos a regar e nutrir a plantinha.

Certa manhã ele me levou até a janela e apontou para o jardim com um sorriso deslumbrante no rosto: "Veja, mãe! A Graça floresceu!". Durante os anos seguintes, à medida que a cerejeira crescia e começavam a surgir pequenos botões "temporãos", começava também a nossa liturgia da primavera. Abrir a janela cedinho para ver os botões se abrindo e se transformando em lindas flores rosadas, como um enorme buquê que ia crescendo a cada dia, tornou-se para nós um ritual de gratidão a Deus e de celebração embalada pelo canto: "A Graça floresceu! Mais uma vez! Graças a Deus!".

Como diz Leighton Ford, citando o rabino Abraham Heschel, a arte de perceber a Deus, de sentir a sua presença em nossa vida diária, não pode ser aprendida de segunda mão.[4] É preciso vivenciar e deixar-se surpreender, e assim experimentar que as misericórdias do Senhor são inesgotáveis e se renovam a cada manhã. Grande é a sua fidelidade (Lm 3.22-23)!

[4] Ibid., p. 38.

3

Eu também... A espiritualidade da escuta

Keren Moura com mentoria
de Silêda Silva Steuernagel

Ali, em meio ao burburinho, sua curiosidade falava alto. Aquela seria a oportunidade de ver em ação aquele de quem ouvira falar. A multidão assusta, o barulho incomoda. A saída é encontrar um lugar do qual seja possível ver sem ser visto, participar daquele momento na posição de observador, sem precisar se envolver, ter contato ou ser atingido por algum desavisado atrapalhado.

Aquela figueira-brava parecia uma boa opção. Alta, robusta, cheia de galhos fortes e folhagem densa. Enquanto a multidão se espremia, ele usufruia da vista privilegiada. Talvez nesse momento, Zaqueu tenha relaxado e se aconchegado. Agora podia ver tudo o que quisesse, ouvi-lo e tirar as próprias conclusões.

Entre o emaranhado de galhos, Zaqueu escuta seu nome dito pela boca do Mestre. É *ele*! Jesus percebe sua presença, enxerga-o. Apesar de ter sido pego de surpresa, Zaqueu sabia que de alguma forma aquele chamado rompia barreiras de proteção calcificadas havia tempo em seu coração. E Jesus queria mais; queria se hospedar em sua casa! Era inevitável que seu coração se enchesse de alegria.

A casa de Zaqueu pode ter significado por muito tempo um lugar de abrigo e reclusão, uma vez que suas relações com os outros não pareciam das mais amigáveis. Talvez as pessoas não quisessem ir à casa de um pecador, ou talvez esse pecador evitasse recebê-las. De uma forma ou de outra, esse convite apresentou-se inusitado para todos. Zaqueu foi chamado do medo à hospitalidade.

Eu também. Em grande parte de minha caminhada, procurei por bons lugares para poder observar à distância, escondendo-me entre galhos de formulações, idealizações e certezas. Acreditava participar ativamente dos acontecimentos de minha vida, mas estava sempre protegida e me guardando do contato muito próximo com a multidão.

As palavras *medo* e *hospitalidade* marcam pontualmente o processo que se abriu diante de meus olhos durante o PGM. Lembro que cheguei a nosso primeiro encontro no meio de um turbilhão em minha vida, mas estava curiosa para viver aquela experiência, apesar de não fazer ideia do que seria. Andava cansada, carregando fardos que eram tão pesados e tão meus que já nem os percebia. O medo de perder o controle drenava minhas energias. Existia em mim uma sede que me era desconhecida, calada e dormente pela rotina da busca do ideal.

Nesse contexto, escutei o chamado para descer depressa, um ritmo que me parecia familiar. Abri minha casa e me adiantei em mostrar ao Mestre o que eu andava fazendo, o que eu tinha e o que queria além daquilo, meus sonhos e anseios. Qual não foi minha surpresa ao perceber que seu chamado era outro. Era um chamado à quietude, à escuta. E ele tinha pressa.

Meu coração me era desconhecido, povoado por emoções, memórias, decisões, aspirações, preocupações e, principalmente, idealizações. Ali também estavam armazenadas questões com as quais não queria lidar, das quais tinha medo e queria manter distância. E foi justamente ali que ele quis me encontrar, naquele momento. Era ali que ele queria se revelar, me revelar e declarar minha verdadeira identidade.

Ao entrar, Jesus abre portas e janelas, não para revelar e resolver problemas, mas para arejar o espaço que se constrói como o lugar da escuta de nós mesmos, de Deus e do outro. No interior, Cristo nos convida a revisitar esses espaços tão comuns que definem, com base no que temos, quem somos, fazemos ou parecemos. E é em nossa própria casa que podemos ouvir nosso convidado dizer: "Eu amei você com amor eterno, com amor leal a atraí para mim" (Jr 31.3). Ao ecoar pelas paredes do nosso coração, suas palavras se tornam vida, e ele, a Vida. Quando o verdadeiro amor entra, o medo é lançado para fora.

> O mistério da vida espiritual é que Jesus deseja encontrar-nos na solitude de nosso coração, ali revelar seu amor por nós, livrar-nos de nossos medos e tornar conhecido nosso mais profundo eu. Assim, na privacidade de nosso coração, podemos não somente conhecer a Jesus, mas também, através de Jesus, conhecer a nós mesmos.[1]

O espaço da escuta em Cristo é construído a cada dia. Leva tempo, leva história, leva vida. E ele sabe. Por isso, nos atrai com um amor leal, que considera nossa estrutura, condições e momentos. Precisamos de um amor leal porque nos perdemos com facilidade em nossos próprios caminhos, fato que nunca pega Deus de surpresa, "pois ele sabe como somos fracos; lembra que não passamos de pó" (Sl 103.14). Além disso, precisamos que seja um amor eterno, que abranja nossa história e

[1] Henri J. M. Nouwen, *You Are the Beloved: Daily Meditations for Spiritual Living* (Londres: Hodder & Stoughton, 2017), 17 de abril (e-book Kindle).

existência como um todo, em sua integralidade. Nossa trajetória é valiosa para Deus, cada detalhe da vida se torna matéria em suas mãos, solo fértil para o futuro.

Deus me chamou nesse primeiro encontro, fez morada em mim e me chamou para, em Cristo, retornar a quem realmente sou: uma pessoa à imagem e semelhança de Deus. Aos poucos, Jesus foi se tornando o lugar da escuta, onde ouço sua voz declarar a verdade do reino e onde a comunhão me impulsiona para a vida nele, por ele e para ele.

A maioria desses conceitos não é novidade para aqueles que cresceram em ambientes cristãos. Muito ouvimos sobre o amor de Deus e sobre quem ele nos chama a ser. Mas a caminhada e a revelação são eventos pessoais, porque Deus é um Deus pessoal. Chega um momento em que esses conceitos vão tomando lugar no coração, assentando-se no profundo, como pedras no fundo de um rio. Tudo faz sentido dentro da jornada pessoal, e podemos enxergar as digitais de Deus espalhadas por ela. E a partir daí, é como se o rio da Vida fluísse com mais intensidade em nosso interior.

A questão é que, de tempos em tempos, essas pedras voltam a se agitar, e descobrimos que nem tudo são flores. A vida segue com suas intempéries e seus imprevistos. E, muitas vezes, nos sentimos desacompanhados na imprevisibilidade e nas dores e angústias que acreditamos serem só nossas. Tentamos carregar, sozinhos, fardos pesados demais. Nessas situações, apesar da dificuldade, precisamos olhar para nós mesmos e encarar essa realidade, assumir que tentamos ser por nossas próprias forças. Em Deus, porém, temos o ambiente seguro para nos perceber enquanto escutamos sua voz ressoar em nosso interior dizendo-nos quanto somos amados por ele. É maravilhoso poder reconhecer que somos vulneráveis diante de um Deus de amor, que conhece nossa estrutura e que ainda assim nos ama com amor eterno, incondicional, do qual nada pode nos separar. Nem nós mesmos.

As Escrituras declaram que as misericórdias do Senhor se renovam cada manhã, e essa nossa necessidade "a cada manhã" revela que é preciso acolher a vida como um processo não linear, como um chamado diário a ouvir a voz de Cristo na quietude de nosso interior, um chamado a habitar a casa do Amor. Nos salmos, encontramos a metáfora de sermos como árvore plantada junto a ribeiros de águas, e nesse sentido meu coração é aquecido e encorajado com uma frase do *designer* italiano Bruno Munari: "Uma árvore é uma semente que cresce devagar e em silêncio".[2] Devagar e em silêncio. Devagar. Em silêncio.

É no silêncio que posso escutar. Quando estou devagar, desacelerada, posso acompanhar e ser acompanhada. Cristo é o Caminho que se expande conforme caminho, e ao perceber-me caminhante descubro que estou acompanhada. Eu também, como Zaqueu, vi que ao entrar em casa e ouvir a voz de Cristo entendemos que o olhar para dentro implica olhar para fora, para o outro.

Ao sair de nós mesmos após as experiências de escuta em Cristo, estamos em paz com nossas fragilidades, porque é nelas que encontramos a força dele. É fora e em paz que sou capaz de escutar os passos à minha volta, e sou introduzida a uma pedagogia de escuta que se aprende na caminhada lado a lado. A escuta do passo nos permite saber que estamos juntos e passamos pelos mesmos trajetos, e é nesse lugar que se constrói o aprendizado.

[2] Citado em José Tolentino Mendonça, *O tesouro escondido: Para uma busca interior* (São Paulo: Paulinas, 2012), p. 12.

> Os amigos trazem à nossa vida uma espécie de atestação. Os amigos sabem o que é para nós o tempo. Eles testemunham que somos, que fizemos, que amamos, que perseguimos determinados sonhos e que fomos perseguidos por este ou aquele sofrimento. E fazem-no não com a superficialidade que, na maior parte das vezes, é a das convenções, mas com a forma comprometida de quem acompanha.[3]

No PGM tive consciência da construção intencional de Deus do lugar da escuta, do lugar do "eu também". Em nossos encontros, apesar de não sermos todos conhecidos, o ressoar do "eu também" criou um ambiente de liberdade, segurança e intimidade, onde podíamos abrir o coração e as dores, sabendo que o outro escutava como escuta a si mesmo, e a recíproca era verdadeira. Usando as palavras de Henri Nouwen: "Havia uma intimidade espiritual entre nós que só poderia ser entendida como um sinal da presença de Deus".[4] O sentido de comunidade de fé, de corpo de Cristo ganhou novos contornos para mim. Cristo é o lugar da escuta, é o Caminho no qual nossos passos encontram companhia nessa "jornada com Cristo, até Cristo".[5]

A Bíblia é repleta de histórias de encontros pessoais com Deus que não acabam em si mesmos, mas seguem com a escuta do vá, saia, anuncie, conte, proclame, exponha o que vive. A partir do "eu também" que ecoou da cruz, da identificação que emana da Encarnação, somos capazes de ouvir os passos e

[3] José Tolentino Mendonça, *Nenhum caminho será longo: Para uma teologia da amizade* (São Paulo: Paulinas, 2013), p. 102.

[4] Henri J. M. Nouwen, *Diário: O último ano sabático de Henri J. M. Nouwen* (São Paulo: Loyola, 2003), p. 37.

[5] Osmar Ludovico, *Inspiratio* (São Paulo: Mundo Cristão, 2017), p. 17.

as vozes ao nosso redor, uma nuvem de testemunhas que grita "eu também".

É a Encarnação que nos permite ouvir o "eu também" de Deus em nossos sofrimentos e fragilidades mais humanos. Jesus não se apegou ao que o fazia diferente, mas sim ao que o identificava conosco. Despiu-se de sua glória e apresentou-se como nosso Sumo Sacerdote, que "entende nossas fraquezas, pois enfrentou as mesmas tentações que nós" (Hb 4.15). As relações de intimidade se constroem a partir da identificação.

> O Cristo que nós descobrimos realmente em nós mesmos distingue-se daquele que nos esforçamos, em vão, por admirar e idolatrar em nós. Bem pelo contrário. Ele quis identificar-se com aquilo que nós não amamos em nós próprios, porque ele tomou sobre si a nossa miséria e o nosso sofrimento, a nossa pobreza e os nossos pecados [...]. Jamais encontraremos paz se dermos ouvidos à cegueira que nos diz que o conflito está superado. Só teremos paz se formos capazes de escutar e abraçar a dança contraditória que agita o nosso sangue. [...] É aí que se escutam melhor os ecos da vitória do Ressuscitado.[6]

O relato do baixinho que subiu numa árvore para ver Jesus faz parte de nossas memórias infantis, e é um trecho que geralmente passa batido por nosso olhar adulto. Achei graça quando me peguei dizendo "eu também" ao reler a história de Zaqueu, e me diverti ainda mais ao perceber que a partir dessa curta narrativa do Evangelho de Lucas o tema da escuta se desenvolveria.

O Jesus que pede para entrar depressa na casa de Zaqueu é o mesmo Jesus que bate à porta de nosso coração. O Jesus que

[6] Thomas Merton, citado em José Tolentino Mendonça, *Elogio da sede* (São Paulo: Paulinas, 2018), p. 98.

quer entrar e que nos permite decidir aceitar ou não. A história continua, o convite é o mesmo. E, assim, somos convidados a ser como crianças para receber o reino, sempre e de novo, "voltar a ser pequenino, no espanto e na confiança com que vivemos os caminhos de Deus".[7]

Confiança. Gosto do paralelo entre confiança e certeza apresentado por Kevin Ashton, que diz que "à medida que temos certeza, necessitamos que o mundo se torne coerente e permaneça coerente com o que afirmamos".[8] Assim, a certeza pode nos prender a convicções que nos cegam o olhar, protegendo-nos da possibilidade de estar errados e impedindo que o aprendizado nos amadureça. A confiança, por sua vez, coloca no Outro, infinitamente maior que nós, a segurança de que nossa vida compõe uma bela sinfonia regida pelo melhor dos maestros, "é um ciclo, e não um estado constante; é um músculo que deve ser reforçado todos os dias, um sentimento que renovamos e aumentamos".[9] A Bíblia há muito nos convida: "Assim, aproximemo-nos com toda confiança do trono da graça, onde receberemos misericórdia e encontraremos graça para nos ajudar quando for preciso" (Hb 4.16).

Tenho buscado esse descortinamento de mim mesma, a troca da certeza pela confiança, que permite minha transformação e redenção, todos os dias. Eu, que sempre busquei por certezas, hoje me encontro em um lugar de confiança, confiança no *ele* que me ama e me atrai com um amor eterno e leal.

A sede, agora identificada, aponta para "o próprio Deus que desce à nossa humanidade para encher de plenitude o

[7] Mendonça, *O tesouro escondido*, p. 31.

[8] Kevin Ashton, *A história secreta da criatividade* (Rio de Janeiro: Sextante, 2016), p. 123.

[9] Ibid.

nosso desejo".[10] Precisei aprender a desaprender, a me despir, a me tornar vulnerável para descobrir quem estava diante de mim. Eu me vi aprendiz.

No conto "O espelho", de João Guimarães Rosa, somos apresentados a um narrador que, de tanto olhar e questionar a realidade de sua imagem diante do espelho, já não consegue enxergar-se. Em um magnífico diálogo com o leitor, o conto se desenvolve com reflexões profundas sobre a experiência do narrador com sua imagem refletida. Até que, quando "já amava — já aprendendo, isto seja, a conformidade e a alegria", um espelho volta a mostrar-lhe o rosto. E qual não é sua surpresa ao perceber que "não era mais que: rostinho de menino, de menos-que-menino, só. Só".[11]

Chega o momento em que, depois de tanto observar, descobrimos que precisamos nos enxergar novamente como crianças, pois delas é o reino. O aprendiz, como a criança, é destituído de certezas, é vulnerável, sem resposta, com olhos maravilhados, sedentos, voltados para o Mestre. Seu olhar é curioso, por vezes duvidoso, mas enxerga e escuta tudo com atenção, como se fosse a primeira vez, com o encanto do primeiro amor. É um olhar confiante, mas vazio de certezas. A confiança do aprendiz é nutrida pelos movimentos e pelas palavras do Mestre.

Eu também, como o Osmar, um de nossos mentores, "quero envelhecer com o coração de um sábio e com o olhar de um menino", e seguir a vida "a cantar e cantar e cantar a beleza

[10] Mendonça, *Elogio da sede*, p. 48

[11] João Guimarães Rosa, "O espelho", in: *Primeiras estórias* (Rio de Janeiro: Nova Fronteira, 1988), p. 65.

de ser um eterno aprendiz".[12] Nos encontros do PGM temos a prática de compartilhar orações. É assim que termino aqui, com "Uma oração", de Henri Nouwen:

> Querido Deus,
> Fala gentilmente em meu silêncio.
> Quando os barulhos do meu entorno
> e a alta voz interior dos meus medos
> continuarem me afastando de ti,
> ajuda-me a confiar que continuas aqui
> mesmo quando eu não for capaz de te ouvir.
> Dá-me ouvidos para escutar tua voz singela, suave, dizendo:
> "Venham a mim todos vocês que estão cansados e sobrecarregados,
> e eu lhes darei descanso...
> pois sou manso e humilde de coração".
> Permite que essa voz amável seja o meu guia.
> Amém.[13]

Eu também.

[12] Ludovico, *Inspiratio*, p. 203.
[13] Nouwen, *You Are the Beloved*, 31 de maio.

4
A *lectio divina* e os santos que perdemos

Marcus Vinicius A. B. de Matos

Era uma caminhada de três anos de discipulado com encontros semestrais, retiros de silêncio e espiritualidade. Eu havia me tornado uma liderança na juventude evangélica, circulava pelo universo do diálogo inter-religioso, e mantinha diálogos institucionais com a Igreja Católica e outras denominações Ortodoxas. No entanto, se eu compreendia a importância do diálogo ecumênico para a articulação de políticas públicas, essa compreensão parava por aí. Frequentar mosteiros beneditinos? Participar de meditação cristã? Ler livros escritos por andarilhos desempregados ou místicos medievais? Isso tudo parecia estar em conflito aberto com minha espiritualidade batista, reformada, e minha ética protestante, individual.

Foi no Projeto Grão de Mostarda (PGM) — quando conheci os quatro pastores que impactaram profundamente minha vida nos anos seguintes: Osmar Ludovico, Ricardo Barbosa, Ricardo Gondim e Valdir Steuernagel — que essas tensões chegaram ao limite. O que eles propunham era mais do que ler a Bíblia como prática de espiritualidade protestante: era necessário deixar a Bíblia nos ler. Esse *salto de fé*, que só foi possível graças aos períodos intensos de contrição, meditação, acolhimento e amizade que recebi deles e de meus irmãos e irmãs naqueles dias, marcou para sempre a maneira como enxergo a história da igreja e a espiritualidade cristã.

Todo discipulado cristão carrega uma proposta radical: é necessário esvaziar-se, tornar-se vulnerável, para aprender com o mestre. Só assim é possível fazer crescer a confiança entre discípulos e mestre. Brennan Manning explica essa relação: "Do mesmo modo que o nascer do sol da fé exige o entardecer de nossa descrença anterior, o amanhecer da confiança exige abrir mão de nosso anseio por consolos espirituais e corroborações tangíveis".[1]

O PGM fez isso comigo desde o início.

O discipulado me despiu já no primeiro dia de encontro. No momento da apresentação, não bastava dizer meu nome, mencionar sonhos, interesses ou destacar realizações profissionais. A questão não girava em torno das coisas úteis que fazemos, mas daquilo que *somos*, antes de fazermos.[2] A ideia de que somos mais (ou menos) do que aquilo que fazemos, de nossa bem-sucedida (ou malsucedida) carreira profissional, encontra eco no chamado de Jesus aos discípulos: um coletor de impostos, um terrorista, um sujeito sentado embaixo da figueira, e alguns pescadores. Do ponto de vista de mercado, Jesus não parece ter tido muito critério na seleção de seus seguidores.

A apresentação deveria partir do sobrenome, indicando o que esse nome representa para mim. Meus sobrenomes são nordestinos — ou, como a classe média carioca me ensinou

[1] Brennan Manning, *O evangelho maltrapilho* (São Paulo: Mundo Cristão, 2013), p. 116.

[2] *A nuvem do não-saber*, 6ª ed. (São Paulo: Paulus, 2007), p. 27. Escrito por um monge desconhecido (possivelmente Cartuxo), esse tratado de contemplação cristã já começa avisando àqueles que iniciam na vida contemplativa que partiremos todos do nada: "não importa quão brilhantes possam ser na prática da vida ativa".

desde cedo, sobrenomes de "porteiro". Por parte de pai, "Batista de Matos", de Aquidabã, Sergipe. Do outro lado, "Cavalcanti de Araújo", de Recife, Pernambuco. Reviver sobrenomes é lembrar a tristeza, a exclusão social, as injustiças históricas sofridas e causadas por meus antepassados. É olhar para um passado de resistência, persistência, de luta pela sobrevivência. Enfim, foi um revirar de dores e angústias não saradas. O processo, explicava Valdir, era esse mesmo. Era o *caminho para dentro*: o retorno do filho pródigo ao lar, ao encontro do Pai. E esse caminho, de dor, de lembrança e de cura, passava pelo silêncio.

A Palavra diz: "Ouça, ó Israel! O Senhor, nosso Deus, é o único Senhor" (Mc 12.29). É necessário ouvir. Respeitar o silêncio. Fazer jejum de palavras. Disciplinar-se contra a intoxicação provocada pelos ruídos. A cura vem não da técnica, mas do silêncio, da mansidão; apazigua a alma. Era o meu primeiro contato com a espiritualidade do deserto. Como evangélicos, protestantes, cremos primordialmente na fé que vem da *Palavra*. Nos últimos cem anos, no Brasil, nos tornamos o "povo do livro", para quem a leitura individual da Bíblia é a única maneira confiável de chegar à fé. Esquecemos, como igreja, que essa não tem sido a experiência da maior parte dos crentes. Na maior parte da história da igreja, a fé vinha literalmente pelo ouvir, pela leitura ou declamação pública, coletiva. A ideia de uma espiritualidade de leitura individual da Bíblia só estava disponível para as igrejas mais ricas, e para os reis — e, às vezes, nem para esses, que dispunham de apenas parte do cânone. A maioria dos cristãos sempre *ouviu* a leitura da Palavra.[3] E a *lectio divina* nos impõe justamente isso: a disciplina de ouvir.

[3]Rowan Williams, *Being Christian: Baptism, Bible, Eucharist, Prayer* (Grand Rapids: Eerdmans, 2014), p. 20-23.

Certa vez, fizemos uma peregrinação em silêncio. Foi um caminho curto, da casa de retiro Siloé, onde estávamos hospedados, até o Mosteiro de São Bento, atrelado àquela hospedaria. Seria um caminho silencioso que eu refaria, sozinho, em outros lugares, diversas vezes. Entre um encontro e outro do PGM, comecei a frequentar mosteiros beneditinos. Em alguns era muito bem recebido, convidado a participar dos ofícios e conversar, depois, como um "irmão de outra denominação". Questionava, então, quando, ao passar no meio do dia diante de um dos raros templos protestantes de arquitetura cristã,[4] eu via as portas fechadas. Não havia lugar, ali, para a oração silenciosa. Onde foi que nos perdemos ou desaprendemos a orar sem necessariamente falar, ou mesmo gritar?

Essa proposta de espiritualidade "nova", no entanto, não me fez abandonar minhas raízes protestantes nem minha fé evangélica. Ao contrário: ela preencheu um vazio de mais de dois mil anos de história que havia em mim. Dietrich Bonhoeffer nos lembra que, quando a Igreja Romana ia mal, os mosteiros chegaram a representar um "último resto" de consciência: "Ali, na periferia da Igreja, estava o lugar no qual se mantinha viva a consciência da preciosidade da graça, e de que esta encerra em si o discipulado".[5] O monasticismo e suas práticas, desconhecidos

[4] A arquitetura de nossos templos é uma das marcas das perseguições e imposições do catolicismo romano sobre as minorias protestantes e evangélicas no Brasil. Logo em seu artigo 5, a Constituição do Império, de 1824, impedia que templos protestantes tivessem "alguma forma exterior de templo". Não é sem razão, portanto, que nossa fé tenha claramente tomado contornos de oposição às tradições católico-romanas. Ver Constituição Política do Império do Brazil, Título 1°, Art. 5, <http://www.planalto.gov.br/ccivil_03/constituicao/constituicao24.htm>.

[5] Dietrich Bonhoeffer, *Discipulado*, 8ª ed. (São Leopoldo, RS: Sinodal, 2004), p. 12.

e abertamente rejeitados pela maioria dos evangélicos, já foram tanto parte dos problemas como das soluções na igreja.

São Francisco de Assis e seus seguidores são provavelmente o maior exemplo de como uma espiritualidade contemplativa pode potencializar um modo radical de vida cristã. Além dos emblemáticos confrontos com o papado, os franciscanos nos deram muitos exemplos. Dentre os mais pitorescos para um evangélico moderno, lembramos São Junípero: frei frequentemente repreendido pelas autoridades por distribuir aos mendigos todas as suas posses, incluindo as próprias vestes, ficando consequentemente nu. Temos ainda exemplos desafiadores como o de São José de Leonessa, alguém capaz de escolher servir a Deus nas piores condições, sem jamais recusar seu chamado. Pregou para um grupo de cinquenta bandidos que assaltavam caravanas na estrada: todos se converteram e passaram a frequentar seus sermões. Foi missionário na Turquia, onde pastoreou mais de quatro mil escravos degredados em navios. Com frequência, os escravos desmaiavam de tanto remar, e ele se oferecia para substituí-los no remo — o que nem sempre era permitido pelos senhores dos escravos. Trabalhou em prisões, ministrando aos presidiários doentes durante uma epidemia. E terminou sua vida pregando em pequenas vilas, para os pobres, presos e doentes. Fundou hospitais, abrigos, distribuía comida e separava brigas de rua, orando e ensinando a paz.[6]

No PGM trilhei um caminho *para fora* de nossos arraiais e para dentro daquilo que perdemos: a espiritualidade cristã clássica. Aprendi a respeitar e admirar a espiritualidade de

[6]Shane Clairborne, "Foreword", in: David M. Czinos e Melvin Bray (eds.), *Faith Forward: A Dialogue on Children, Youth, and A New Kind of Christianity* (Kelownam BC, Canadá: Wood Lake Publishing, Inc., 2013).

outras denominações. Se, de um lado, jamais abri mão da crítica reformada àqueles movimentos que se utilizaram da fé para enriquecer, como muitos fazem ainda hoje, de outro, aprendi a aprender com os santos as histórias e as narrativas de fé de muito tempo atrás. Se já conhecia a velha piada atribuída a Lutero — que "dos doze apóstolos, quatorze estão enterrados na Espanha" —, aprendi também uma piada dos católicos sobre nós, protestantes, para quem "o único santo autorizado é Santo Agostinho".

A prática da *lectio divina* e o reencontro com a tradição espiritual clássica e a disciplina cristã contribuíram definitivamente para que eu superasse meu anticatolicismo, dominante no evangelicalismo brasileiro.[7] São marcas que carrego, dentro do peito, e que me levam para fora da zona de conforto no exercício de minha vocação.

Essa experiência de discipulado influenciou profundamente minha espiritualidade, vida pessoal e profissional. Foi a partir de debates sobre "justiça" que retomei leituras feitas de maneira fluida na faculdade de Direito, e que me levaram a redescobrir o jusnaturalismo e suas convicções e contradições teológicas e jurídicas. E foi também ali que encontrei Priscila, que me cativou logo na primeira leitura de sua *lectio*, em um grupo pequeno, e me cativa cada dia mais, em cada oração, a cada nascer do sol. Eu a pedi em casamento no bosque do Mosteiro da Ressurreição, onde orávamos. Nosso casamento

[7] É preciso observar que na história do Brasil o sentimento anticatólico entre os evangélicos não surge sem razão. Embora essa história não esteja completamente escrita, há registros de queima de Bíblias, assassinatos e violência contra minorias protestantes em quase todas as partes do país. Ver Erika Helgen, *Religious Conflict in Brazil: Protestants, Catholics, and the Rise of Religious Pluralism in the Early Twentieth Century* (New Haven, CT: Yale University Press, 2020).

foi celebrado pelo casal Valdir e Silêda, que nos recomendou seguir dois dos três votos da Madre Tereza de Calcutá: a pobreza e a obediência. A castidade não rolou...

Juntos, praticamos *lectio divina*. Não na rotina diária, no cotidiano. No início foi semanal, depois quinzenal, mensal. Atualmente, só quando a paternidade/maternidade permite. No entanto, a prática da disciplina, em si, ao longo dos anos foi um aprendizado, mesmo quando parece que falhamos. A *lectio divina* sempre revela, mesmo quando "não dá certo". Com frequência, escrevemos *lectios* que passamos a chamar de "metalinguísticas", uma oração sobre como não conseguimos fazer uma oração. Geralmente, as *lectios* são fruto do caos interior, do qual são reveladoras. É pensando sobre elas, e insistindo nos problemas da superfície, dos desafios cotidianos, que caminhamos *para dentro*. Temos a tendência de achar que a santidade se dá nas coisas extraordinárias, mas é nos simples desafios do cotidiano que ela se desenvolve.

(Pintura de Syncletica de Alexandria, do manuscrito Menológio de Basílio II, c. 1000 d.C., da Biblioteca do Vaticano)

A *lectio divina* também mudou definitivamente nosso jeito de ler a Bíblia. Nossas orações são, hoje, centradas na leitura. Passamos os últimos dez anos lendo o livro de Salmos, o que certamente seria considerado um fracasso retumbante diante dos métodos de leitura da Bíblia em um ano. Nos momentos de angústia, causados principalmente por um estilo de vida simples, no limite do sustento, recorremos repetidamente às palavras de Jesus: se Deus sustenta as aves dos céus e os lírios dos campos, certamente haverá de suprir nossas necessidades. Encontrar a calma para a contemplação, diante das ansiedades e do turbilhão de demandas do cotidiano, é muito mais um exercício diário de aprendizado do que um talento nato. Como dizia Amma Syncletica, uma das mães da espiritualidade do deserto:

> Muitos vivem nas montanhas e se comportam como se estivessem na cidade, e estão perdendo seu tempo. É possível ser um eremita na própria mente enquanto se vive entre a multidão, e é possível viver na solidão enquanto se está cercado pela multidão dos próprios pensamentos.[8]

Aprendi no PGM a ouvir a Palavra, e também a ler orações. Para além da *lectio divina,* comecei a encontrar diariamente a espiritualidade do deserto nas tradições perdidas pelos protestantes. Todo racha deixa cicatrizes, mas também é preciso curá-las. Para curar as minhas, faço uso de alguns devocionários católicos e anglicanos. Meu favorito é o *Common Prayer: A Liturgy for Ordinary Radicals,* desenvolvido por jovens evangélicos que seguiram trajetória parecida com a que

[8]Citada por Rowan Williams, "Staying", do canal de YouTube Meditation and Spirituality, 21 de agosto de 2015, <https://www.youtube.com/watch?v=rNWKX8q2ddY>.

o PGM me proporcionou.[9] Não por acaso vem também desse mesmo grupo a redescoberta das disciplinas espirituais do deserto e o movimento chamado, nos Estados Unidos, de Novo Monasticismo.[10]

Por todo esse aprendizado, só posso expressar minha mais profunda gratidão, que segundo Rowan Williams é a atitude mais marcante dos cristãos, pois desafia a realidade que nos cerca, e nos faz cantar e louvar: aleluia! A gratidão cristã se expressa mesmo diante das maiores adversidades e nos faz abandonar a ilusão de concentrar nossa esperança no porvir.[11] Sou grato a meus mestres já citados e pela descoberta que me ofereceram: a espiritualidade clássica e medieval na história da igreja.

Se a missão integral me levou para o PGM, saí dele também com a patrística. Encontrei, no silêncio do deserto, tradições cristãs de valor inestimável — um reencontro com a *graça preciosa*. Para a igreja brasileira, o PGM é um grão de areia no meio do deserto. Contudo, Jesus nos encoraja: se nossa fé for apenas do tamanho de um grão de mostarda, já basta, sobra, se multiplica, move montanhas (Mt 17.20). Essa espiritualidade é capaz de nos fazer abrir mão dos valores deste mundo, dos bens, das posses e do poder que eles proporcionam. Viver um evangelho integral, como já disseram, é "viver uma vida simples, para que os outros possam simplesmente viver".

[9] Shane Claiborne, Jonathan Wilson-Hartgrove e Enuma Okoro, *Common Prayer: A Liturgy for Ordinary Radicals* (Grand Rapids, MI: Zondervan, 2010).

[10] Ver Shane Claiborne e Tony Campolo, *Red Letter Christianity: Living the Words of Jesus No Matter the Cost* (Londres: Hodder & Stoughton, 2013).

[11] Williams, *Being Christian*, p. 52.

5

A espiritualidade e a solitude

Isabelle Ludovico e Karen Bomilcar

> Entendemos a espiritualidade cristã como a construção de uma amizade com Deus. O coração quebrantado, a alma apegada a Deus, o encontro em silêncio com a face amorosa de Deus no secreto são facetas indispensáveis no aprofundamento da intimidade transformadora. A espiritualidade é autêntica quando nos torna pessoas cada vez mais amorosas e, com humildade, empatia e generosidade, mais voltadas para os outros. A essência da *imago Dei* reside na capacidade de amar, de se relacionar. A espiritualidade cristã diz respeito a esse processo contínuo de transformação do caráter: a santificação, que resulta em serviço e engajamento maduro no mundo. A maturidade se revela na santidade do gesto simples do cotidiano movido por compaixão.

Nos encontros do PGM, a solitude como elemento fundamental na caminhada cristã gerou inicialmente, para alguns, certo estranhamento, pois esta até então não havia sido enfatizada em sua trajetória de formação espiritual. Apesar da pluralidade das experiências e configurações de comunidades e tradições da fé cristã, a solitude é um dos aspectos negligenciados na vivência da fé que privilegia e nutre o ativismo. Todos nós em algum momento da vida experimentamos solidão, que é um profundo sentimento de ausência e abandono em que nem Deus é percebido. Foi essa, com efeito, a experiência de Cristo na cruz. Pode ser vivida não só por pessoas cercadas de gente como também por solteiros, viúvos e divorciados, tanto por quem desfruta de relacionamentos de intimidade na família, com amigos e comunidade, como também por quem leva uma vida mais reclusa.

Em um mundo ansioso e agitado, uma das grandes dificuldades é encontrar o espaço do silêncio que conduz à solitude, e o da solitude que conduz ao silêncio. Solitude é diferente de solidão, pois trata-se de uma experiência na qual reconhecemos a presença de Deus e também nos reconhecemos. Solitude é intimidade e autoacolhimento. Na solitude, o encontro nos leva ao crescimento, à reflexão, à maturidade e à intimidade com Deus.

Em seu necessário e clássico *Vida em comunhão*, Dietrich Bonhoeffer nos ensina que a solitude é marcada pelo silêncio, assim como a comunidade é marcada pela fala.[1] Nesse sentido, ambas têm a mesma força interna e os mesmos aspectos que diferenciam solitude de comunidade, embora uma precise da outra para existir. Portanto a fala decorrente do silêncio torna-se mais transparente, e o silêncio decorrente da fala ganha significado mais profundo.

A capacidade de transformar a solidão em solitude, ou seja, de ficar bem mesmo só, é um sinal de maturidade. No entanto, desenvolvemos várias artimanhas para fugir desse encontro conosco, pois achamos que precisamos fazer alguma coisa para merecer algum tipo de reconhecimento. Assim, somos movidos pelo desejo de agradar e procuramos nos tornar aquilo que as pessoas esperam de nós. Nesse processo, vamos

[1] Dietrich Bonhoeffer, *Vida em comunhão*, 3ª ed. (São Leopoldo, RS: Sinodal, 1997), p. 60.

nos distanciando de nosso verdadeiro eu e construindo uma identidade fictícia, à qual nos agarramos para garantir nosso lugar no mundo. Parar é defrontar-nos com essa máscara que esconde um grande vazio interior, o que desperta em nós verdadeiro pânico.

O solteiro, por exemplo, tende a fugir da solidão por meio de projetos. Além da vivência da solidão em si, ele vive um estigma quando não encontra espaço para ser ele mesmo, exercendo seus dons e sentindo-se parte integrante da comunidade. A tendência natural é buscar saídas para não se sentir exposto e desvalorizado. A dificuldade de muitos em encontrar parceiros e parceiras para a vida também se dá em um contexto de disparidade na realidade atual entre homens e mulheres. Mulheres cuja dignidade não é respeitada nem valorizada culturalmente não são bem-vindas para exercer seus dons de liderança e serviço em comunidades de fé. Resta-lhes canalizar suas energias no mercado de trabalho, onde podem se desenvolver. Paralelamente, muitos homens apresentam em alguns contextos uma postura passiva e omissa, gerando dificuldades, para eles e as parceiras, em construir relações de intimidade.

Diversos fatores contribuem para essa realidade, e no intuito de anestesiar sua solidão os solteiros acabam dedicando-se demasiadamente, por exemplo, ao ativismo, em detrimento das relações interpessoais. O excesso de trabalho, a busca por migalhas de afeto em múltiplas tentativas relacionais, as adicções são alguns desses mecanismos. Todavia, esses excessos, mecanismos de defesa e rotas de fuga para se desvencilhar da solidão não são característicos apenas dos solteiros.

Muitos casais se sentem tão ou mais solitários que os solteiros. Muitos se casam na expectativa de que o outro preencherá seu vazio interior, esse sentimento de impotência tão assustador. Na primeira etapa, a da paixão, a relação simbiótica parece alcançar esse objetivo. Entretanto, quanto maior a idealização, maior será a frustração oriunda das decepções e dos desencontros que marcam o fim dessa fase. Haverá, então, duas escolhas: refugiar-se no isolamento ou escolher aprender a amar o outro, aceitando as diferenças como espaço de crescimento e assumindo cada um a responsabilidade da própria felicidade. Não podemos mudar o outro, mas quando mudamos a nós mesmos a relação muda.

No convívio, inevitavelmente teremos atitudes que funcionarão como gatilho para as feridas da infância. O outro, contudo, não tem acesso a essa criança desamparada dentro de nós. Por isso, cabe a cada um de nós ir ao encontro dela, reconhecer suas dores, consolá-la e levá-la à presença daquele que é o único que nos conhece, pois nos teceu no útero de nossa mãe. Cada desencontro com o parceiro ativa novamente o sentimento de abandono e solidão, que pode se transformar em solitude no colo restaurador do Pai.

Em um influente artigo intitulado "A capacidade de estar só", o famoso pediatra e psicanalista Donald Winnicott pontua que a solitude é fruto da experiência de estar só na presença de alguém que me ama como sou.[2] É muito raro encontrar esse tipo de amor em nossos relacionamentos. Por mais que nossa mãe nos tenha amado, ela sempre teve alguma expectativa e carência que tentou preencher através de nós. Ou seja, é praticamente apenas em Deus que podemos encontrar esse amor que nos acolhe de modo incondicional. Na solidão, o

[2]D. W. Winnicott, "The Capacity to Be Alone", in: *The maturational processes and the facilitating environment* (Londres: Hogarth/Institute of Psycho-Analysis, 1965).

desamparo gerado pelo vazio interior nos leva a clamar por esse amor que lança fora o medo da rejeição e que nos dá a coragem de descobrir e assumir quem somos. Verdade sem amor é devastador, mas verdade com amor é libertador.

Estar só diante do "Eu Sou" nos permite ser nós mesmos, nos ajuda a ir nos libertando do falso *self* que construímos com a intenção de ser amados. A contemplação é esse estado de inteireza na Presença de Deus. Não precisamos fazer nada, dizer nada, pedir nada. Basta ser sinceros, sem artifícios, sem manipulação, desarmados e maltrapilhos, mas também reverentes e gratos. O pânico provém do sentimento de não merecer esse amor. E de fato não merecemos. Como diz Philip Yancey, não há nada que possamos fazer para que Deus nos ame mais e nada que tenhamos feito que faça Deus nos amar menos. Nossa relação não se sustenta em nosso desempenho, mas na escolha dele de nos amar, apesar de nós, a ponto de morrer na cruz por nós.

Na solitude, abrimos espaço para a escuta íntima do coração e do que Deus tem a nos dizer. Há grande receio em adentrar esse espaço, por medo do que pode emergir dele. Por isso, muitos de nós mergulhamos no ativismo desenfreado, de modo a não encarar os conteúdos capazes de surgir dessa experiência. O desequilíbrio entre fala e escuta é nocivo. Quando alguma situação de vida advinda desse ativismo nos força a parar e nos conduz ao silêncio, ao repouso, assustamo-nos com o impacto. Por isso a experiência do exercício espiritual da solitude, quando inserida gradual, intencional e permanentemente em nosso cotidiano e vida espiritual, nos faz amadurecer em nossa relação conosco, com Deus e uns com os outros.

Enquanto a experiência da solitude e da vida em comunidade se complementam e se potencializam, os extremos nos trazem consequências destrutivas. Daí a importância de buscarmos intencionalmente esse equilíbrio. Na vida é preciso estar atentos com o cuidado de nosso tempo, com a maneira como o distribuímos entre os ruídos, as solicitações, a família, os amigos, o trabalho, o momento de reflexão, o lazer e tantas coisas. Sabemos que nem sempre as condições são adequadas para inserir algumas disciplinas espirituais, mas é possível organizá-las de modo a se tornarem hábitos, que ao longo do tempo se desenvolverão de forma orgânica em nossas relações.

Exercitar-se no silêncio e na solitude requer intencionalidade. Separe intencionalmente um momento em seu dia ou semana para o tempo de silêncio. Afaste-se dos ruídos, dos estímulos capazes de interromper esse momento, em especial daqueles provenientes de meios eletrônicos, responsáveis por constantes solicitações e distrações. Ajuste essa prática a sua realidade, seja em um espaço dentro de sua própria casa, seja em um ambiente externo onde é possível estar em silêncio. Preste atenção a seu corpo, à integralidade física e emocional daquele momento. Esteja presente para poder desfrutar desse encontro, que pode levar alguns minutos, horas ou até mesmo um dia inteiro. No silêncio e na solitude, oferecemos a Deus um espaço integral em que nossa atenção não está dividida, e assim crescemos em intimidade com ele. E a partir dele, nossa Videira, e nele, nosso Senhor e Salvador, movemo-nos e existimos de modo a viver em comunidade e em serviço.

Diante de alguém que nos acolhe incondicionalmente, podemos nos despir das tentativas frustradas de garantir aprovação através do ativismo. Na experiência da solitude, no encontro de escuta atenta do Pai, revelam-se nossos ídolos, medos, anseios e nossa inclinação há muito permeada no coração humano para um caminho de independência. É na solitude que percebemos não só o que tem ocupado o lugar de Deus, mas também incoerências, incongruências, sons dissonantes e mensagens subliminares que nos desqualificam e alimentam o sentimento de inadequação. A tentação de relevância, do ativismo, da inquietação que não agrega mas distrai, são alguns dos mecanismos que desenvolvemos para ser amados ou para nos proteger.

É também na experiência da solitude que somos convidados ao descanso, à atenção e ao reconhecimento de emoções e sentimentos, e a realinhar nossa perspectiva como criaturas de um Deus que não nos criou para viver em desamparo e, sim, em relação com ele e uns com os outros. Chegamos à solitude para descobrir que Deus nos basta.

Nessa experiência de formação espiritual, é preciso fazer esse exercício diariamente. Podemos confiar em Deus porque ele já provou seu amor. Na solidão, descobrimos nossa fragilidade e carência, mas também a consistência do amor de Deus. Nossa sombra é desmascarada, mas também vem à tona a luz que herdamos de Deus. Contemplando Deus somos transformados a sua imagem, ou seja, vamos nos apaixonando por ele e desejando nos tornar cada vez mais parecidos com ele. Deus nos inspira, nos atrai e mobiliza o que há de melhor em nós, de modo que nos aproximemos cada vez mais da obra-prima única que ele projetou ao criar cada um de nós.

Assim, nessa experiência, podemos nos reconciliar com nosso eu verdadeiro. Ele carrega as marcas do pecado, mas são elas que nos permitem experimentar a graça de Deus. Elas nos ajudam a renunciar ao desejo onipotente de perfeição, ao orgulho de querer ser "como Deus", para encontrar nossa essência e vocação "com Deus". Essas marcas nos mantêm humildes e conscientes de nossas limitações. Paradoxalmente, é justamente quando confessamos essas falhas que Deus nos leva além delas e as transforma em alavanca para que experimentemos seu poder restaurador.

Na solitude nos lembramos de que não podemos frutificar por nós mesmos, mas que é necessário permanecer na Videira, de modo a produzir frutos duradouros. Essa entrega na presença de Deus ocorre gradualmente. Entregamos nossos silêncios e nosso coração, com seus anseios, para ouvir atentamente e conscientizar-nos de nossa carência e fragilidade, e da sede que só Deus pode suprir. A experiência da solitude gera frutos não apenas para nós mas também para os demais, estende-se para a vida em comunidade mediante um ampliar do coração para a compaixão, a empatia e a solidariedade. Nesse sentido, a solitude é caminho para intimidade e comunhão, não apenas com Deus e consigo, mas com os outros.

A solidão não é uma inimiga, nem um abrigo para quem quer fugir do sofrimento inerente aos relacionamentos humanos, mas um espelho que nos revela a verdade interior. Apenas os que se reconciliaram consigo podem construir uma relação madura com alguém, uma vez que já não precisam usar o outro para fugir de si, para valorizar-se ou para preencher seu vazio interior. Ao contrário, eles sabem respeitar a distância que possibilita a cada um ver o outro por inteiro. A relação torna-se uma dança de "duas solitudes que se protegem, se tocam e acolhem uma à outra".[3] A abertura à solitude nos permite encontrar caminhos, de comunhão e amadurecimento, para encarar a solidão, intrínseca a todo ser humano.

[3]Rainer Maria Rilke, citado em Anne Morrow Lindbergh, *Presente do mar* (Belo Horizonte: Crescer, 1997), p. 96.

Uma das riquezas da jornada do PGM tem sido esse compartilhar de experiências, em que a comunhão é enriquecida por aquilo que cada um ouviu de Deus em seus momentos de solitude, gerando profundas experiências de transformação. Nessa trajetória individual com Deus, ídolos, mecanismos de defesa, medos e anseios mais profundos são revelados. É nela que conseguimos nos reconhecer no outro, compreender que somos criaturas e que nos identificamos em nossa vulnerabilidade e condição humana. Mas é igualmente nesse encontro de Deus conosco e uns com os outros que temos fortalecida nossa identidade como filhos amados de Deus. Nele somos completos e agraciados em desfrutar de relações de intimidade, amor e amizade.

Deus é comunhão de três. Com a Trindade, somos convidados a sentar à mesa com uma família. Nossa vida começa com um centramento em nós mesmos. Quando a Trindade nos visita, ela nos devolve ao outro. A vida feita na Trindade é comunitária, em vez de centrada em nós. A cada visita da Trindade aprendemos a ser mais acolhedores e nos tornamos mais transparentes. A solitude é um encontro de comunhão e de solidariedade que nos relembra nossa filiação, nos localiza dentro da Criação e nos move o coração em compaixão.

6

Angústia, ansiedade e o caminho da comunhão

Davi C. Ribeiro Lin e Karen Bomilcar

> Devemos parar sem parar de andar
> Rumo a outra intensidade
> Para uma união maior, mais funda comunhão
> Atravessando o frio mais negro e o mais vazio da angústia.
>
> T. S. Eliot, "Quatro Quartetos"[1]

A palavra angústia se refere a uma passagem estreita, uma redução de espaço e tempo. No latim, *angustus* denota um estreitamento, um aperto. A angústia é um afunilamento de vida, uma sinalização que nos conclama a passar pelo caminho apontado. Angústias, medos, ansiedades, tristezas, desânimos agem como sinais, lembrando-nos de que as questões profundas sobre o significado da vida e a realização relacional não podem ser extintas. Em vez de ser simplesmente ignorada ou excluída, a angústia também pode tornar-se um recurso, um sinal oculto reconhecido quando se abre a dimensão da interioridade mais profunda.

É no recolhimento do silêncio que se descobre, que se revela a angústia do coração. O silêncio nunca é um fim em si mesmo, mas a condição de um aprofundamento da vida interior caótica

[1] T. S. Eliot, *Poemas,* trad. Caetano W. Galindo (São Paulo: Companhia das Letras, 2018), p. 255.

fertilizada pela graça. É nele que se abre a oportunidade para nosso encontro com Deus e com a alma abatida. Embora revele a dor das mazelas, o silêncio nos possibilita descobrir que não só a angústia habita em nós, mas também o Deus que nos encontra no mais íntimo do que somos e nos permite conhecer a nós mesmos como já somos conhecidos por ele.

O coração humano também depara com a experiência da ansiedade, uma sensação de medo ou perigo, uma desagradável agitação ante uma situação difícil. Enchemos a agenda e nos agitamos exteriormente com atividades, evitando que medos e ansiedades se tornem conscientes. O ativismo é uma resposta inadequada à agonia existencial que nos assola. Ainda que nossas ansiedades se manifestam em meio às múltiplas narrativas oferecidas para aplacar os medos, percebemos que os questionamentos essenciais do coração humano permanecem os mesmos através das gerações.

Fomos criados para a comunhão plena, mas experimentamos a consequente angústia de sua ruptura, conforme o relato de Gênesis. Somos seres relacionais, e nessa descrição se expressa tanto a visão de vínculo com o Criador e a terra quanto o rompimento e a desconexão com Deus e uns com os outros. A angústia inicial de separação tem reflexos profundos em nossa vida, e seus efeitos colaterais nos trazem desconfortos e desconexões em diversos âmbitos.

Nossa trajetória, portanto, é uma busca de retorno ao vínculo e à conexão, à "mais funda comunhão", ao caminho que auxilie nosso desamparado coração ao reencontro com Deus e com o próximo. Somos seres feitos para relações de pertencimento e confiança, mas em vez disso vivenciamos ruptura e desvinculação. Nesse desamparo, somos confrontados com medos primários, com a ansiedade pelo presente e o futuro, com o deslocamento de nossa vocação relacional original, dando lugar à angústia existencial capaz de nos paralisar e nos fazer adoecer.

Diante do desafio de aplacar as ansiedades, apresenta-se a tentação de reforçar caminhos de independência, individualismo e autossatisfação. As fantasias da autossuficiência nos cercam. Buscamos segurança em nós mesmos. Como fruto das escolhas que desejamos realizar, seja na vida profissional seja na pessoal, sofremos com pressões e culpa. É preciso refletir, à luz do que Deus nos propõe como caminho de dependência e descanso, sobre angústia e ansiedade, e sobre nossas tentativas autocentradas de aplacá-las intencionalmente. Independentemente da situação em que nos encontrarmos — na angústia, na passagem estreita —, haverá a possibilidade de afundarmos na ansiedade ou aderirmos a um caminho que nos conduza a um estágio mais profundo da vocação humana em comunhão com Deus.

Diante da própria natureza da vida em liberdade, seria possível trilhar um caminho isento das passagens estreitas da angústia? Seria a sociedade pluralista, que deseja manter tantas opções de escolha, uma tentativa de reduzir ou extinguir a angústia ao negar a escolha e a separação? Na recusa a uma vinculação singular, o risco é perder-se na multiplicidade, na invasão de milhões de possibilidades, que geram excesso de liberdade. Essa pseudoliberdade, em vez de reduzir a angústia e a ansiedade, acaba reforçando-as: a passagem para a maturidade se dá no estreitamento, na travessia reduzida a fim de acolher o caminho estreito e a vida que se espera do outro lado.

É na fase de escolhas cruciais que jovens e adultos se veem diante de decisões aparentemente "estreitas": a vida se afunila. Renunciam a diversos caminhos possíveis para acolher uma vocação que lhes corresponda. É maravilhoso atender ao chamado que a própria vida nos traz e vê-la brotar a partir de encontros correspondentes. Todavia, seguir um caminho singular significa ao mesmo tempo aderir e abrir mão, acolher e recusar. Escolher uma carreira, investir em um ministério específico, atender ao chamado para casar-se com alguém ou acolher a vocação de solteiro são exemplos de experiências que encaminham a vida em direção oposta a tantas outras opções. É necessário, portanto, que toda escolha adulta de um percurso próprio envolva um certo grau de angústia, uma separação que também é redução e passagem estreita. A angústia também está presente em situações aparentemente não escolhidas. Vemo-nos diante das consequências de decisões de outros e que impactam significativamente nossas possibilidades.

Søren Kierkegaard, filósofo dinamarquês cristão do século 19, nos sugere que a ansiedade é inevitável, pois marca nossa liberdade combinada com a insegurança intrínseca de nossa mortalidade, escravos que somos do medo da morte (Hb 2.15).[2] A vida livre pode não se realizar. Nesse caso, as escolhas se tornam fardos, frutos do arrependimento daquilo que não vivemos. Ademais, o medo da morte é gerador de ansiedade diante da passagem à inexistência. Ainda que não nomeada, a ansiedade nos assola com pressentimentos de perigos desconhecidos: a angústia por nós mesmos e de que aqueles que amamos nos sejam subitamente tirados.

O medo pode provocar ansiedade, e sua origem pode estar ligada a algo concreto e real de nossa vivência bem como à situação em que o mundo se encontra. A Bíblia nos ajuda a encontrar uma forma de expressar angústia e ansiedade ao

[2] Ver Søren A. Kierkegaard, *O conceito de angústia* (Petrópolis, RJ: Vozes, 2017).

trazer-nos para mais perto do coração do Pai. O livro de Salmos contém relatos profundos, em forma de oração a Deus, que expressam sentimentos de desamparo, angústia e abandono, e de enfrentamento de desafios geradores de medo e incerteza. Os salmos 13, 38, 94 e 139, por exemplo, mostram a angústia e a ansiedade do salmista relacionadas a questões complexas de ordem pessoal, social e de saúde, de violência, da constatação do pecado etc. E somos relembrados de que mesmo em meio a um mundo caído e marcado pelas consequências do pecado, temos em Deus o refúgio, a esperança e o caminho.

Refletir sobre esses e outros salmos, constatar a presença de Deus, seu caráter leal e amoroso apesar das circunstâncias, ajuda-nos a realocar-nos segundo a narrativa bíblica e assim perseverar com Deus e uns com os outros. A linguagem dos salmos de lamento, por exemplo, nos ajuda a expressar a dor a fim de que seja transformada em diálogo capaz de produzir vida através de nossa relação com o Pai. Render-nos à oração e praticar a comunhão nos auxilia nessa experiência, pois desfrutamos do amor que lança fora o medo (1Jo 4.18). A ansiedade nos assola e interfere em nossa realidade, em nossas relações e escolhas, por isso nossa vida depende de uma relação de fidelidade com Deus, o amor que nos sustenta.

A visão bíblica é realista ao nos convidar a entregar a ansiedade a Deus, em vez de reforçar nossa capacidade de extingui-la. O apóstolo Pedro nos insta dizendo: "Entreguem-lhe todas as suas ansiedades, pois ele cuida de vocês" (1Pe 5.7). Entregar é um convite à rendição. Não se trata de aniquilar a ansiedade como um problema a ser resolvido individualmente, mas de um convite a lançar-se em um caminho de fé. Nas palavras do apóstolo Paulo: "Não vivam preocupados com coisa alguma; em vez disso, orem a Deus pedindo aquilo de que precisam e agradecendo-lhe por tudo que ele já fez. Então vocês experimentarão a paz de Deus, que excede todo entendimento e que guardará seu coração e sua mente em Cristo Jesus" (Fp 4.6-7).

Por que precisamos entregar a outro em vez de lidar individualmente com a ansiedade? Somente através da relação com o Deus encarnado, que sobre si toma a ansiedade e a angústia do mundo, o coração angustiado encontra descanso. Por conhecer a mortalidade, a finitude, o Deus eterno, que se restringiu ao tempo, experimenta conosco o aperto, a opressão da angústia. Ele também chorou por aqueles que amava, e separou-se em distância infinita da comunhão eterna de seu Pai. No Getsêmani e na cruz, a ansiedade e a angústia humana de todas as culturas e épocas concentraram-se no suor que se torna sangue e no corpo pendido no madeiro. Precisamos entregar a dor da angústia sobre outro porque Cristo, o Redentor, tomou sobre si, com os braços abertos, os fardos pesados da existência e por seu amor nos atraiu para si.

À luz dessa maravilhosa notícia, a vivência de angústia e ansiedade torna-se um convite para uma união mais profunda com o presente de Deus. Toda experiência de angústia para o cristão apresenta o potencial de se tornar participação na ansiedade frutífera da cruz. Poderiam nossa ansiedade e angústia tornar-se caminho de união? Cristo nos ordena a não andar ansiosos para que percorramos juntos o caminho que seu corpo abriu (Hb 10.20). Se ele tomou sobre si a nossa ansiedade, é privilégio nosso entregar-lhe nossos fardos e sobrepesos. Esse deslocamento é efetivado pelos braços abertos da cruz, nos quais o acolhimento de nossa desgraça se torna o espaço para a transformação da angústia em comunhão. Esse caminho aberto por Jesus nos fez filhos adotados na comunhão trinitária e nos faz dizer com Jesus: "*Aba*, Pai".

Na experiência prática individual e comunitária no PGM, ampliamos a compreensão de que na oração e na meditação da Palavra nos encontramos com esse Deus que, através de seu caráter compassivo e amoroso, nos acolhe e nos reafirma sua identidade, lembrando-nos consequentemente de nossa própria identidade como filhos amados. A experiência da memória e da gratidão são aspectos importantes no caminho do lidar com a ansiedade. Lembrar-nos de nossa identidade e do caráter de Deus na estação específica da vida é um andar diário em oração e conexão com aqueles que caminham conosco.

Associar ansiedade com ausência de fé é uma leitura rasa e simplista, que pode agravar a verdadeira angústia sofrida por tantos. Compreendemos que em alguns casos as manifestações e a abordagem ao lidar com questões de ordem traumática, orgânica e sistêmica precisam ter um caráter mais amplo. Quando compreendemos o ser humano de modo mais integrado, o que inclui os cuidados abrangentes com o corpo, somos capazes de acolher mais profundamente as origens do sofrimento e desconforto. Fundamentalmente, somos vocacionados ao retorno à nossa identidade primária como filhos amados, à nossa vinculação relacional.

A experiência da solitude, da oração e do descanso sabático nos permite uma união intensa com aquele que não só conhece nossas angústias mais profundas como também reafirma seu amor e cuidado por nós. Reafirma sua companhia e nos oferece sabedoria e discernimento para transitar nas diferentes estações da vida, mesmo quando os resultados de nossas escolhas ou das escolhas que outros fizeram por nós estão marcados pela dor e pelo sofrimento. Essas experiências nos permitem viver mais compassivamente em comunhão com aqueles que, em sua humanidade, também enfrentam situações de angústia em diferentes realidades.

Quando nos encontramos em meio à angústia, a busca por uma vida mais equilibrada e nutrida pela Palavra de Deus, a vida de oração e a vida relacional e comunitária podem influenciar de maneira relevante o cuidado com o coração. A reconciliação com o Criador e o relacionamento diário com ele nos acalentam o coração e nos permitem descansar em fé e esperança, mesmo enquanto atravessamos vales de opressão, desesperança e angústia.

Em meio às demandas, às múltiplas possibilidades oferecidas ou à falta opressora de perspectivas, aos estímulos tecnológicos e às solicitações constantes, somos relembrados por Deus que, pela consagração e rendição em fé, esperança e amor, podemos nos desvencilhar das tentações do controle, do poder, da solidão e da desintegração. O colo que nos acolhe é o colo da Trindade, da comunhão profunda que nos abriga desde a eternidade.

Desejamos caminhar na direção de uma vida de mais integração de sentimentos e emoções, de uma vida frutífera e alicerçada no cuidado do Pai, que nos deu origem e nos promete companhia e destino.

7

A dor do divórcio e a reconstrução da vida

Benjamim Sathler Lenz César com mentoria de Valdir Steuernagel

Este artigo começou a ser gestado quando Valdir me ligou perguntando como eu estava. Ao retornar-lhe a mesma pergunta, sua resposta foi: "Aqui estamos na primavera", para logo caracterizá-la como "um ato de resistência da vida diante da frieza do inverno. As flores renascem, as cores voltam a aparecer e a vida segue seu fluxo". Agarrei essa imagem, e este artigo começou a nascer. Discerni meu atual momento de vida como uma primavera, mesmo reconhecendo que nem sempre foi assim, e certamente nem sempre será. Sob a mentoria do Valdir, caminhei pelo terreno sagrado da minha história. Escrevi com a alegria da primavera, mas com a humildade de quem atravessou todas as estações.

Verão: o calor da inquietude

Conheci minha ex-esposa em 2002 quando era líder dos jovens na igreja em que meu pai e meu irmão eram pastores. Pouco tempo depois, quando já namorávamos, ela e sua mãe foram batizadas, uma vez que ambas vinham do espiritismo. Casamo-nos após seis anos de namoro. Vivíamos relativamente bem, fazíamos planos, liderávamos ministérios na igreja e tínhamos os problemas típicos de qualquer casal, embora reconheça que nossa relação com minha família não tenha sido isenta de conflitos, não obstante os esforços de ambas as partes.

Em junho de 2013, já com cinco anos de casados, o país experimentou um *boom* de envolvimento político e manifestações, sobretudo por parte da juventude. Nunca tinha presenciado nada parecido. Morando no Rio de Janeiro, vi *in loco* a Avenida Rio Branco tomada de ponta a ponta por jovens que militavam contra o aumento de vinte centavos na passagem de ônibus, entre outras tantas pautas. Fiquei fascinado! Meu coração idealista acreditou que a transformação social, acerca da qual tanto ouvia na igreja, poderia estar nascendo desses movimentos. Senti como se experimentasse um verdadeiro avivamento missionário. Não havia em minha mente dissociação entre luta social e missão da igreja. Uma fazia parte da outra.

Tudo se tornou mais intenso quando percebi quão profundamente envolvido com esses movimentos sociais estava o grupo de jovens que eu pastoreava na igreja. A experiência religiosa deles era, de modo geral, muito restritiva, e em nossa igreja encontravam algum espaço para exercer sua fé e viver sua espiritualidade. Mas eu me sentia extremamente despreparado para esse pastoreio. Minha formação no seminário havia me preparado para ser um "bom presbiteriano", mas não para ser um bom cidadão. Eu era um analfabeto político, não sabia dialogar sobre absolutamente nenhuma das pautas levantadas pelos jovens e me perguntava como a fé cristã responderia aos clamores das ruas. Um calor de inquietude marcava o nosso casamento.

Nunca me passou pelo coração renunciar à fé em que fui criado, mas saí em busca de referências e vivências que me ajudassem e entender a missão de Deus e a expressá-la naquela minha vida cristã que se envolvia e dialogava com os movimentos das ruas. Naquele contexto, abri minha casa para reuniões com aqueles jovens, e me envolvi especialmente com a causa das crianças. Voltei a estudar teologia em ambientes onde meu horizonte pudesse ser ampliado e minha própria formação, revisada. Cheguei a escrever um livro curto intitulado *Que mundo pequeno: Uma jornada por lugares estreitos*. A ideia central gira em torno do significado da palavra Egito (*mtsraim*), lugar estreito. No último capítulo de Gênesis, o Egito é lugar de salvação do povo. No primeiro capítulo de Êxodo, o Egito é lugar de escravidão. Passados quatrocentos anos, o que antes era um amplo lugar de perpetuação da vida, agora se torna um estreito lugar de aproximação da morte. José leva a família ao Egito para salvá-la. Moisés tira sua família do Egito para salvá-la. O Egito é esse lugar que um dia foi amplo e fonte de vida, mas que se torna, depois, apertado e com cheiro de morte.

Eu me sentia nesse lugar estreito. O lugar de onde eu vinha não era ruim em si, mas naquele momento me sentia sufocado. Com o tempo, a paz voltaria ao meu coração, os laços emocionais com minha família, então um tanto afrouxados, seriam reapertados. Mas, naquele justo momento, precisava acalmar minha inquietude, sair daquilo que me era familiar e enveredar por caminhos desconhecidos, e teria de passar pelo "Mar Vermelho"! Como diz Rubem Alves: "A infidelidade a algo tem sempre o outro lado, fidelidade a uma outra".[1] Nesse caso, tive de abrir mão, em certo sentido, da lealdade familiar para encontrar a lealdade pessoal.

Todo esse movimento afetou, e muito, o meu casamento. Vivenciamos tudo isso juntos, como casal, compartilhando as mesmas angústias, mas de um lugar experiencial diferente. Eu

[1] Rubem Alves, *A grande arte de ser feliz* (São Paulo: Planeta, 2014), p. 91-92.

trazia de berço uma forte formação familiar, enquanto a da minha ex-esposa tinha sido bem diferente. Logo, os próprios assuntos de fé se tornaram conflitivos e pesados demais para ela, que se afastou da fé cristã, o que fez nosso casamento entrar em crise.

Outono: a morte do ideal

O calor de minha inquietude me fez cansar de uma "estética tradicional", perfeita, como os comerciais de margarina. Mergulhei fundo na história de minha própria família para entender as sombras que todos temos, em âmbito pessoal e familiar. Precisava me encontrar com essa realidade para desconstruir o mito da "perfeição familiar" que estava dentro de mim. Mais ou menos como disse Jesus: O grão de trigo precisa morrer para renascer (Jo 12.24)! O poder da ressurreição só está disponível para quem primeiro carrega sua cruz em direção ao Gólgota.

Esse outono também aconteceu na igreja onde eu era pastor auxiliar e meu irmão, pastor titular, o que acabou não facilitando as coisas. Ele, assim como meu pai, era minha grande referência ministerial. Porém, quando me abri para o encontro e o diálogo com o que chamei de "movimento das ruas", o que me tornou crítico em relação à estrutura da própria igreja, meu irmão sentiu a necessidade de afirmar a tradição dentro da qual exercia seu ministério pastoral. Tenho certeza de que seu impulso era de proteção e cuidado comigo e com a igreja, e me arrependo de algumas posturas que tive. Mas diante de nós se desenhava um caminho sem volta e acabamos fazendo, na época, a opção ministerial de não mais trabalharmos juntos na mesma igreja local.

Eu participava, então, de um grupo chamado Peregrinus, com encontros semanais com amigos pastores e que tinha o seu foco no silêncio, na *lectio divina* e no compartilhamento de vida. Acredito mesmo que foi graças a minhas raízes cristãs e a esse grupo que não abandonei a fé. No auge das crises que se seguiram, tanto no casamento como na igreja e com meu irmão, esse grupo me escutava em sessões de verdadeiro discernimento. Todos me faziam perguntas difíceis, choravam comigo e me aconselhavam respeitosamente. Meu caderninho de oração anda recheado de ressonâncias desses momentos.

Nesse tempo, passei num processo seletivo e fui trabalhar com a Visão Mundial. Com minha saída da igreja, ficamos, como casal, um bom tempo sem frequentar uma igreja e sem o suporte de uma família de fé. O mesmo aconteceu com muitos dos jovens da igreja que já não encontravam ali um lugar para a vivência de sua fé. O lugar havia se tornado estreito para eles também.

Ainda me lembro de que, em setembro de 2015, precisei viajar para dois compromissos de trabalho e fiquei uma semana fora de casa. O casamento já não estava nada bem. Aproximava-se o outono! Quando liguei para casa, no meio da semana, fui confrontado, pela primeira vez, com a probabilidade de um divórcio. Doeu muito, perdi o chão e tudo perdeu a cor. Quando enfim retornei, foi ainda mais dolorido ouvir a confirmação da decisão quanto à separação, e voltei para a casa de meus pais. O outono mostrou toda sua força.

Depois de oito anos de casamento, ela se foi... eu fiquei. Jesus, certa vez, disse: "Moisés permitiu o divórcio apenas como concessão, pois o coração de vocês é duro" (Mt 19.8). Talvez outra forma de dizer o mesmo seja aceitar que o divórcio acontece porque somos pessoas demasiadamente humanas, reais e falíveis. Nessa estação, meu ideal de perfeição morreu e entendi que todos nós temos um coração duro e que é só pela graça de Deus que algum broto de esperança ainda permanece vivo.

Inverno: a frieza do luto

O inverno naquele ano foi rigoroso. Esfriava de dentro para fora. Cobertor nenhum era capaz de aliviar os ventos gelados que nasciam no peito. Todo o processo foi demorado e cheio de idas e vindas, pensamentos confusos e esperanças frustradas. Depois de um mês de separação, tentamos de novo. Participamos de um retiro de casais, tivemos alguns bons dias, mas logo tudo voltou ao que era. O divórcio mostrava-se mesmo o nosso caminho, apesar de minhas insistentes orações para que Deus salvasse nossa relação.

Entendi que há uma proximidade muito grande entre enfrentar um divórcio e a experiência de luto. Embora em ambos os casos haja uma ausência dolorosa, no divórcio a outra pessoa continua viva. Demorei para aceitar, mas em algum momento parei de insistir. Desse ponto em diante, não orei mais a Deus por reconciliação. Aceitei meu luto e briguei com Deus. O calor do Sol da Justiça já não me aquecia. Eu me achava muito bom para merecer todo aquele sofrimento. Coloquei-me no lugar de vítima, e Deus era o culpado por tudo. Sentia-me humilhado por estar morando novamente com os pais depois de tanto falar e escrever sobre emancipação. Via-me envergonhado diante dos meus, preocupado com minha reputação diante da igreja.

As percepções sobre a vida, os sentimentos e a fé se tornaram terrenos confusos demais, então passei a evitá-los. Preferi as distrações da vida para tentar anestesiar as dores desse momento e cheguei perto de um quadro depressivo. Tornei-me improdutivo. Ficava a maior parte do tempo no quarto, dormindo ou me distraindo nas redes sociais. Nos primeiros meses dei espaço à carnalidade e à carência e tentei alguns relacionamentos furtivos e infrutíferos. Meu caderninho de oração ficou vazio, sem nenhum registro. Com a neblina e a fumaça fria características dessa estação, perdi a capacidade de enxergar mais profundamente, apenas ia vivendo.

O que conforta, vejo hoje, é que Deus nos guia, mesmo sem que o peçamos.

Primavera: o renascimento do amor

Cerca de um ano depois, as flores começaram a renascer, e a primavera venceu o frio do inverno. Um pastor amigo da família intermediou minha ida para Brasília, e esse foi o início de uma retomada com Deus. Comecei a participar da Igreja Sal da Terra e servir aos irmãos, coisa que não fazia desde que tinha saído da igreja anterior. Fiz preciosos amigos, que me acompanharam e sustentaram nesse período, o que me levou ao encontro com a Thaiany, minha atual esposa. Passamos a conversar diariamente por cerca de um mês, sem nunca nos encontrar. Até que, em abril de 2017, a conheci pessoalmente. Namoramos por onze meses e nos casamos numa emocionante cerimônia oficiada por meu pai.

Em meus votos de casamento com a Thaiany, lembrei-me da história do jumentinho que Jesus usou para sua entrada triunfal em Jerusalém. Eu era esse jumentinho, selvagem, rebelde, deslocado e sem lugar, mas que pela chegada da Thaiany se sentia, pela primeira vez, aquietado e tranquilamente submisso a Deus. O que me deu segurança para viver essa história foi o fato de que alguém se interessou por mim quando eu estava sem igreja, longe do púlpito ou de alguma liderança. Eu me encontrava numa cidade sem conhecidos comuns, num contexto em que meu sobrenome não fazia a menor diferença e a única coisa que tinha a oferecer era minha fraqueza emocional.

Thaiany se apaixonou por mim não pelo que eu representava, e por isso eu a amei. "O nome contém o programa do meu ser", escreveu Rubem Alves. "Se eu esquecer o meu nome e os outros não exigirem que eu continue a ser o que sempre fui, então alguma coisa nova poderá nascer da velha: uma fonte no deserto."[2] Thaiany não conhecia meu nome e não exigiu que eu fosse nada do que já tinha sido. Foi como nascer de novo, receber um novo nome ressignificado, uma "pedrinha branca".

Na ocasião do casamento, eu estava desempregado, atuando apenas como autônomo na área de *design* gráfico. Mudei-me para Anápolis, comecei a empreender e hoje tenho uma pequena agência de *design* estratégico. Começamos juntos a plantação da Igreja Sal da Terra Anápolis, onde vivemos uma vida comunitária desafiadora, mas muito agradável. Dois anos depois de nosso casamento, no dia 13 de julho de 2020, nasceu nossa flor da primavera, nossa primeira filha, Catarina.

Costumamos dizer que desejaríamos haver nos conhecido antes, para ter experimentado mais cedo a felicidade que sentimos hoje e para ter tido tempo de gerar muitos filhos, mas reconhecemos que nunca nos teríamos apaixonado pelas pessoas que éramos antes do momento exato em que nos conhecemos. Foi o *kairós* de Deus. Além disso, reconheço que, por conta do doloroso processo pelo qual passei, assumo melhor meu papel de pai. Por haver vivido as quatro estações, deixei de ser filho, aquele que demanda cuidados, para assumir a paternidade, aquele que se responsabiliza pelas demandas, não somente da Catarina, mas de todos os filhos que Deus nos vai acrescentando no ministério pastoral.

[2] Rubem Alves, *As melhores crônicas* (Campinas, SP: Papiros, 2018), p. 90.

Meu irmão foi morar no Canadá com a família. Nosso contato é bem menos frequente do que foi um dia, mas nossa relação foi pacificada e a primavera também chegou às terras geladas canadenses. Vejo nossa história com muita gratidão e continuo aprendendo diariamente. Há também um genuíno sentimento de gratidão com relação à minha formação familiar, que me sustentou e me sustenta ainda hoje. Foi justamente essa plataforma de amor e fé que me possibilitou viver tudo isso da melhor maneira possível. Mais do que as doutrinas cristãs corretas, herdei uma forma de viver baseada no acolhimento incondicional do outro.

Olhando para trás, percebo que, aos trancos e barrancos, obedeci à voz de Deus, que me dizia que marchasse, mesmo diante do grandioso e misterioso mar à frente. Voltando à analogia do Êxodo, algumas tradições judaicas dizem que o mar Vermelho só se abriu quando as águas já chegavam à altura do nariz do povo em marcha. Não havia um corredor de paredes de água entre as quais fosse possível ver a outra margem, mas a cada passo de fé o mar se abria mais um pouco até que se completasse a travessia. Em minha história, houve dias em que pensei que me afogaria, e reclamei de Deus como o povo de Israel, à beira do mar. Houve dias em que tive dúvida se deveria dar mais um passo... Mas, hoje, celebro a chegada à outra margem, a vitória sobre a desesperança e a solidão.

Sim, Valdir estava certo: a primavera é um ato de resistência da vida diante da frieza do inverno. É quando as flores renascem, as cores voltam a aparecer e a vida segue seu fluxo.

8

O sofrimento e a intimidade com Deus

Rosana Basile com mentoria de Isabelle Ludovico

Em outubro de 2018, recebi uma ligação no meio do dia. Era o Rafa, meu irmão! Meu coração ficou alegre, bom falar com ele assim num dia qualquer. Mas ao atender o telefone ouvi um choro triste, cansado, choro desesperado de um menino que precisava de ajuda, choro de um homem só.

Rafael, meu único irmão, então com 38 anos, morava em Belo Horizonte. Eu tinha 40 anos e morava em Madri, com meu marido e minhas filhas. Conversamos um tempo, ofereci e entreguei meu ouvido, minhas emoções, minha inteligência, meus recursos e minhas orações na tentativa de responder e ajudar ao que mais tarde percebi ser um grito por socorro. Nos dias seguintes foram muitas conversas por telefone, conselhos, noites sem dormir, pessoas orando por mim, por ele e por meus pais. A distância impedia abraços, olhos nos olhos, chorar juntos, e meu coração ardia diante das limitações. Mas sou grata a Deus pelas conversas, pelos sonhos e planos, ainda que desencontrados, que tivemos naqueles dias.

Duas semanas depois, o choro do menino parou. Meu irmão se foi e nossas conversas, minhas palavras, meu coração e meu corpo, tudo se transformou em dor. Houve uma explosão dentro de mim. Meus pensamentos, minha alma, a razão, a emoção, tudo o que eu era, desde o mais profundo ao mais superficial, foi invadido por uma dor insuportável. O choro do homem só agora era meu. E não só meu, mas também de meus pais, de minhas filhas, de meu marido, de meus familiares, amigos, dos amigos dele, dos alunos, colegas de trabalho, enfim, pessoas que o amavam, o admiravam e caminhavam com ele. Eu me entristeço por tantos lutos causados pelo falecimento do Rafa.

A dor da alma e a dor física permanecem. Que perda terrível! Que sofrimento sem tamanho! Dor infinita? Gostaria de compartilhar o caminho de meu luto como o sofrimento mais profundo de minha vida, mas sempre cercado do maior amor que já conheci. Vivi uma dinâmica de intimidade relacional com Deus, através de sua Palavra, e com quem estava ao meu redor. Minha intenção é refletir sobre essa combinação entre dor e alegria, em que o amor envolve a dor, em que Deus carrega nosso jugo e no qual podemos descansar.

Os primeiros passos pelo deserto da perda de alguém tão próximo são chocantes. Entramos em um universo diferente, e o que os outros dizem e fazem é muito importante. Embora estivesse fisicamente longe das pessoas com quem gostaria de estar, por causa de meu temperamento mantive contato muito próximo com elas. Eu nunca havia vivido uma experiência dessa natureza, e nunca havia acompanhado de perto alguém que tivesse passado por uma experiência como a minha. Percebi como não sabia lidar com meu luto nem com o luto do outro. Percebi também que, na busca por ajudar, sofisticamos uma tentativa de conforto que na realidade é muito simples. Sei como meus familiares e amigos se entristeceram comigo, e nesse cenário aprendi com várias pessoas a lidar com o luto.

A insistência em falar comigo era para mim sinal de carinho. Eu nem sempre estava disponível, mas fui abençoada de várias formas. Quando uma amiga me abraçou e disse que não sabia o que fazer por mim, respondi que naquele momento precisava que alguém orasse por mim, e assim ela pôde me ajudar. Recebi mensagens pessoais contando como o Rafael tinha sido importante na vida de outras pessoas. Fui acolhida por amigos que eu conhecia havia pouco tempo e que, vulneráveis, compartilharam comigo suas histórias de perdas trágicas.

O isolamento nunca foi uma opção para mim. Na verdade, buscava exatamente o contrário. No entanto, a solidão do luto se revelou uma triste e dolorosa realidade. Hoje vejo que buscava ouvidos atentos, pessoas que se interessassem em escutar sobre meu sofrimento. Precisava de corações que acolhessem, não avaliassem, não julgassem. Uma alma que topasse sofrer um minuto comigo. Passado o tempo, vejo que precisava de alguém que se dispusesse a ouvir, sem que se sentisse obrigado a dizer nada, alguém que se importasse de verdade com a desconhecida e assustadora dor que me envolvia.

Ao contrário do que eu queria, porém, a grande maioria dos que me cercavam nem sequer tocava no assunto. Imagino que as pessoas tinham medo de me fazer lembrar do que ocorrera e assim me fazer sofrer ainda mais. Certa vez ouvi alguém dizer que, se seu braço direito fosse arrancado, você se lembraria o tempo todo de que ele não está ali, e que o mesmo acontece com a perda de alguém tão próximo: nós nos lembramos dessa pessoa o tempo inteiro, não há nada que nos distraia de uma dor tão latente.

Além disso, eu entrava em um grupo pouco conhecido, o de quem perdeu o irmão. Classificamos os lutos de acordo com uma hierarquia de sofrimento e tendemos a minimizar determinadas perdas. Embora me sentisse muito só, continuava à procura de ouvintes empáticos e de algumas pistas sobre tão trágica e repentina maneira de morrer. Sentia-me quase como uma detetive investigando um caso de impossível solução. Como diz Albert Y. Hsu, quem perde alguém por suicídio entra contra a própria vontade em uma espécie de clube secreto.[1] Passamos a fazer parte de um grupo que sofre diante de muitos pontos de interrogação, e infelizmente percebemos que esse grupo é bem maior do que pensávamos. Isso não consola, claro, mas talvez seja uma fonte de empatia, de que eu tanto precisava.

A culpa foi um tormento, uma angústia constante com a qual tive de aprender a lidar. Talvez ela não seja tão importante em um luto por morte natural, mas, no meu caso, a culpa era a lenha que alimentava o fogo da dor. Entendia que essa culpa não era legítima, mas enfrentava o terrível sentimento de responsabilidade pelo que havia acontecido. Pensamentos como "não deveria ter falado tal coisa", "será que ele entendeu mal quando disse aquilo?", "em lugar disso eu deveria ter feito aquilo". Não havia limite para tantas possibilidades imaginadas na tentativa de criar uma realidade diferente e, assim, evitar o inevitável. Um vão esforço emocional e mental.

O fato é que, se todos que participávamos da vida de meu irmão soubéssemos que o perderíamos, certamente teríamos feito algo diferente. Mas eu estava fazendo o meu melhor para ajudá-lo, com cuidado, dedicação e verdade. A culpa veio pelo engano de achar que eu teria o poder de evitar aquela tragédia. Deus é soberano, e creio que aconteceu o que ele, em sua sabedoria, permitiu. Nunca neguei a soberania de Deus. Conheço desde pequena a mensagem do evangelho e a ação de Deus na história, na minha história.

[1] Ver Albert Y. Hsu, *Grieving a Suicide: A Loved One's Search for Comfort, Answers, and Hope* (Downers Grove, IL: InterVarsity Press, 2002).

O apóstolo Paulo, apesar de sua vida dura e sofrida, terminou seus dias em paz. "Lutei o bom combate, terminei a corrida e permaneci fiel" (2Tm 4.7). As palavras de Paulo mostram essa serena convicção de que valeu a pena, foi difícil mas tudo está bem. São fruto da certeza acerca do Deus a quem servia, conhecia e em quem confiava. Em toda sua história, Paulo buscou uma vida constante na presença de Deus. É simples e profundo pensar que a grande força de um homem tão admirável estivesse em sua fé. Eu sabia, e sei, que Deus estava com meu irmão. Mas no início desse caminho sofrido não tinha forças para parar, me esvaziar e escutar a voz do Senhor. Eu era grito, gemido, choro constante.

Em seu livro *A anatomia de um luto*, C. S. Lewis relata seu difícil caminho pela dor da perda de sua querida esposa.[2] Ele compara a dor do luto com a dor do medo, com o desagradável sentimento de suspense. Escreve de forma vulnerável que sente uma espécie de "manto invisível" entre o mundo e si mesmo. Descreve o solitário caminho do luto como um universo "preguiçoso" em que até mesmo ler uma carta requer demasiado esforço. Ousa até mesmo questionar por que Deus seria tão presente em nosso tempo de prosperidade e tão ausente em nossos momentos de dor. Compartilha as palavras de um amigo que, na tentativa de consolá-lo, relembra o clamor de Cristo momentos antes de sua morte: "Meu Deus, Meu Deus, por que me abandonaste?" (Mt 27.46).

Lewis nos abre seu diário e escreve com franqueza sobre como a dor da perda o atinge de várias maneiras: "Eu não apenas vivo cada interminável dia no luto, mas vivo cada dia pensando em viver cada dia no luto". Nesse caminho, decide

[2] C. S. Lewis, *A anatomia de um luto* (Rio de Janeiro: Thomas Nelson Brasil, 2021).

pensar mais em sua esposa do que nele mesmo, lida com sentimentos de vazio, questiona a bondade de Deus. Argumenta que, com os olhos "turvos de lágrimas", não se pode ver nada adequadamente. Comenta que no início pretendia mapear a dor, mas depois conclui que, como a dor não é um estado e sim um processo, seria mais adequado contar sua história em vez de mapeá-la. Compara o luto a um longo e sinuoso vale, "onde qualquer curva pode revelar uma paisagem totalmente nova".

Escrever um diário pessoal foi um recurso que, em busca de ouvir a voz de Deus e de colocar os pontos de interrogação em seus lugares, adotei para lidar com o sofrimento. Escrevia orações de lamento e me surpreendia com a intensidade com que a Palavra de Deus valoriza o sofrimento. Foi importante recordar que a Bíblia inclui um livro inteiro de lamentações, permeado de trechos que declaram a bondade de Deus. No capítulo 3 de Lamentações, a partir do versículo 18, percebi como queria trilhar meu caminho de dor.

Primeiro, reconhecer a dor:

> Grito: "Meu esplendor se foi!
> Tudo que eu esperava do SENHOR se perdeu!".
> Como é amargo recordar meu sofrimento
> e meu desamparo!
> Lembro-me sempre destes dias terríveis
> enquanto lamento minha perda. (v. 18-20)

Depois, declarar a bondade de Deus:

> Ainda ouso, porém, ter esperança
> quando me recordo disto:
> O amor do SENHOR não tem fim!
> Suas misericórdias são inesgotáveis.

Grande é sua fidelidade;
suas misericórdias se renovam cada manhã.
Digo a mim mesmo: "O Senhor é minha porção;
por isso, esperarei nele!".
O Senhor é bom para os que dependem dele,
para os que o buscam.
Portanto, é bom esperar em silêncio
pela salvação do Senhor. (v. 21-26)

Por fim, enxergar a outra face do sofrimento:

É bom as pessoas se sujeitarem, ainda jovens,
ao jugo de sua disciplina.
Que permaneçam sozinhas e em silêncio
sob o jugo do Senhor.
Que se deitem com o rosto no pó,
pois talvez ainda haja esperança. (v. 27-29)

Reconhecer, silenciar, esperar, suportar e aguardar em oração constante, essa realidade era possível para mim. Eu orava a vida, orava minhas dores, alegrias, medos e culpas. Orava em qualquer hora e em qualquer lugar. Orava sem cessar.

Nos últimos anos, comecei a cuidar de plantas, por puro prazer de vê-las crescer. Havia na minha varanda um grande vaso de suculentas. Flores verdes que ao sol ficam em tom lindo de roxo. Mas numa viagem, por excesso de cuidado do porteiro, elas definharam. Conversando com a moça do viveiro, aprendi como poderia recuperá-las. Deveria cortar as flores, colocá-las em água e esperar que dessem raízes para replantá-las. Seria um recomeço. A planta era grande, com muitos galhos e flores. Coloquei algumas flores na água, como me fora recomendado, mas deixei os galhos secos no vaso, para descartá-los mais tarde. Passados dois meses de seca, chegou a chuva e com ela, para minha surpresa, os galhos secos do grande vaso começaram a brotar. Havia vida ali. A despeito de meus escassos conhecimentos botânicos, ou do que entendi das informações da moça do viveiro, fiquei emocionada com o que aconteceu e, naquele momento, Deus se revelou.

Meu processo de luto foi uma jornada muito sofrida. A morte repentina e inesperada de meu irmão criou uma dor constante e desconhecida em meu mundo interior. Enquanto isso, eu estava cercada por um marido presente, por filhas carinhosas, vida e alegria, saúde e futuro, música e esperança. Em um mesmo lugar, a dor muito forte convivia com a alegria genuína, a dor orgânica era uma explosão de sofrimento num cenário de cores e movimento. Essa dicotomia parecia me consumir.

O vaso de galhos secos é hoje uma nova planta, com flores lindas e roxas, que continuam crescendo à luz do sol. Os galhos que eu havia cortado foram replantados e se tornaram presentes para pessoas queridas. Eu era como esse vaso de galhos secos. Havia muita água ao meu redor, mas essa água não me atingia. A água da chuva veio quando eu estava abandonada, vulnerável, quando me esvaziei, quando aprendi a chorar. Meu coração começou a receber esse amor que vinha para envolver a dor que eu pensava que havia tomado conta de tudo. Foi um renascimento.

Nesse processo, percebi que não deveria abafar a dor, lutar contra ela, mas entregá-la a Deus em lamento, oração, choro e verdade. Com paciência, e bem devagar, procurei entender aquela dor. Falando e escrevendo sobre ela, descobri que ainda que não fosse minha amiga, tampouco era minha inimiga. Essa luta já havia sido travada, e o amor havia vencido.

Percebi o amor de Deus, em Jesus, envolvendo minha dor e permitindo que eu vivesse tantas alegrias apesar da intensidade do sofrimento.

Quanto mais eu percebia esse amor, mais buscava por ele na fonte, que é o próprio Deus, em sua Palavra, na meditação, na contemplação da natureza e da arte, no silêncio, sempre orando a vida. Essa fonte tem sido meu alimento, e esse amor continua envolvendo aquela e outras dores. Algumas já desapareceram, a dor do luto ainda está, mas não tenho pressa. O luto não tem prazo de validade. A tentação de anular ou anestesiar a dor me privaria da oportunidade de entregar a Deus minhas fraquezas e limites. Aproximar-se de Deus para um relacionamento profundo não significa conseguir respostas, mas simplesmente estar no lugar de conforto, consolo, restauração, crescimento e vida.

(Ilustração de Rosana Basile)

A Bíblia nos apresenta diversas histórias de sofrimento e reações diante da dor. Em Salmos, Davi rasga o coração e chora muitas vezes, sem resposta. Mas, no mesmo livro, oferece lindas poesias de louvor a Deus. Eu também aprendi a louvar em meio à dor. Diante do sofrimento, experimentei a bondade do Senhor. Nesse caminho, sou consolada e sustentada. Espero, sem me preocupar com o momento em que essa e outras dores terão fim. A esperança se fortalece na paz que excede todo entendimento e que guarda nosso coração (Fp 4.7). Dor e sofrimento não são protagonistas de nossa história, mas podem ser oportunidades de nos encontrarmos conosco, com o outro e, principalmente, em profunda intimidade relacional com Deus.

Rosana,

Acompanhei esse processo e sou testemunha de sua coragem em vivenciar, com honestidade, todas as emoções: culpas, dúvidas, raiva, saudade. Você não fugiu da dor nem mergulhou em um sofrimento mórbido, apenas atravessou passo a passo esse vale da sombra da morte, de mãos dadas com o Pai. Revisitou sua história ao lado de seu irmão e as próprias perdas acumuladas no caminho. Ao acolher seu choro, também abriu a porta da alegria. Ganhou densidade e maturidade. A dor gerou pérolas, e a principal talvez seja a amizade profunda com o Pai. Ele abriu outros canais de comunicação, como perceber seu recado inequívoco e transformar a dor através das suculentas.

Isabelle

COMUNIDADE

9

O lugar do silêncio na liturgia comunitária

Marcell Silva Steuernagel e Rachel Triska

Este ensaio é um bem-bolado de conversas com e sobre o silêncio. Da perspectiva da Rachel, pastora e ativista social, estas conversas incluem sua experiência de infância com a Assembleia de Deus norte-americana, seu envolvimento com a espiritualidade inaciana e com a direção espiritual no trabalho pastoral, e o desenvolvimento de uma pedagogia litúrgica comunitária que inclui elementos dessas tradições. Já para Marcell, músico e ministro de louvor, que acabou tropeçando para dentro dos mundos acadêmicos da música e da teologia, estas conversas incluem a liderança da música comunitária — tanto na igreja local quanto na estrada, em conferências e acampamentos —, décadas de prática marcial e meditação em movimento, a experiência do PGM e a obsessão musical com o som e o silêncio.

Essas experiências e conversas se encontraram na igreja Life In Deep Ellum (LIDE), uma comunidade no centro de Dallas que busca viver a vida cristã de forma integrada com a realidade local e com o coração artístico da cidade.[1] Rachel foi copastora na LIDE durante muitos anos, e foi lá que Marcell e família encontraram um lar espiritual ao se mudarem

[1] Mais informações sobre a LIDE podem ser encontradas em: <https://www.lifeindeepellum.com/>.

para Dallas. Devido à natureza aberta da vida, este bem-bolado é uma conversa contínua, e nossas considerações, bastante contextuais, fazem sentido na intersecção da história e do contexto de ambos, mas talvez não façam sentido em outros contextos e para outras histórias. Reconhecemos isso. Mas justamente devido a nossas histórias e contexto, acreditamos que existe valor em compartilhar nossas experiências com o silêncio.

Desde muito cedo na história do cristianismo, o silêncio está associado com o indivíduo. Dentro dos movimentos monásticos, que começaram a surgir a partir do século 4, o silêncio passou a ser codificado não apenas como prática comunitária, mas principalmente como disciplina individual. A cultura monástica, por sua vez, ajudou a moldar o misticismo cristão da Europa medieval. Quando lemos sobre as experiências místicas de Teresa de Ávila, Juliana de Norwich ou Hildegarda de Bingen, encontramos relatos bastante individualizados em que o silêncio ocupa um lugar importante como caminho para o êxtase espiritual, um silêncio a ser preenchido com visões divinas e a ser pintado como em tela pelo Espírito.

Hoje, continuamos associando a disciplina do silêncio com a vida devocional individual. O que queremos incluir neste bem-bolado é justamente a possibilidade de conceber o silêncio não apenas como uma prática individual e para grupos pequenos especializados, mas também para dentro do contexto litúrgico-comunitário. Queremos convidar nossas leitoras e leitores a tecer práticas de silêncio dentro da tapeçaria do culto. Mas, antes de considerar as possibilidades litúrgicas do silêncio nesse contexto, precisamos apontar, examinar um pouco mais de perto a resistência ao silêncio inerente à espiritualidade cristã e à cultura do mundo ocidental.

Falando de forma bastante abrangente, é possível dizer que a cultura moderna ocidental é bastante avessa ao silêncio não apenas em ambientes coletivos como também na vida íntima. Não gostamos do silêncio porque ele traz à tona os desconfortos da alma, por isso procuramos preenchê-lo de diversas formas. Em nossa caminhada ministerial, deparamos constantemente com barreiras que dificultam a prática do silêncio. Muitas vezes evitamos o silêncio e a quietude porque sabemos, mesmo que apenas instintivamente, que se nos aquietarmos aquilo que é incômodo e que tentamos esconder virá à tona. Ademais, a cultura moderna, de conforto e conveniência, conspira a todo custo contra o silêncio e a quietude porque neles não há entretenimento e nada se pode vender ou comprar. A quietude é justamente o oposto do frenesi do consumo, por envolver a reconciliação consigo mesmo. Daí nossa hesitação instintiva, que é reforçada por uma cultura que nos sugere não haver problema em evitar o silêncio.

Parte dessa resistência ao cultivo do silêncio também está relacionada com a potencial perda de controle que ele representa. Enquanto narramos ativamente nossa própria vida, alimentamos a ilusão de que estamos no controle de nossa história. Enchemos nossa vida com jargões do tipo: "pense positivo", "cabeça pra cima", "bola pra frente". Sim, é importante pensar positivo e viver de forma esperançosa. Não existe nada de errado com a afirmação da vida e com o encorajamento mútuo. Mas é preciso cuidado com a tentação de fazer uso desse tipo de discurso para acobertar a ansiedade e a impotência.

A tentação de narrar a própria vida em vez de reconhecer sua vulnerabilidade também se manifesta no contexto do culto. Liturgicamente, narrar a própria história se expressa como uma retórica proclamatória que reivindica, profetiza e grita com Deus. Cremos que nossa tendência de narrar e de falar nasce, pelo menos em parte, justamente da consciência profunda de que não temos o controle que pensamos ter. No fundo, sabemos que somos frágeis e que a vida é imprevisível. Por mais que nos esforcemos em narrar nossa vida e a realidade em volta, a convicção das palavras não tem o poder de transformar o mundo. Dessa perspectiva, abraçar o silêncio é admitir a fragilidade da humanidade, e cultivar o silêncio na liturgia é incluir essa vulnerabilidade na adoração.

O silêncio pode começar pela eliminação dos ruídos externos. "Ruído", nesse sentido, pode ser definido como qualquer som não inerente à atividade desenvolvida. Quem está digitando, por exemplo, considera o som das teclas parte de sua atividade. Mas para quem está ao lado, tentando ler, o som das teclas é ruído, pois gera distração. Assim também é com a espiritualidade. Se damos oportunidade ao silêncio, deparamos com a possibilidade de examinar nosso ruído interior. Quais são as vozes que gritam dentro de nós?

Embora existam vários tipos de silêncio — íntimo, desajeitado, esperançoso, cheio de expectativa ou medo —, é possível pensar nele não como ausência, mas como porta para a quietude. Para esta nossa conversa, queremos pensar na quietude como um tipo de silêncio ativo, fértil, que vai além da ausência de ruído. A quietude é uma postura que envolve o corpo e a mente. Nesse contexto, o silêncio se torna uma espera similar à que ocorre em um porto ou marina. O silêncio está lá, presente, pronto para receber o barco que chega. Talvez demore, talvez não, mas a marina não se fecha à possibilidade da chegada do barco.

Assim também o silêncio que nutre a expectativa da quietude não se fecha para a possibilidade de uma experiência significativa e profunda com o Deus que chega e aporta na doca. Um exemplo concreto é o da liturgia da Sociedade dos Amigos, ou quacres, que se reúnem para ouvir o sussurro de Deus do qual as Escrituras falam em 1Reis 19.12. Dessa postura, que a antropóloga Josiane Massard-Vincent denomina "escutar o silêncio quacre",[2] nascem reflexões sobre passagens bíblicas ou compartilhamento de algum testemunho. Para os quacres, a liturgia nasce no silêncio.

De fato, do ponto de vista da contemplação cristã, podemos sugerir que o silêncio é a primeira linguagem de Deus. O silêncio cria espaço para um encontro muito íntimo com Deus, que não precisa ser cerceado ou alicerçado por outros elementos litúrgicos, como recitações ou música. À medida que se torna um "sentar-se com Deus", o silêncio da quietude se transforma em presença e em relacionamento. Portanto, o desafio é grande: se temos receio do silêncio mesmo na vida privada, de que forma seria possível lhe dar as boas-vindas no ambiente comunitário?

Oferecemos aqui algumas considerações que podem ajudar a criar abertura para a inclusão do silêncio não apenas na prática devocional individual ou de pequenos grupos como também em ambientes comunitários com maior número de participantes. Nossa primeira consideração tem a ver com ritmo. É preciso lembrar que o ritmo é composto de presença *e* de ausência. Sem ritmo não há vida, e não há respiração. Para inspirar, é preciso expirar. Assim também no culto. Em um ambiente de culto comunitário em que o som é constante, nenhum som é, na verdade, percebido com atenção especial, sem mencionar a fadiga produzida na comunidade.

[2]J. Massard-Vincent, "Écouter le silence quaker", *Anthropologie et Sociétés*, vol. 35, nº 3, 2011, p. 233-250.

Em um contexto desse, não há tempo para respirar e pensar naquilo que se está falando ou fazendo. Em outras palavras: mesmo em um nível básico e fundamental, o silêncio tem um papel importante na experiência do culto comunitário. Para que haja um bom ritmo de culto, e no culto, é necessário prestar atenção ao espaço que o silêncio ocupa e lhe dar oportunidade de ser sentido, de vir à tona e, assim, integrar a camada consciente da narrativa litúrgica. À medida que isso acontece, deparamos com nuanças da presença de Deus que seriam imperceptíveis sem o silêncio. Como diz Ricardo Barbosa em sua análise da experiência de Jó, foi somente quando Jó "cessou de falar e passou a ouvir a voz de Deus que começou a compreender, não o sentido do seu sofrimento, mas o princípio do agir de Deus. Quando o homem se cala, Deus fala. Foi isso que Jó aprendeu. O silêncio contemplativo o levou a ouvir e ver aquilo que, enquanto falava, não era capaz de ver nem ouvir".[3]

Criar abertura para a quietude como presença de Deus é um desafio. A liderança precisa preparar a comunidade a fim de que ela alcance o ponto de encontrar sentido e profundidade nessa escuta ativa, uma vez que essa mudança de cultura não acontece de forma simples ou automática. Existe uma grande diferença entre um indivíduo que busca intencionalmente ambientes que cultivam culturas de silêncio (pensemos, por exemplo, no noviço que busca entrada em um convento ou mosteiro) e a inclusão de uma prática pouco familiar em uma cultura comunitária.

Como já mencionamos, e sem querer generalizar de forma absoluta, a cultura litúrgica protestante brasileira não está

[3]Ricardo Barbosa de Sousa, *O caminho do coração: O sentido da espiritualidade cristã* (Curitiba: Encontro, 2004), p. 47.

acostumada a ouvir. É uma cultura do falar, do cantar, do proclamar, do recitar. "Na igreja, nos cercamos de muitos ruídos, muita gente e muitos estímulos e atividades."[4] O estabelecimento de uma postura de escuta através do silêncio exige um "pedir licença", que nem sempre é simples ou bem-vindo na igreja local. Por isso, é essencial uma fundamentação teológico-litúrgica que faça sentido, e que seja exposta com clareza pela liderança. De mãos dadas com essa fundamentação, é necessária uma pedagogia de introdução da prática do silêncio. O melhor é começar em doses homeopáticas e conversar a respeito da experiência da escuta ativa, antes e depois. À medida que os participantes se familiarizam com a prática e com o silêncio cultivado através dela, é possível que, dessas conversas (antes e depois), surja organicamente uma colheita de experiências de profunda contemplação, como no caso dos quacres.

Um caminho possível para esse diálogo com a comunidade (embora com certeza não seja o único) nasce justamente nas tradições cristãs de meditação em que o silêncio já ocupa seu lugar. Richard Foster nos lembra que a meditação sempre permaneceu como uma parte clássica e central da devoção cristã.[5] Quando a prática do silêncio é tratada como disciplina, conforme a proposta de Foster, ela se torna um convite recorrente e polivalente que enfatiza aspectos específicos da vida espiritual cristã. O primeiro aspecto é a entrega do controle da narrativa litúrgica, conforme já tratamos. Aqui, a prática da escuta ativa se torna uma disciplina justamente porque nos conduz a outra postura que não a de tentar controlar os acontecimentos,

[4] Osmar Ludovico, *Inspiratio* (São Paulo: Mundo Cristão, 2017), p. 171.

[5] Richard Foster, *Celebração da disciplina: O caminho do crescimento espiritual* (São Paulo: Vida, 1983), p. 13-14.

ou de produzir uma ilusão de controle deles. Como no caso da liturgia quacre, a escuta ativa se torna prenhe de expectativa, e a responsabilidade da comunidade é ouvir atentamente o Espírito e aqueles com os quais se adentra na prática, pois a palavra divina pode surgir da minha contemplação ou da contemplação do outro. Nessa intersecção, ouvir Deus e ouvir o próximo se conectam.

Essa prática do silêncio também pode ser um convite ao exercício da imaginação. Desejamos sugerir, aqui, que a oração é também imaginação. As visões místicas de tantos que se aventuraram a buscar Deus de forma imaginativa (exercício que, por vezes, resultava em tensões entre os místicos e as instituições nas quais estavam inseridos, como o caso de Teresa de Ávila) demonstram esse potencial imaginativo tanto quanto a visão de João, no Apocalipse, ou as visões do profeta Daniel.

O uso da imaginação também possui antecedentes longevos na tradição cristã. Foster afirma que Inácio de Loyola incentivava seus leitores constantemente a visualizarem as histórias do evangelho. Assim, pode-se propor, por exemplo, a leitura de uma cena bíblica e convidar os participantes a, silenciosa e mentalmente, recriarem a cena como se estivessem participando dela. Em nossa experiência, o papel da liderança nesse caso é simplesmente convidar os participantes a imergirem no silêncio e na oração imaginativa, é encorajar o uso da imaginação e, com poucas palavras, pontuar o silêncio de modo a ajudar os participantes a adentrarem esse mundo imaginado.

No entanto, por causa do contexto humanista em que as práticas cristãs ocidentais foram codificadas (especialmente durante o período das Reformas), tendemos a associar estreitamente oração com palavra recitada, falada ou pensada. Mas nossa oração não precisa restringir-se àquilo que conseguimos articular em palavras. Às vezes, é preciso orar gemendo, pintando cenas, dançando, é preciso inserir a imaginação concedida por Deus em nosso relacionamento com ele.

Ademais, como já sugerimos, o silêncio não implica necessariamente ausência, pois está repleto de possibilidades. Uma delas é a comunhão fruto da experiência conjunta da contemplação. Esse aspecto comunitário pode ser enfatizado se o exercício imaginativo visual for combinado, por exemplo, com um convite para o toque. Segurar a mão de quem está ao lado e abraçar o próximo — uma vez que o toque é um aspecto essencial da experiência humana — podem acrescentar novas dimensões ao cultivo comunitário da espiritualidade.

Essas sugestões para enfatizar o aspecto comunitário da prática do silêncio apontam, finalmente, para uma realidade importante: nunca oramos sozinhos. Há de se fazer uma distinção entre silêncio e isolamento. Nunca oramos sozinhos porque oramos com outros no tempo e no espaço, juntando as vozes à "nuvem de testemunhas" dos fiéis. Oramos com aqueles com quem compartilhamos a vida, os sofrimentos. Oramos com aqueles com quem nos relacionamos, pois as angústias destes se tornam nossas.

E, finalmente, não estamos sozinhos no silêncio porque, quando oramos, o fazemos com Deus. Ele está presente. Aprender a prática do silêncio significa confiar que a voz de Deus se manifestará no silêncio e nele descobrimos aspectos do relacionamento com Deus que são únicos à suavidade da quietude, seja individual, seja corporativa.

10

Espirituais na cozinha, na sala e nos quartos

Guilherme Ribeiro de Paula e Osmar Ludovico

Por vários séculos, os mosteiros preservam uma vida regular, ou seja, ritmada por uma regra, que permanece atual e necessária. Essas regras disciplinam não o comportamento do monge, mas seu olhar, sua adoração. O monge é chamado a ocupar os espaços intencionalmente em oração e a passar o dia consciente da dimensão transcendente. Podemos aprender com eles em nossa vida urbana, mesmo em nossa pequena casa.

Os aposentos da casa diferem em finalidade, grau de intimidade e dinâmica. O quarto é o lugar do repouso, da intimidade. A sala é o lugar do desfrute. A cozinha é o lugar do serviço. São espaços delimitados: um é palco, outro é bastidor, como dizia José Tolentino de Mendonça.[1] E é pela cozinha que começaremos, esse espaço do qual a vida depende especialmente.

Cozinha

O ser humano tem uma relação vital e ancestral com a cozinha. Uma relação mais que visceral. Na cozinha, tangenciamos o humano, o terreno e o divino. Lévi-Strauss propõe a passagem da natureza à cultura com o domínio humano do fogo, que transforma o alimento, de cru, natural, em cozido, aquilo que é

[1] Citado em Alexandre Lucas Coelho, "A Bíblia come-se", *Público*, 17 de novembro de 2007, <https://www.publico.pt/2007/11/17/jornal/a-biblia-comese-238014>.

humanamente recriado e transformado. O fogo que destrói e consome foi dominado para poder ser usado a favor do homem. Primeiro aprendemos a cozinhar, só depois veio a metalurgia.

"Cozinhar é o mais privado e arriscado ato", escreve Mia Couto. "No alimento se coloca ternura ou ódio. Na panela se verte tempero ou veneno. Cozinhar não é um serviço, mas um modo de amar os outros." A cozinha é o lugar de trabalho, bagunça, calor, ingredientes crus, panos espalhados, panelas sujas na pia. É o lugar do serviço, da atenção na preparação, cocção e apresentação. E só termina quando tudo está limpo.

Cozinha é lugar de criatividade e transformação, uma expressão clara da *imago Dei* e do mandato cultural. Assim diz Teresa de Ávila: "Entenda que até mesmo na cozinha entre caçarolas está o Senhor". E o Irmão Lourenço: "Não é necessário que façamos grandes coisas. Faço pequenas coisas para o Senhor. Eu viro o bolinho que está fritando na panela por amor a ele, prostro-me em adoração diante dele que me concedeu a graça de trabalhar, e depois disso me sinto mais feliz que um rei".

A cozinha é lugar de aprendizado contínuo. De antigas receitas de mãe, de pratos tradicionais e de novas formulações, a cozinha é um lugar de magia para os sentidos e a criatividade. É escolher no mercado, manusear, preparar, picar, descascar, calcular a quantidade, balancear os nutrientes. Ali podemos harmonizar sabores, aromas, texturas, cores, cocções e temperos. É a flexibilidade e a liberdade no preparo das refeições do dia a dia, do domingo, das celebrações e dos convidados especiais.

Na cozinha, precisamos saber lidar com o elogio dos convivas e também com a frustração do prato que não deu certo. Mas ali também viajamos, visitando as cozinhas clássicas e exóticas com suas receitas. É um lugar de apurar os sentidos, de tocar e sentir a água com a farinha tomando forma entre as mãos, de contemplar a beleza discreta de uma cebola na tábua, de respirar o perfume dos temperos e se deliciar com eles, de ouvir o crepitar dos legumes jogados no óleo quente, de levar à língua pequenas amostras para degustar e provar o sal. É um lugar de procura, de tentativas e erros, de descobertas, de desarrumação e de sabores inesperados.

É também um lugar de contemplar o milagre da criação na variedade de carnes, peixes, mariscos, grãos, legumes, tubérculos, raízes, hortaliças, frutas, especiarias. Dádivas do mundo mineral, vegetal e animal para nos alimentar. Assim diz a Palavra de Deus: "Fazes o pasto crescer para os animais, e as plantas para as pessoas cultivarem. Permites que da terra colham o seu alimento: vinho para alegrar o coração, azeite para fazer brilhar a pele, pão para dar forças" (Sl 104.14-15).

Na cozinha estão presentes, de forma contundente, os quatro elementos: o fogo na chama do fogão, a terra nos alimentos que ela produziu, a água que ferve nas caçarolas e o ar carregado de bons aromas que perfumam a casa. Na cozinha o alquimista e o artista se encontram, deslumbrados, com a providência e a abundância do Criador.

O homem, que já construiu catedrais para louvar a Deus, encontra na cozinha o espaço para um culto de ação de graças. E pode, então, trabalhar e orar, o *ora et labora* dos monges. É nesse ponto em que o trabalho se torna oração, e a oração, trabalho. Encontramos na cozinha uma experiência do sagrado que a sociedade de consumo nos roubou com seu *fast food*, sua comida industrializada, processada, enlatada, cheia de produtos químicos.

Não se trata da sofisticação dos restaurantes estrelados ou de exageros gastronômicos, pois a gula e a luxúria são vícios capitais. Não é necessário preparar grandes coisas, mas uma cozinha simples, saudável, receitas descomplicadas, que fazem bem ao corpo e à alma. É *slow food, comfort food* e *soul food*, que podemos traduzir por "comida de vó no fogão a lenha".

O capítulo 21 do Evangelho de João relata que alguns discípulos tinham voltado à Galileia e à sua profissão de pescadores após a morte de Jesus. Depois de uma pescaria frustrada, transformada em uma pescaria abundante pela palavra de um homem na beira da praia, João grita: "É o Senhor!" e Pedro pula na água. Ao chegarem à praia, Jesus os esperava com peixe assado sobre as brasas e pão. Sim, ele cozinhou para os seus discípulos, depois de ressurreto.

Cozinhar é assunto sério, que pode nos conduzir a experiências profundas com o amor de Deus e a expressões sensoriais e afetivas de amor ao próximo. Felizmente, temos visto mais e mais homens na cozinha, enquanto a mulher aguarda o resultado na sala, com alegre expectativa. É na sala que o resultado do trabalho da cozinha ganha outro aspecto do sagrado, e falaremos dela em seguida. Por ora, nosso convite é: transforme sua cozinha em um lugar de culto, de encontro com o Deus que se saboreia. Provem e vejam, o Senhor é bom.

Sala

A sala é um lugar de estar. Independentemente de haver mesa ou sofá, a sala é lugar de estar, de encontro, desenhada para acolher sem pressa, para conviver. Em toda sala, a peça principal, desde os tempos mais antigos, é a mesa. Essa plataforma de saciar propõe um encontro que por vezes nos assusta, um encontro com nós mesmos e com "um outro". Por isso a mesa também pode se tornar lugar de disputa, desconforto, a ponto de muitas famílias trocarem a mesa pela tela, qualquer que seja.

Desde a primeira mesa, no Jardim, na presença do Anfitrião de todos nós, até a última mesa, do banquete do Cordeiro, a mesa é formativa, civilizatória, palco de corações que se abrem, palco de traições, espaço privilegiado para reconciliações. À mesa, somos convidados a apagar as cercas que dividem nós e eles, eu e o outro, para nos tornarmos todos "nós", como deveríamos ser desde o princípio, e certamente seremos no fim.

Não é à toa que buscamos comida como substituto de amor e afeto. Gênesis descreve um Deus que cria um mundo comestível e termina a criação descrevendo a Adão o menu. Peter Leithart relata que Deus não chegou a Adão com proposições filosóficas, grandes afirmações ontológicas, ele chegou a Adão com comida, e que toda adoração ao Deus revelado pela Bíblia precisa terminar em comida. Não há sentido em uma adoração sem comunhão ao redor de alguma mesa.

A mesa também está no centro da experiência da libertação do Egito. Primeiro, na noite em que a comida tem gosto de livramento. Depois, no deserto, quando as cebolas e os melões do Egito começam a fazer falta, e Deus faz no deserto um grande banquete. Mas especialmente no tabernáculo, quando uma mesa especial foi erguida para concretizar a imagem de que o povo de Deus come com Deus porque Deus vive em seu meio. Deus nos quer em sua mesa, comendo com ele. Isso fica absolutamente evidente em Jesus.

No Evangelho de Lucas (o que mais tem cenas de mesas, nos Evangelhos), vemos Jesus passando por várias mesas até chegar à do Cenáculo e, por fim, à mesa de Emaús. Todas elas vão revelando quem Jesus é e como é essa "etiqueta" do reino de Deus, que aos olhos dos religiosos parecia inadequada e pouco espiritual. Jesus era chamado de "comilão e beberrão" por sua postura à mesa, e "amigo de pecadores" pelas casas que escolheu frequentar.

A mesa é uma plataforma horizontal que nos permite olhar nos olhos uns dos outros enquanto realizamos a mais ordinária e sagrada das tarefas. À mesa, papéis de convidado e anfitrião se alternam, enquanto passamos o pão para cá ou para lá. À mesa, posições são tomadas sob o olhar comprometedor do "outro" que, à mesa, propõe-se ser "nós" conosco. O que falamos, calamos, o que expressamos com os olhos, à mesa ganha o destaque de uma bailarina no palco. À mesa, as crianças aprendem com o que veem e ouvem. À mesa, os adultos desabafam, os sábios ouvem, os famintos se saciam, os duros amolecem um pouquinho, os estranhos se conhecem e o Cristo se revela.

A mesa da Última Ceia é uma mesa a ser repetida e, mais do que isso, é uma mesa que se propõe ressignificar qualquer mesa onde dois ou três se reúnam ao redor da pessoa do Cristo. É uma mesa de traidores, em que tensões não são necessariamente resolvidas. É uma mesa de entrega. É uma mesa que João quis descrever sem pão e sem vinho, mas com bacia e toalha, para que não houvesse possibilidade de confundir seu significado.

A mesa de Cristo conecta o passado, trazendo a presença da cruz. Conecta o futuro, trazendo a esperança de sua volta, quando ele nos conduzirá à mesa do banquete das Bodas do Cordeiro. Mas a mesa de Cristo nos põe presentes no chão da vida. E quando fazemos de nossa mesa a de Cristo, também temos ali um lugar de memória, de expectativas do futuro, de consciência de vocação para o presente. A mesa é o lugar onde Cristo quer se revelar de forma mais bonita. A mesa é onde o encontro acontece.

No princípio, os olhos da humanidade foram abertos porque comemos da mesa errada, a mesa da suspeição de Deus.

Agora, que comemos da mesa da vida, nossos olhos se abrem, tal como em Emaús, para ver o Cristo que não está mais aqui ou ali, mas em tudo e em todos. Ele é o convidado que senta à minha mesa. Ele é meu anfitrião. Ele é a comida. Ele é o encontro. Que sejamos nós também o Cristo na mesa em que estivermos. Que seja a nossa sala um espaço sagrado de encontros. Que seja a nossa mesa um lugar privilegiado de comunhão.

Quartos

Adentramos, agora, os quartos. Primeiro, o quarto do casal e depois o quarto do coração. Se cozinha e sala são lugares de inclusão, hospitalidade e comunhão, o quarto é lugar de intimidade exclusiva do casal. Ali se consuma a relação humana de maior intimidade, o encontro sexual entre um homem e uma mulher, que literalmente se tornam uma só carne (Gn 2.24).

Paulo, pensando nisso, lembra do grande mistério de Cristo, que é um com a Igreja (Ef 2.24). Homem e mulher se perdem um no outro numa experiência de prazer extasiante e se tornam uma unidade. Um só corpo, com duas cabeças, quatro braços, quatro pernas, sem a noção de individualidade, misteriosamente tangenciam o mistério da Trindade. Um mais um é igual a dois, mas, na economia divina, um mais um é também igual a um. Grande é esse mistério dos dois que se tornam um e que continuam dois. Não se trata de fusão. Ao contrário, o teste sublime dessa unidade é que, quanto mais *um* somos como casal, mais compreendemos nossas duas individualidades. Não somos absorvidos pelo outro.

É também no quarto que Deus divide, com muitos casais, sua honra de Criador, permitindo que homem e mulher sejam, com ele, cocriadores da vida humana. É quando o sêmen masculino fertiliza o óvulo feminino que o milagre da criação do ser humano se concretiza. O quarto, nesse momento, de forma muito particular, se revela um santuário.

A misteriosa e sublime intimidade do casal no quarto não pode ser banalizada. Ao contrário, deve ser protegida e exaltada. Essa relação, quando distante do projeto original de Deus, resulta em paixões passageiras, frustrações, vícios destrutivos — o que os Pais do Deserto chamavam de lascívia, impureza, luxúria — que corroem a beleza do amor e do mistério.

O projeto de Deus é que a intimidade do casal aconteça na plenitude de uma relação heterossexual, exclusiva, permanente, baseada no amor, no respeito e na fidelidade. E, sempre que possível, com o acolhimento da vida humana, desde o útero de sua mãe, no seio de uma família amorosa e cuidadora. Dentro dessa proteção, essa relação se realiza em sua máxima completude e sublimidade. No quarto do casal, a intimidade dos esposos, protegida, torna-se um vislumbre do paraíso perdido do Éden e um prenúncio do novo céu e da nova terra.

Agora, o outro quarto é o quarto secreto do coração. Esse é um prolongamento da experiência da solidão. Pense numa noite insone, quando só nos resta a nós mesmos como companhia, e estamos diante de nossa identidade mais profunda, nossa verdade e realidade sem máscaras, sem papéis e sem palco. É a esse lugar secreto que Jesus nos convida a entrar para orar (Mt 6.6). Ali, nos abismos de nosso coração, além dos pensamentos, sentimentos e emoções, ele, o Deus Altíssimo, fez sua morada (Ef 3.17).

O Santo dos Santos não está mais no templo de Jerusalém, onde uma única vez por ano o sumo sacerdote podia entrar. Agora, todos aqueles que confiaram sua vida a Jesus encontram em seu sangue um novo e vivo caminho para entrar, com confiança e reverência, na sala do trono de Deus. Orar se torna, então, uma experiência de estar na presença do Deus vivo, Cristo, no secreto de nosso coração.

> O Alto e Sublime, que vive na eternidade,
>   o Santo diz:
> "Habito nos lugares altos e santos,
>   e também com os de espírito oprimido e humilde.
> Dou novo ânimo aos abatidos
>   e coragem aos de coração arrependido".
>
> Isaías 57.15

Buscamos a Deus fora de nós, no alto, na euforia, quando, na realidade, ele está dentro de nós, perto do coração contrito e abatido, perto de nossa realidade mais íntima e precária. O quarto secreto, em silêncio e solitude, é o lugar privilegiado para o pecador desfrutar da graça perdoadora e acolhedora do Senhor. No Santo dos Santos, estamos completamente a sua mercê. Ali podemos expressar nossas alegrias e tristezas, e cultivar uma amizade com aquele que nos ama e sabe tudo de nós.

Assim, o chão da vida em nossa casa é o lugar da espiritualidade mais elevada. Entre as cebolas, no partir do pão, no olhar atento que percebeu o desconforto do convidado, no servir o arroz, na escuta ativa, no partilhar das emoções, na liturgia de invocar o nome do Senhor e dar graças, no lavar a louça, nas conversas enquanto se tira a mesa, no encontro de dois ou três em que Cristo nos encontra, ali está a espiritualidade mais elevada.

Da mesma forma, na intimidade de nosso quarto, onde estamos nus e nossas máscaras não têm valor, é ali que o Senhor nos vê. É ali que ele nos sussurra no íntimo que somos filhos amados. Convidamos você a experimentar essa espiritualidade em sua casa e em toda casa que visitar. Quanto mais espirituais formos, mais humanos seremos.

11

O Cristo como hóspede

Guilherme Ribeiro de Paula,
Osmar Ludovico e Thais Romano

Na primeira missão dos discípulos sem a companhia de Jesus, ele os enviou investidos de autoridade, porém sem blusa, sem troca de roupa, sem mala, sem dinheiro, e ordenou que buscassem uma casa que os acolhesse. Cheios de autoridade e vazios de recursos materiais. Enquanto proclamavam reconciliação e promoviam saúde, estavam matriculados na escola da hospitalidade na posição de hóspedes. Para que aprendessem os "modos" do reino de Deus, Jesus os comissiona a serem hospedados e caminharem dependendo da provisão divina expressa na generosidade (ou na rejeição) das casas por onde passassem (Mt 10; Lc 10.1-20).

Na Antiguidade, especialmente no Oriente Médio, a hospitalidade era fundamental nas relações. Sem hotéis e sem transporte fácil, era a hospitalidade que garantia a convivência para além de sua tribo e clã. Ao mesmo tempo, a inospitalidade era a marca do declínio absoluto de uma comunidade. O pecado da cidade de Sodoma está mais perto da inospitalidade do que da sexualidade (Ez 16.49-50). Por isso Jesus encerra o seu envio dos doze dizendo que, se alguma cidade não os recebesse, será tratada com mais rigor que Sodoma (Mt 10.15).

Jesus é o hóspede por excelência. Acolhido pela menina Maria e rejeitado em sua própria terra. Recebido com desdém pelo fariseu, que nem sequer lhe beijou o rosto, mas honrado pela pecadora, que lhe beijou os pés. Até hoje Jesus se disfarça na gente comum e vem desafiar nossa hospitalidade. Por isso, recomenda a carta aos Hebreus, não sejamos negligentes ou esquecidos da hospitalidade, porque o nosso próximo hóspede pode bem ser um mensageiro do Senhor (Hb 13.2).

Contudo, antes de hospedar, precisamos experimentar o que é ser hospedado. Antes de qualquer coisa, somos hospedados por Deus, porque nele nos movemos e existimos. Depois, todos nós fomos hospedados pelo ventre de nossa mãe. Fomos também hospedados por nosso pai na casa que era nossa (mas nem tanto). Ainda precisamos aprender a hospedar a nós mesmos em nosso coração, acolher a própria alma. Mas é só quando somos hospedados por um "outro" que começamos a sentir na pele o conforto e o desconforto de ser hóspedes.

Henri Nouwen propõe que a hospitalidade implica oferecer ao acolhido amizade sem amarras e liberdade sem abandono. É o desafio de criar um "vazio", um espaço para que o outro seja quem de fato é. Mas não se trata de uma casa abandonada. Casa abandonada logo se torna casa assombrada. Ao contrário, exige presença e um certo grau de confronto, porque

> o espaço só pode ser acolhedor quando existem fronteiras claras [...] limites flexíveis, mas limites. O confronto é resultado da presença articulada, a presença dentro dos limites, do anfitrião para o hóspede, pela qual ele se oferece como ponto de orientação e quadro de referência.[1]

[1] Henri J. H. Nouwen, *Crescer: Os três movimentos da vida espiritual* (São Paulo: Paulinas, 2000), p. 93-94.

É o encontro desses dois estranhos, com clareza de limites, intenções e estilos de vida, que possibilitará a relação verdadeira. E nesse "estranhamento" positivo do encontro das culturas, é possível tanto ao hóspede quanto ao anfitrião olharem com mais riqueza suas escolhas de vida. Por exemplo, as pessoas lavam louça de jeitos diferentes e pode ser que o seu jeito gaste mais água. Pode ser que, vendo um hóspede lavar louça em sua casa, você aprenda um jeito mais econômico e prático de lavar louça, ou o contrário. Pode ser que você receba alguém que só tenha conhecido famílias disfuncionais e que, ao vivenciar a dinâmica da sua casa, perceba que há outra vida possível, ou o contrário.

Para ilustrar, vamos contar duas experiências do Guilherme. Ao longo da infância, ele ficou na casa de muita gente, porque seus pais serviam num ministério de louvor que viajava pelo Brasil. Quando ele tinha dez anos, sua casa alagou. Seu pai e sua mãe tinham de decidir para onde ir. Poderiam ir para a casa de algum parente, mas uma família de amigos da igreja os convidou para morar com eles enquanto precisassem. Essa família morava num apartamento de $50m^2$, dois quartos, um do casal e outro de sua filha de dois anos. A filhinha foi dormir no quarto com o casal. Os pais de Guilherme ficaram com o quarto dela, enquanto Guilherme ficou no sofá da sala. Eles insistiram que a família fosse para lá porque viram nisso uma oportunidade de desfrutarem de um tempo precioso, o que realmente aconteceu. Foram alguns meses juntos, em uma convivência que deixou marcas profundas. Foi um vislumbre do reino de Deus.

Recentemente, Guilherme hospedou em casa um refugiado da Venezuela, que não conhecia Jesus. Foram cinco meses morando em sua casa, onde Guilherme morava sozinho, depois de sair da casa dos pais havia pouco mais de um ano. Sua casa era "seu reino", onde ele fazia tudo (e só) o que queria, sem se importar com mais nada. Mas ele sabia que Jesus queria que ele experimentasse o reino de Deus, não o reino do Guilherme. Não foi fácil. Foram muitos ajustes, tentativas frustradas de aprofundar o sentido do evangelho, e a delicada negociação para estabelecer limites.

Ao final, a experiência foi muito importante para o hóspede, mas essencial mesmo foi para o anfitrião. Guilherme precisava desmontar uma esfera de domínio que ele nem sabia existir. Logo que Guilherme e Thais se casaram, ficou mais evidente a necessidade de que o "reino" do Guilherme fosse desafiado e subvertido por um hóspede. Porque aquela casa veio a se tornar a casa da Thais e do Guilherme. Quanto ao hóspede venezuelano, ele até visitou algumas vezes a igreja do Guilherme, sem muito interesse. E não chegou a se tornar um amigo. O alvo, contudo, não era convertê-lo, mas sim acolhê-lo.

A hospitalidade é abrir-nos para acolher o outro diferente de nós, não para mudá-lo. O alvo é construir uma parceria, um diálogo mutuamente edificante. É assim que somos acolhidos por Deus. É assim que Jesus parte o pão com traidores. Essa é nossa escola. Para isso, devemos dar atenção ao outro, e deixá-lo à vontade. É o paradoxo de ter liberdade para aproximar ou distanciar, respeitar os limites de cada um, poder dizer não, poder dizer "estou ocupado", desenvolver uma convivência para ouvir, conhecer hábitos, reações, aspirações, confidências.

Rosaria Butterfield era lésbica, ativista e acadêmica. Enquanto pesquisava sobre a direita conservadora e o ódio contra a comunidade *queer*, fez várias entrevistas de campo e visitas. Em uma dessas visitas, foi jantar na casa de cristãos. Filha de pais católicos excomungados, tinha experiências com cristãos e já estava preparada para não entrar no tema do "pecado". Estava pronta para entrar em "território inimigo", porque como boa acadêmica queria conhecer o que seus "inimigos" pensavam.

Ela havia sido convidada para jantar por um pastor que tinha escrito uma carta criticando seu último artigo publicado no jornal. Mas havia sido a crítica mais amorosa que ela havia recebido. Respondeu à carta, que resultou nesse convite para jantar, que ela aceitou. O alvo dela era sair daquele jantar compreendendo como uma lógica opressiva de um livro velho como a Bíblia manipulava até mesmo pessoas de bem. Ela se preparou para esse jantar, intelectual e emocionalmente. Então, escreve que nada aconteceu como ela planejava.

> Eu não estava preparada para esse nível de abertura e verdade. Não estava preparada para o evangelho indomesticável e o amor de Jesus, manifestos nas práticas diárias de hospitalidade daquele simples lar cristão. Esse lar cristão se tornou meu refúgio e ponto de parada pelo caminho durante dois anos. Muito antes de entrar em qualquer igreja, aquele lar foi onde eu lutei com a Bíblia, com a realidade de que Jesus é quem ele é, até que o encontrei face a face no reluzente fio da navalha do meu pecado sexual de estimação.[2]

Rosaria hoje promove o que chama de "hospitalidade radical ordinária", que é a hospitalidade como forma de vida, enxergando os estranhos como vizinhos e os vizinhos como família de Deus. Ela advoga que devemos prever a

[2] Rosaria Butterfield, *The Gospel Comes With a House Key: Practicing Radically Ordinary Hospitality in Our Post-Christian World* (Wheaton, IL: Crossway, 2018), p. 50.

hospitalidade em nossa agenda, em nosso orçamento doméstico, tendo sempre algum tempo e alguma refeição a compartilhar. Nessa forma de vida, os papéis de anfitrião e hóspede se alternam, porque o anfitrião não tem problema de receber ajuda. O alvo é construir relacionamentos mais fortes que as palavras, mesmo com aqueles que pensam diferente de nós. Não se trata de aprovação, mas de aceitação corajosa e respeitosa. Só hipócritas têm palavras mais fortes que seus relacionamentos. A hospitalidade radical ordinária, acredita Rosaria, oferece evidência concreta da fé no poder salvador de Jesus, revelando o resultado do arrependimento na vida de gente comum, de carne e osso.

Então, é claro que estamos falando de algo que precisa ser vivido para ser partilhado. Nossos relacionamentos transparecem a beleza e a feiura de nosso mundo interior. Ou seja, a disciplina da hospitalidade passa por ser hospedado por Deus, por ter sido hospedado por outro e, especialmente, por hospedar a si mesmo, estar em contato com seu mundo interior. Se não tivermos ouvidos para nossa própria alma, não teremos para mais ninguém. Somente quem é livre pode deixar o outro livre.[3]

Essa interpenetração de hóspede e anfitrião, em que um entra na vida do outro, é tão profunda e reflete tanto a Trindade que conseguimos partilhar da existência um do outro sem deixar de ser nós mesmos. Norman Wirzba enxerga na visitação do Espírito no Pentecostes, no fenômeno do falar em línguas, um gesto de hospitalidade. Não no fato de o Espírito vir morar nos cristãos, mas no fato de os cristãos estarem tão

[3] Isabelle Ludovico trata do tema em seu livro *O resgate do feminino: A força da sensibilidade e ternura em homens e mulheres* (São Paulo: Reflexão, 2014), p. 116-118.

abertos para a ação do Espírito que passam a ser anfitriões para outros. Ele escreve: "Eles não viviam mais estritamente em termos de e para sua própria perspectiva. Em vez disso, a língua e a visão de outro haviam feito residência neles e se tornado sua inspiração e seu foco".[4]

O mais incrível do fenômeno é que, mesmo dentro da língua e visão do outro, o conteúdo são as grandezas de Deus. Foi essa postura, perseverando em oração, no ensino dos apóstolos e, especialmente, na prática de partir o pão de casa em casa, que promoveu a experiência da igreja nos primeiros capítulos de Atos — uma experiência que foi se desdobrando em aprendizado.

A hospitalidade, como falamos, já era um valor do povo de Deus no Antigo Testamento. Uma sinagoga da época de Jesus encontrada perto da Cidade de Davi traz uma inscrição de fundação que relata quem a edificou e qual seu propósito: "Theodotos [...] construiu a sinagoga para a leitura da lei, para o ensino dos mandamentos, bem como o quarto do estrangeiro, as câmaras e o suprimento de água como hospedaria para aqueles de longe em necessidade".[5] Mas é com os cristãos que essa tarefa se tornará mais ampla e mais desafiadora.

Em Atos 10, é relatado que Pedro, apóstolo, foi convidado a hospedar-se na casa do gentio Cornélio. Para prepará-lo, Deus lhe deu uma visão. Enquanto estava com fome, viu do céu descer uma toalha com animais puros e impuros para o consumo de um judeu. Uma voz do céu lhe ordenou comer, ao que ele

[4] Norman Wirzba, *Alimento e fé: Uma teologia da alimentação* (São Paulo: Loyola, 2014), p. 221.

[5] "Theodotos inscription", *Wikipédia*, <https://en.wikipedia.org/wiki/Theodotos_inscription>.

respondeu: "De modo nenhum, Senhor! [...] Jamais comi coisa alguma que fosse considerada impura e imprópria" (10.14). A voz, então, falou novamente: "Não chame de impuro o que Deus purificou" (10.15). Pedro teve essa visão antes que os homens de Cornélio chegassem e o chamassem.

Antes de ir, Pedro convidou os homens a passarem a noite ali. No dia seguinte, Pedro foi à casa de Cornélio, e precisou apagar as linhas que dividiam sua cultura da cultura de seu anfitrião. Ele disse: "Deus me mostrou que não devo mais considerar ninguém impuro ou impróprio" (10.28). E enquanto Pedro falava sobre Jesus e o reino de Deus, sem fazer apelo, sem batizar ninguém, sem pedir para fazerem a oração de entrega, o Espírito Santo desceu sobre aqueles gentios, que começaram a falar em outras línguas e louvar a Deus. Talvez por isso, o mesmo Pedro tenha escrito em sua carta, muitos anos depois: "Abram sua casa de bom grado para os que necessitam de um lugar para se hospedar" (1Pe 4.9).

João Crisóstomo, no século 4 d.C., exortou os cristãos a terem um quarto preparado em casa para hospedar a Cristo. "Tenhas um lugar, ao qual Cristo possa vir. Dize: 'Este é o quarto de Cristo; este lugar está separado para ele'. Mesmo que seja apenas um simples porão mal equipado, ele não o desdenha. Nu e forasteiro, Cristo anda por aí. É apenas um abrigo o que ele deseja".[6] Esse costume foi adotado por muitos irmãos ao longo dos séculos, que chegavam até a chamar esse quarto extra de "o quarto do estrangeiro" ou "o quarto do Cristo". Alguns, mais ousados, faziam o quarto com porta para a rua e destrancado, caso algum estranho chegasse à noite.

[6]João Crisóstomo, Homilia XLV nos Atos dos Apóstolos.

A prática também modelou a regra de vida dos beneditinos, no século 6 d.C., e de boa parte da vida nos monastérios ao longo dos séculos. Bento dedica um capítulo inteiro de sua regra para descrever como deve ser a recepção dos hóspedes nos mosteiros. Ele escreve: "Todos os hóspedes que chegarem ao mosteiro sejam recebidos como o Cristo, pois ele próprio irá dizer: 'Fui hóspede e me recebestes'. E se dispense a todos a devida honra, principalmente aos irmãos na fé e aos peregrinos [...]. Em todos os hóspedes que chegam e que saem, adore-se, com a cabeça inclinada ou com todo o corpo prostrado por terra, o Cristo que é recebido na pessoa deles. [...] Mostre-se principalmente um cuidado solícito na recepção dos pobres e peregrinos, porque sobretudo na pessoa desses Cristo é recebido".[7]

Até mesmo o jejum, escreve Bento, deve ser quebrado pelo superior do mosteiro para garantir que o hóspede tenha companhia à mesa. A hospitalidade é tarefa sagrada. Não é à toa que dos monastérios nasçam também os hospitais e, um pouco mais tarde, os hospícios.[8] Nossos irmãos preservaram o testemunho, ao longo dos séculos, de que a hospitalidade é curadora. Não podemos negligenciar essa tarefa, porque também desejamos ouvir do Senhor: "Venham, vocês que são abençoados por meu Pai. Recebam como herança o reino que ele lhes preparou desde a criação do mundo. Pois tive fome e vocês me deram de comer. Tive sede e me deram de beber. Era

[7] Regra de São Bento, cap. 53.

[8] Sobre como o monasticismo deu origem aos hospitais a partir do século 4 d.C., ver Andrew T. Crislip. *From Monastery to Hospital: Christian Monasticism and the Transformation of Health Care in Late Antiquity* (Michigan: University of Michigan Press, 2015).

estrangeiro e me convidaram para a sua casa. Estava nu e me vestiram. Estava doente e cuidaram de mim. Estava na prisão e me visitaram" (Mt 25.34b-36).

O povo de Deus é um povo marcado pela hospitalidade constrangedora de Deus, que nos mantém nele, mesmo em inimizade; que, reconciliados com Cristo, nos acolhe na própria Trindade; e que está preparando uma mesa para todos festejarmos juntos nas bodas do Cordeiro. Até lá, anteciparemos esse dia em nossa casa, com todo outro que aprendermos a chamar de irmão.

12

A igreja e o caminho das gerações

Flávia R. Lima da Hora e Gustavo P. F. da Hora
com mentoria de Ziel Machado

Com que frequência você e eu nos sentimos pressionados a adaptar-nos a novas realidades? Estamos falando daquele momento em que as antigas certezas são postas à prova. É quando, muitas vezes, nossos verdadeiros anseios emergem, querendo fazer-se ouvir, ainda que confundidos entre outros desejos e expectativas.

Esses processos de mudança, essas "crises" acontecem tanto no âmbito pessoal quanto coletivo. A cada mudança significativa no modo de viver e nos valores, a cada geração, as palavras de Jesus põem seu coletivo de discípulos à prova para discernir os tempos: "O céu e a terra desaparecerão, mas as minhas palavras jamais desaparecerão" (Mt 24.35). O desafio é continuar construindo sobre os alicerces da experiência espiritual comunitária cristã, com seus valores essenciais, porém de maneira que seja viva em contextos tão diferentes como os que vemos no decorrer da história. Cada geração tem a missão de compreender seu tempo e aplicar em qualquer realidade ou contexto cultural as verdades eternas do evangelho de Jesus e de seu reinado.

É com esse propósito que conversaremos sobre algumas possibilidades de responder a essas "sempre novas" realidades. O que dividimos aqui são tentativas de aplicar na vida comunitária cristã o aprofundamento da espiritualidade bíblica e algumas das maneiras como isso pode se refletir em nossa sociedade.

Problema: o distanciamento

Olhando para o momento atual, frequentemente nos percebemos cansados de ouvir, ler e assistir: estamos hiperconectados, por um lado, mas desconectados como nunca antes, por outro. Um sentimento contraditório, mas muito real de *distanciamento*, o que também parece ser verdade no que diz respeito à desconexão entre a experiência / discurso cristãos e as novas gerações.

É bem comum a percepção generalizada de que, ao chegar à juventude, muitas pessoas (entre elas não poucas que cresceram na igreja) já não encontram lugar na comunidade de fé. Os discursos e as práticas da cristandade parecem não fazer mais sentido para elas. Há tanto as que não mais se identificam com a fé cristã quanto as que, mesmo mantendo elementos da fé em Cristo, já não encontram propósito para permanecer nas instituições eclesiásticas.

Além dessa percepção subjetiva, há diversas tentativas de mensurar essa realidade. Uma pesquisa com esse objetivo foi realizada no contexto norte-americano pelo Instituto Barna, que busca quantificar esse distanciamento e propor soluções para alcançar e manter no contexto eclesiástico as tais "gerações perdidas".[1] De acordo com essa pesquisa, a percepção dos jovens pesquisados pode ser sintetizada nas seguintes expressões: "a igreja não é relevante no meu contexto social", "a igreja está cheia de relacionamentos superficiais", "a igreja traz

[1] Barna Group, "Church Dropouts Have Risen to 64%—But What About Those Who Stay?", Faith & Christianity in Millennials & Generations, 4 de setembro de 2019, <https: / / www.barna.com / research / resilient-disciples / >.

uma religiosidade sem sentido". A partir desses dados, começam as tentativas de resposta a esses problemas. A questão é que a resposta ao problema pode gerar ainda mais problemas!

A igreja brasileira, não raras vezes, experimenta processos semelhantes aos da norte-americana, mesmo tendo nossas peculiaridades e principalmente almejando o crescimento numérico da igreja. São riscos perniciosos na história da igreja de ontem e de hoje: um certo tipo de flexibilização, acomodação e adesão.

Na mentalidade de *marketing* que permeia tais estratégias, são levados em consideração os desejos de determinado público-alvo como modeladores para criar um "produto" ou "serviço". Com o intuito de atingir esse "segmento de mercado consumidor" e agradar aquele recorte etário, tribal ou socioeconômico escolhido, customizam-se novas atividades eclesiásticas, facilitando o uso de ferramentas de comunicação (linguagens, repertórios, ícones, aspirações etc.) para alcançar com "maior eficiência" as "metas e os resultados de crescimento" pretendidos.

Muitos formadores cristãos identificaram, em suas obras, essa espécie de tentação de definir "classes homogêneas" (René Padilla), de deixar a mensagem mais "palatável" (John Stott) ou, ainda, uma proposta de vivência comunitária mais "confortável" (Larry Crabb) como um atalho enganoso que esvazia a profundidade da vivência genuína e plural do evangelho do reino. De certa forma, é um jeitinho de fabricar a "bolha algorítmica" para a vida comunitária eclesiástica.

E agora: como lidar com problemas complexos e evitar soluções equivocadas? O exercício de reiteração dessa pergunta pode ajudar. Quais perguntas dessa geração não estão sendo respondidas? Qual anseio do coração o genuíno evangelho de Jesus atende, mas cuja pergunta dessa ou daquela geração não estamos ouvindo, muito menos respondendo com o mesmo evangelho?

O mandamento de nosso Mestre permanece: ir e fazer discípulos de toda cultura até os confins da terra. Portanto, nossa inserção em qualquer contexto social precisa ter os seguintes movimentos: ler o contexto a partir do prisma do evangelho e, ao conhecer essa realidade mais intimamente, responder, missional e concretamente, de acordo com esse evangelho.

Há diversas tentativas que se propõem a isso, mas compartilharemos, a título de exemplo, uma dessas experiências, um breve estudo de caso, uma iniciativa missiológica da qual participamos com esse objetivo, a Glocal.[2]

Aproximações: tentando encurtar as distâncias

Uma iniciativa no contexto da metrópole paulistana surge como uma reação à percepção de uma geração de que "a 'igreja' não teria nenhuma relevância cotidiana para além de uma experiência subjetiva de fé". Diante dessa impressão generalizada, esse movimento desafiou-se com a tarefa de contribuir para encurtar a distância entre a pessoa em seu contexto cultural e a pessoa de Jesus Cristo.

Entre os organizadores, a intenção é que os participantes com pouca ou nenhuma vivência eclesiástica saiam com a seguinte reação: "Inicialmente, fiquei curioso para saber que tipo inusitado de associação poderia ser feita entre tal tema de meu interesse e a 'figura' improvável de Jesus. Porém, saio dessa experiência com a nítida impressão de que essa pessoa de Jesus tem mais a ver comigo do que eu imaginava".

[2] Para mais informações, ver nosso site: <https://glocal.org.br/>.

Para dar forma a essa intenção, que muitas vezes ouvimos se concretizar no relato dos presentes, vale a pena citar alguns dos temas semanais promovidos em salas de teatro do circuito teatral de São Paulo: "Carnaval, igreja e rua", "Jesus e Mohamed", "Arte do fracasso", "Eu vilão? Darth Vader, Sauron, Coringa", "O ditador que habita em mim: César, Stalin, Hitler", "Morte e religiões", "O legado de Thanos", "Lenine e a existência de Deus", "Racismo ontem e hoje", "Jesus e Mozart", "Jesus e Nietzsche", "Jesus e Marx, Weber, Adam Smith", "Universo HQ", "Harry Potter e os mistérios da cruz", "Rousseau", "Maquiavel", "Hannah Arendt", "Nirvana", "Ragnarok: Mitologia Nórdica", "*Games* e o livre-arbítrio", "Clarice Lispector e a injustiça", "Durkheim e o suicídio", "Tarantino e a violência", "Jesus e Darwin", "Jesus, Dostoiévski e Nietzsche", "Satisfaction", "Jesus e Simone de Beauvoir", "Poema no tempo: Vinicius de Moraes", "Jesus e Freud", "Rembrandt: o natural e o sagrado", entre outros.

É interessante destacar que, na maioria das aproximações sobre esses temas, buscava-se uma ponte missiológica entre a temática e a pessoa de Jesus, em vez de promover o já tão propagado antagonismo evangélico, inibidor de qualquer possibilidade real de diálogo.

O exame atento e reverente da revelação bíblica nos leva a constatar que toda manifestação cultural humana carrega em si expressões e distorções da imagem de Deus à qual fomos criados. Uma vez que o universo tem sua origem em Cristo, e que todas as coisas convergem para ele, participar da *missio Dei* consiste em enxergar e endereçar a criatura (a começar em nós mesmos) ao seu Criador, Redentor e Consolidador da nossa existência plena nele. Por isso, testemunhar a implementação do reino inaugurado por Jesus seria olhar para as manifestações das diversas culturas, encontrar seus pontos de contato com a pessoa de Jesus, o Cristo, e transformar as relações individuais e coletivas ao nosso entorno à semelhança do Rei presente e escatológico. Com esse propósito, a iniciativa da Glocal se expressa em três eixos:

- *Arte.* Cultura do clássico ao *pop/nerd*, universo acadêmico, atualidades, política e ideias etc. Um ambiente em que ideias, expressões e linguagens artísticas dialoguem "em cena" na tentativa de buscar as diversas conexões possíveis entre a espiritualidade proposta pela pessoa de Jesus e qualquer manifestação cultural dessa humanidade criada nele, por ele e para ele, mesmo que sob as distorções e ambiguidades da Queda.
- *Espiritualidade.* A pessoa, as palavras e as atitudes de Jesus: o seu chamado para nós, em contraste com manifestações religiosas, autodeclaradas "cristãs" ou não, em nossa contemporaneidade.
- *Impacto social.* Ao perceber nesta geração um anseio por fazer parte de algo que contribua com a sociedade e por atuar como voluntário, surge a oportunidade de ressaltar o caráter essencialmente diaconal do reino de Jesus. Além de abordar o assunto nos temas, começam a surgir iniciativas de voluntariado para além da estrutura dos encontros. Com isso, passa a fazer parte da grade regular o "recado social": são convidadas cerca de vinte ONGs (cristãs ou não, e com as mais diversas causas) para desafiarem voluntários dentre o público presencial ou remoto. A resposta foi considerada muito boa pelas organizações. Contudo, durante o processo percebemos muitas outras necessidades dessas ONGs: suporte

organizacional, projetos mais eficientes e transformadores em relação às causas atendidas, sustentabilidade financeira etc. Tudo isso para melhor servir os contextos com os quais estavam envolvidos. Foi com o intuito de servir a essas organizações que surgiu a Glocal Aceleradora Social, que hoje atende organizações de todo o Brasil (cristãs ou não) com seu programa de mentoria e treinamento nessas e em diversas outras áreas de necessidade.

Como fruto dessas iniciativas, recebemos muitas pessoas que vieram desses encontros e que estavam sedentas por uma experiência comunitária mais profunda. Cabe às nossas comunidades locais acolher, pastorear e discipular aqueles que o Senhor vai nos acrescentando oriundos, como muitos de nós, desses contextos contemporâneos.

Com essa intenção e para evitar um proselitismo barato, a equipe interdenominacional de voluntários buscava sempre sugerir às pessoas que quisessem se aprofundar mais que procurassem algum amigo cristão ou comunidade em que percebessem aquele mesmo Jesus anunciado, a fim de criar vínculos e crescer em serviço amoroso comunitário. Porém, muitos dos voluntários começaram a relatar que sua igreja não estava preparada para receber essas pessoas, evidenciando ainda mais o tal distanciamento entre a geração alcançada e a igreja local — esta muitas vezes envolvida na crescente polarização política das igrejas evangélicas, frequentemente acompanhada de certo ranço de hostilidade aos diálogos científicos, artísticos, culturais e sociais. Iniciou-se, então, uma busca por comunidades cristãs bíblicas saudáveis (para serem recomendadas) que estivessem minimamente dispostas ao diálogo profundo entre as Escrituras Sagradas e os contextos culturais que nos cercam.

Diante de tudo isso, há ainda outros constantes desafios do mutante mundo digital, com seus algoritmos, linguagem imagética, neurociência e inteligência artificial aplicados ao *marketing* digital, a tentativa ainda inicial de compreender como funciona a psicologia social do comportamento digital humano, e assim por diante. Porém, o que permanece constante, o que pode ser profundo e eterno diante de tantas mutações por milissegundo?

O caminho do coração de qualquer geração

Qual critério comum nos identifica como unidade nesse coletivo chamado igreja? O amor de Jesus, o pertencimento a ele por meio de sua obra redentora individual e coletiva, e o amor de uns pelos outros, independentemente das expressões e coletividades identitárias das quais somos oriundos — e continuamos sendo, só que agora unidos nele!

A palavra "igreja" faz referência a esse coletivo ativo e em função daquele que o convocou, o viabilizou e o preside. Não poucas vezes é referido nas Escrituras como gente de toda tribo, língua e nação. Pessoas diferentes, de eras, lugares e origens diferentes, com expressões culturais multiformes da graça criadora de Deus e agora redimidas por meio da mesma cruz e do amor encarnado de Jesus. Por isso, por definição, a igreja é multiforme em suas manifestações históricas e contemporâneas. O caminho é sempre inter-relacional e dialético. Gerações, culturas e todo tipo de gente se encontrando nas ricas nuanças do reinado redentor de Cristo!

Ansiamos por uma vivência de fé plural e transgeracional que nos revele unos nele, ao mesmo tempo que somos aprofundados no desenvolvimento de nossa história de vida, de nossas emoções, expressões, de nosso caráter e maturidade, sendo tornados à semelhança de Cristo.

Com esse propósito, o PGM busca proporcionar um ambiente com uma dinâmica relacional em que se experimente uma "nova" qualidade de conexão, por meio do desenvolvimento de amizades espirituais, com seus múltiplos desafios e oportunidades. Em certo sentido, trata-se de uma redescoberta do antigo caminho da igreja que privilegia a amizade, a escuta, a oração, o silêncio e a Palavra. Essa proposta, aplicada ao contexto atual, encontra um terreno ávido por germinar no coração de várias gerações que enfrentam os desafios do mencionado distanciamento.

Com a finalidade de dar contornos ainda mais definidos sobre as práticas e os princípios vivenciados durante esse processo de mentoria, gostaríamos de finalizar este capítulo, como é característico no PGM, com mais um pequeno toque de pessoalidade. Dividiremos a seguir um pouco da nossa experiência como casal recém-casado que teve o privilégio de participar, juntos, dessa instância de formação espiritual cristã.

Era grande a euforia ao chegarmos ao primeiro encontro do projeto, na cidade de Curitiba. O que sabíamos era que reencontraríamos amigos, conheceríamos novos companheiros de caminhada cristã e seríamos orientados por mestres queridos. Mas aprenderíamos o quê? As expectativas eram de que provavelmente teríamos contato com técnicas e conteúdos que "turbinariam" nossa jornada individual. Imagine: um projeto de mentoria espiritual para jovens de até 35 anos com pessoas que admirávamos muito e há muito tempo! Chegamos empolgados para aprender, absorver e fazer coisas relevantes. Logo no primeiro encontro, porém, fomos surpreendidos pelo que chamaremos aqui, discretamente, de uma "abordagem bem concreta sobre a passagem em que Jesus lava os pés dos seus discípulos". O tom do restante dos encontros havia sido dado bem cedo, ali, ainda nos momentos iniciais: simplicidade e uma forma sagrada de intensa pessoalidade.

A experiência foi maravilhosa, sobretudo pela desconstrução de estereótipos. Tivemos estudos bíblicos, *lectio divina*, refeições em silêncio e refeições com gargalhadas de doer a barriga. Tivemos discussões teológicas que terminaram em oração e rendição. Tivemos noite de contação de "causos" engraçados, de compartilhar mudança de vida, desabafos sobre casamento, aconselhamentos mútuos repletos de dores mas, também, de sonhos. Entre os muitos convites à contemplação, um que mais nos marcou foi quando fomos inspirados a uma experiência de espiritualidade descendente em uma capela com degraus igualmente descendentes e acarpetados, que nos convidavam ao aconchego do colo "quase uterino" de nosso Pai. Esses foram somente alguns dos momentos especiais que tivemos.

A mentoria do PGM quebrou o seco paradigma dos "líderes-referência", e encharcou de pessoalidade cada encontro. Encarnados na realidade, porque Jesus se fez carne, pudemos experimentar, na inspiração da espiritualidade clássica, a simplicidade e a intensidade do encontro com Jesus. Muitas vezes, não foi nada confortável. Tivemos de nos desfazer dos cacoetes igrejeiros, da tendência ao racionalismo que impedia a sensibilidade. Foi muito especial experimentar as emoções redimidas com o Pai. Em encontros sensoriais com a Palavra — que, mais que ouvida, era saboreada —, fomos convidados a ouvir e tocar o sagrado, e a usar, na imaginação bíblica, todos os nossos sentidos. Viver integralmente a experiência de encontro, de caminhada "com Jesus e até Jesus", como dizia Osmar.

O relacionamento com o Pai, com os irmãos, com a vida tomou outros contornos, pois nessa jornada encorajadora de mentoria nos sentimos enviados para toda e qualquer área da nossa vida. Por isso, trazemos conosco, em tudo que fazemos hoje — seja na vivência eclesiástica junto à Comunidade da Vila, seja nas múltiplas iniciativas na Glocal, seja nos trabalhos pastorais e sociais, seja em nossa vida familiar —, inúmeras ressonâncias a partir da simplicidade e da pessoalidade sagrada que aprendemos no PGM.

A visita a todo esse mundo interno continua a ressoar e a viabilizar novas experiências de proximidade e conexão externa, permitindo um novo caminho para o coração de Deus, para o nosso coração e para o coração do próximo, respondendo assim àquele anseio por comunidade que se faz presente no coração humano em cada e em qualquer geração.

13
A riqueza do feminino na liderança espiritual

*Sarah N. de Angelis, Sônia Regina C. B. Gertner
e Soraya R. Cavalcanti*

A decisão de escrever este capítulo se dá na esteira da experiência de comunidade, igualdade e irmandade vivenciada durante nossa passagem pelo PGM. O tema proposto nos desafia à reflexão na perspectiva pessoal e coletiva, e nos convoca ao diálogo com questões como feminismo, patriarcalismo e complementarismo, na perspectiva da justiça social e evangelical, que precisam ser aprofundadas, especialmente no contexto eclesial.

Como aprendemos no PGM, as experiências de caminhada podem ser transformadas em testemunhos, que nos ensinam a evitar descaminhos ou nos convidam a continuar em frente na jornada com Deus. Estamos tão acostumadas com o discurso verbalizado pelos homens e para os homens que consideramos uma questão de justiça um texto escrito por mulheres e para mulheres, prioritariamente. Assim, esperamos que haja sororidade, empatia e fortalecimento mútuo.

Trazemos diferentes aspectos da vivência feminina em sua dimensão testemunhal, com a compreensão de que estamos falando de uma espiritualidade humana e inserida no tempo e espaço de nossa própria história.

Por que falar da riqueza do feminino?

Porque ainda existe um apagamento da condição feminina como expressão da *imago Dei* na própria comunidade de fé.

Se o reino de Deus já está entre nós, por que a igreja ainda não manifesta essa condição de igualdade entre homens e mulheres? Jesus disse que seríamos conhecidos pelo amor entre nós. É assim que a sociedade vê a igreja? São esses valores e práticas que testemunhamos? Será que a violência doméstica e tantas outras expressões do desrespeito e da opressão não existem em nosso meio?

Por incrível que pareça ainda há igrejas que, no terceiro milênio, realizam concílios para discutir se a mulher pode ou não subir ao púlpito. Ao longo dos séculos, tanto em culturas cristãs quanto não cristãs, mulheres de todas as classes sociais tiveram menos poder e independência que os homens da mesma classe. Pessoas sem poder, nem proteção, ficam vulneráveis e acabam sempre por sofrer abusos dos detentores do poder.

No Brasil a taxa de violência continua aumentando,[1] inclusive nos lares evangélicos. O índice crescente de feminicídio pode ser atribuído a diferentes fatores, como o preconceito, o machismo estrutural e o patriarcado, que têm relegado mulheres à condição de marginalizadas e oprimidas. Recentemente a Academia Brasileira de Letras inseriu oficialmente a palavra "feminicídio" no Vocabulário Ortográfico da Língua Portuguesa (Volp).[2] Essa iniciativa visa a atualização, refletindo as

[1] Nações Unidas Brasil, "ONU: Taxa de feminicídios no Brasil é a quinta maior do mundo; diretrizes nacionais buscam solução", 3 de abril de 2016, <https://nacoesunidas.org/onu-feminicidio-brasil-quinto-maior-mundo-diretrizes-nacionais-buscam-solucao/>.

[2] G1, "Academia Brasileira de Letras inclui 'feminicídio', 'sororidade' e 'home office' em vocabulário atualizado da língua portuguesa", 23 de julho de 2021, <https://g1.globo.com/educacao/noticia/2021/07/23/academia-brasileira-de-letras-vocabulario-atualizado-lingua-portuguesa.ghtml>.

mudanças que ocorrem em nossa sociedade. Define-se "feminicídio" como o delito de homicídio praticado contra a mulher decorrente de violência doméstica ou familiar e/ou por motivo de menosprezo ou discriminação de gênero. Em 2015, a Lei nº 13.104 alterou o Código Penal e qualificou o feminicídio como crime hediondo, praticado contra mulheres em razão da condição de ser do sexo feminino.

De igual modo, em agosto de 2006, a Lei nº 11.340, mais conhecida como Lei Maria da Penha, foi sancionada. Ela se configura como a primeira lei voltada exclusivamente à violência de gênero, tratando a questão como de interesse social e público. A violência contra a mulher "resulta ou pode resultar em dano ou sofrimento de natureza física, sexual ou psicológica".[3] A Lei Maria da Penha foi um dos maiores avanços para a afirmação dos direitos das mulheres no Brasil. Contudo, o que se vê diariamente em noticiários é o aumento substancial das estatísticas desse tipo de comportamento, agravado no período da pandemia da covid-19. As motivações por trás desses episódios violentos são as mais variadas, como tentativa de controlar a autonomia e o corpo da mulher movido por um sentimento de posse; de limitar sua emancipação econômica, profissional, social ou intelectual; visão da mulher como objeto sexual; e ações de desprezo e ódio pela mulher e por sua condição feminina.

A pesquisadora Valéria Vilhena aponta para o trágico fato de que 40% das mulheres em situação de violência (psicológica, moral, patrimonial ou física) atendidas pela ONG que originou

[3] L. L. Guacira, *Gênero, sexualidade e educação: Uma perspectiva pós-estruturalista* (Petrópolis: Vozes, 1997), p. 85.

o seu trabalho de pesquisa se declaravam evangélicas.[4] Quando a cultura religiosa se omite sobre a opressão que caracteriza o patriarcado, está favorecendo o crescimento da violência doméstica. Quando pastores e outros membros de igreja silenciam — e também silenciam as mulheres —, mesmo cientes de abusos domésticos, contribuem para a escalada dessa violência, que pode chegar ao ato extremo. O discurso teológico predominante é o da submissão da mulher ao marido, sem considerar que Efésios 5—6 e outros textos admoestam que deve haver sujeição de "uns para com os outros". O chamado para servir é para todos. E isso não significa subalternidade, como é pregado e exigido para a mulher, mas igualdade de valor diante de Deus.

As discípulas de Jesus

Em uma leitura superficial dos Evangelhos, pode-se considerar que as relações entre Jesus e seus seguidores reproduzem o padrão patriarcal de tratamento das mulheres mantido pela sociedade da época, ou seja, seu papel de objeto e sua condição indigna de ser ouvida e vista. No entanto, quando analisamos atentamente o texto bíblico, identificamos o tratamento diferenciado que Jesus concedia às mulheres. Ele as curava, ensinava e reconhecia como exemplos de fé, serviço e perseverança.

> O papel das mulheres na narrativa evolui ao lado da concepção da ética do serviço diaconal, culminando com sua presença nas

[4] Valéria C. Vilhena, "Resultados de uma pesquisa: uma análise da violência doméstica entre mulheres evangélicas", Anais do Seminário Internacional Fazendo Gênero 9: Diásporas, Diversidades, Deslocamentos, da Universidade Federal de Santa Catarina, 23 a 26 de agosto de 2010, p. 2, <http://www.fg2010.wwc2017.eventos.dype.com.br/resources/anais/1280156603_ARQUIVO_ValeriaCristinaVilhena.pdf>.

cenas da cruz e da ressurreição. O evangelho apresenta Jesus curando e ensinando mulheres, o que intervém na vida delas em termos de relações familiares, étnicas, econômicas e sociais, retirando-as, assim, de um contexto de doença, opressão e exclusão, e ressignificando suas vidas ao conferir-lhes um papel comunitário-social em desacordo com o padrão androcêntrico e patriarcal.[5]

Em Lucas 8.1-3, encontramos a narrativa do início do ministério de Jesus, percorrendo as cidades e anunciando as boas-novas do reino de Deus em companhia de seus seguidores, e dentre esses havia também mulheres:

> Pouco tempo depois, Jesus começou a percorrer as cidades e os povoados vizinhos, anunciando as boas-novas a respeito do reino de Deus. Iam com ele os Doze e também algumas mulheres que tinham sido curadas de espíritos impuros e enfermidades. Entre elas estavam Maria Madalena, de quem ele havia expulsado sete demônios; Joana, esposa de Cuza, administrador de Herodes; Susana, e muitas outras que contribuíam com seus próprios recursos para o sustento de Jesus e seus discípulos.

Seguir Jesus, portanto, não estava condicionado à identificação com determinado padrão social, papel de gênero ou função familiar, mas sim à disposição e ao compromisso com a fé e com os valores do reino de Deus. Dessa forma, muitas mulheres tornaram-se seguidoras e discípulas de Jesus, e o acompanharam a caminho do Calvário. Muitas delas vinham da Galileia, onde o serviram, e com ele seguiram até Jerusalém. Três delas voltaram ao local do túmulo no dia seguinte de sua morte para ungir-lhe

[5] Ivoni Richter Reimer e Carolina Bezerra de Souza, "As mulheres: modelo de seguimento no movimento de Jesus e na Igreja", Revista de Teologia e Ciências da Religião da UNICAMP, dezembro de 2012, vol. 2, nº 1, p. 207-216.

o corpo, numa demonstração de devoção e grande coragem, em tempos tão perigosos (Mc 15.40-41). A elas foi dado o privilégio de saber em primeira mão que Cristo havia ressuscitado. Como poderia um anúncio tão importante para toda a humanidade ser entregue às mulheres, se elas não tivessem de fato um lugar reservado no ministério de Jesus? O evangelista Marcos identifica e nomeia algumas delas (Mc 16.1). Elas, que eram as últimas no contexto social, recebem em primeira mão o anúncio. Foi a uma mulher, Maria Madalena, que Jesus deu o privilégio de vê-lo ressurreto antes de todos e foi a ela que Jesus deu a responsabilidade de contar aos discípulos homens, que tiveram dificuldade em acreditar (Mc 16.9-11). Segundo N. T. Wright, Maria Madalena pode ser considerada a "apóstola dos apóstolos".[6]

Ao perseverar no seguir a Jesus, as mulheres se tornaram exemplo de fé e serviço. Não de subserviência hierárquica, mas de diaconia e coragem. Jesus subverteu o sistema de poder de sua época, como o é até hoje, com base no *status quo* e na liderança reconhecida apenas pelas posições galgadas. Ele subverte esses valores ao apresentar padrões éticos do reino de Deus em que o maior é quem serve:

> Então Jesus os reuniu e disse: "Vocês sabem que os governantes deste mundo têm poder sobre o povo, e que os oficiais exercem sua autoridade sobre os súditos. Entre vocês, porém, será diferente. Quem quiser ser o líder entre vocês, que seja servo, e quem quiser ser o primeiro entre vocês, que se torne escravo. Pois nem mesmo o Filho do Homem veio para ser servido, mas para servir e dar sua vida em resgate por muitos".
>
> Marcos 20.25-28

[6] N. T. Wright, *Surpreendido pelas Escrituras: Questões atuais e desafiadoras* (Viçosa, MG: Ultimato, 2015), p. 208.

A diaconia era a maior tipificação de liderança vivenciada e ensinada por Jesus. A adesão radical a essa visão o levaria, até mesmo, ao sacrifício da própria vida. Assim o serviço das mulheres, ao segui-lo, se reveste igualmente desse valor de testemunho e liderança.

Essas passagens nos inspiram, como mulheres do século 21, a exercer também uma liderança feminina revestida de humildade, perseverança, afetividade, coragem e reconhecimento, seja para liderar outras mulheres, seja para liderar homens. A relação de Jesus com as mulheres, como narrada nos Evangelhos, não permite violência, nem hierarquização, mas se propõe manifestar uma relação igualitária e expressa a evolução da posição da mulher. O tratamento que Jesus dispensava às mulheres era bastante revolucionário para a cultura judaica de sua época. Enquanto muitos líderes religiosos acreditavam que elas eram incapazes de entender as Escrituras, Jesus lhes ensinava verdades profundas. Ele teve várias seguidoras, amigas e financiadoras de seu ministério. Jesus não impunha limites ao crescimento espiritual dela apenas pelo fato de serem mulheres. Wright assim comenta a passagem de Lucas 10.38-42:

> A maioria de nós cresceu com a ideia de que Marta era do tipo ativo, e Maria, do tipo passivo ou contemplativo [...]. Contudo, muito mais evidente para qualquer leitor do primeiro século e para inúmeros leitores da Turquia, no Oriente Médio, e em muitas outras partes do mundo hoje, é o fato de que Maria estava sentada aos pés de Jesus *na parte da casa que era para os homens*, em vez de ficar no cômodo dos fundos com as outras mulheres. [...] Maria havia quebrado uma das convenções sociais mais básicas. [...] *E Jesus declara que ela está certa em fazer isso.*[7]

[7] Ibid., p. 76 (grifos do autor).

Questão da liderança

Na sociedade em geral, historicamente se constata que as mulheres, não sem muita luta, assumiram seus papéis de líderes, trabalharam no cuidado mútuo e, dessa forma, não precisam se submeter a relações violentas. Encontram maneiras criativas de gerar saber e de trabalhar em busca do crescimento próprio e mútuo, e de relações mais humanas e justas.

Se almejamos uma leitura teológica contextual, sejamos honestos em ver que a Bíblia nos mostra um mundo manchado pelo pecado, em que mulheres eram muitas vezes maltratadas e vítimas de abuso, o que confirma sua opressão ao longo da história. Mas essa realidade não corresponde ao que Deus projetou para a humanidade. Desde o princípio, Deus criou o homem *e* a mulher à sua imagem e semelhança, e deu-lhes a mesma missão na terra (Gn 1.27-28). O homem e a mulher foram criados fisicamente diferentes, mas com o mesmo valor e o mesmo propósito: dar glória a Deus.

No contexto evangélico atual, a participação da mulher na liderança é ainda questionada por uma compreensão fundamentalista do chamado *patriarcado bíblico* e do *complementarismo*, abordagens que se distinguem apenas pelo grau e pela ênfase. Enquanto o complementarismo sustenta a liderança exclusivamente masculina na igreja e no lar, o patriarcado bíblico estende essa exclusividade também à esfera pública, de modo que as mulheres não devem ser líderes civis, e de fato nem devem ter uma carreira profissional. Em contrapartida, como vimos, no modelo igualitário proposto pelas relações entre Jesus e as mulheres, não há espaço para dominação, nem anulação. Mulheres e homens podem desenvolver seu ministério com relações de gênero simétricas, justas, pessoais, mútuas e cuidadosas.

Em relação à convivência familiar, concordamos com a afirmação de que "toda hierarquia familiar dentro de uma mesma geração é sinal de desajuste e desequilíbrio. Assim, e como exemplo, a hierarquização entre marido e esposa não tem lugar, pois nenhum dos dois precede ou é maior do que o outro".[8]

O próprio apóstolo Paulo, a quem se recorre para negar a participação da mulher no culto, deixando de observar o contexto do surgimento da igreja em meio à cultura hostil, é quem diz em Gálatas 3.27-29:

> Todos que foram unidos com Cristo no batismo se revestiram de Cristo. Não há mais judeu nem gentio, escravo nem livre, homem nem mulher, pois todos vocês são um em Cristo Jesus. E agora que pertencem a Cristo, são verdadeiros filhos de Abraão, herdeiros dele segundo a promessa de Deus.

Todos colocados em uma condição de igualdade. Qual seja? Estar em Cristo. Em um mesmo relacionamento com ele. Unidos na mesma aliança e incluídos na mesma família cristã.

Espiritualidade expressa na convivência igualitária, justa e pacífica

Na experiência comunitária do PGM, além da comunhão espiritual, algumas vivências foram marcantes, especialmente aquelas fortalecidas pela identificação de gênero. Lembramos do encontro com Isabelle Ludovico, convidando-nos a experimentar no corpo o relaxamento da entrega de todas as tensões,

[8] Catito Dagmar Grzybowski, *E a família do líder, como fica?*, in: Valdir Steuernagel e Ricardo Barbosa (eds.), *Nova liderança: Paradigmas da liderança em tempos de crise* (Curitiba: Esperança, 2017), p. 179.

ou do abraço sempre acolhedor da Silêda Steuernagel, evidenciando que ali havia aconchego e colo para quem precisasse.

Necessitamos de mais mulheres ocupando espaços que potencializem a manifestação do reino de Deus entre nós em toda a sua multiforme graça, colaborando na igreja, na universidade, na ciência, na educação dos filhos, e na construção e execução de políticas públicas, visando uma sociedade mais justa. Temos em comum a certeza de que é a graça de Deus que nos forma, chama e sustenta, assim como temos na oração o principal recurso para prosseguir, mesmo em meio às pressões agravadas pelo contexto pandêmico mundial e pelas incertezas no âmbito nacional.

Recorremos à linguagem poética para dizer com mais clareza de nosso sonho por uma sociedade mais igualitária, em que a riqueza do feminino seja tão natural que não precise de argumentos para ser reconhecida:

> Era uma vez uma cidade em que, num eventual erro no trânsito, ninguém olhava para ver se era uma mulher que estava ao volante.
>
> Era uma vez uma forma de relacionamento afetivo em que nenhuma mulher era alvo de violência, verbal, emocional ou física, única, repetida ou fatal, por parte de um homem com quem convivia.
>
> Era uma vez uma economia onde não havia profissões masculinas nem femininas, apenas profissões, escolhidas pelo gosto, pela missão, pelo preparo e pela competência e nas quais homens e mulheres recebiam as mesmas promoções e remunerações.
>
> Era uma vez uma sociedade em que as mulheres podiam ter pleno prazer na atividade sexual, nascendo para amar e ser amadas, e não apenas para procriar e servir.
>
> Era uma vez em que no Judaísmo, no Cristianismo e no Islamismo as mulheres podiam, normalmente e sem reivindicar,

pastorear suas comunidades e chegar nas hierarquias aos mais altos postos.

Era uma vez que as mulheres podiam ser autênticas, sem precisarem se anular, sem precisarem seduzir, sem precisarem negar suas emoções, podendo ver o mundo com seu olhar feminino, escrevendo sua história e a história do mundo do seu jeito feminino, que é diferente, nem pior nem melhor, do que o modo masculino.

Era uma vez em que no calendário das celebrações não havia nenhum Dia Especial da Mulher, nem Dia Especial do Homem, porque elas e eles eram plenamente respeitadas e respeitados.

Era uma vez uma civilização em que homens e mulheres eram iguais, mas isto só virá no futuro, que espera que juntos, homens e mulheres, nós construamos de mãos dadas.[9]

[9] Israel Belo Azevedo, *Mulheres no topo* (Rio de Janeiro: Prazer da Palavra, 2021), e-book Kindle.

14

A mentoria entre gerações

Davi Rabello e Ricardo Barbosa de Sousa

O reverendo Aristeu de Oliveira Pires foi pastor na Igreja Presbiteriana Central de Anápolis, Goiás, durante minha infância e adolescência. Passados vários anos, mudou-se para Brasília. Eu (Ricardo) também me mudei para Brasília, alguns anos depois, com o objetivo de estudar teologia e me preparar para o ministério. Durante os anos de formação, frequentei a Igreja Presbiteriana Nacional, pastoreada pelo rev. Aristeu, que me apoiou nos estudos, a ponto de oferecer-me parte de seus rendimentos como salário para que eu pudesse dedicar um tempo como uma espécie de estagiário da igreja.

Antes mesmo de me formar, ele me incentivou a iniciar uma congregação com o grupo de casais jovens de que eu cuidava. Três meses após minha ordenação ao ministério pastoral, em agosto de 1982, a congregação foi formalizada como igreja, onde continuo atuando como pastor. A geração do rev. Aristeu não tinha interesse nem preocupação em preparar um sucessor, porque suas atividades poderiam ser executadas por qualquer outro pastor íntegro. A preocupação dele comigo era basicamente com minha formação. Certa ocasião, ele me chamou a sua casa. Havia separado a coleção de seis volumes do comentário bíblico do puritano Matthew Henry, com a qual queria me presentear. A princípio recusei, sob a alegação de se tratar de uma preciosidade, que lhe seria útil por muitos anos.

Sua resposta foi incontestável: "É exatamente por ser uma preciosidade que a estou dando a você".

Era assim que a mentoria acontecia. Ele não tinha interesse em formar alguém com a mesma visão e filosofia ministerial dele, ao contrário, acreditava que eu faria melhor do que ele, por isso procurava investir em minha formação teológica e me ajudava a entender as complexidades da vida pastoral. Não havia abismos de geração, mesmo que ele caminhasse para o fim de sua jornada e eu estivesse apenas no começo. Havia respeito e confiança. A igreja cuja plantação ele apoiou não era para ser uma réplica da igreja-mãe, da qual ele era pastor, um tipo de franquia religiosa, era para ser uma igreja como qualquer outra, fazendo o que uma igreja sempre deve fazer.

Dentre as inúmeras mudanças que temos experimentado nas últimas décadas e que afetam diretamente a igreja, o ministério pastoral e que aprofundam o abismo entre gerações, destaco duas: o personalismo na liderança e a busca por sucesso e relevância como forma de autoafirmação. Muitas igrejas já não são apenas uma igreja, mas projetos pessoais de líderes narcisistas. O personalismo muda o foco da comunidade para o líder. A existência da igreja e seu futuro dependem dele, de sua visão, carisma e poder. Sem ele a igreja simplesmente não tem identidade. O personalismo não permite que esse líder reconheça que alguém é capaz de fazer igual ou até mesmo melhor do que ele, e, portanto, não cria pontes, na verdade as destrói. Por natureza, é inseguro e incapaz de reconhecer o valor e as habilidades de quem pode brilhar mais do que ele. Ser indispensável é fundamental.

No passado não muito distante, os cristãos se identificavam por sua denominação — batista, presbiteriano, metodista, assembleiano. Mais tarde, já não se tratava de denominação, mas de uma igreja específica. Hoje, é cada vez mais comum o cristão se identificar com um determinado líder, que se ainda não é tão conhecido pode-se acrescentar-lhe um título de bispo ou apóstolo, por supostamente agregar algum valor reconhecido no mercado religioso.

Em contrapartida, o sucesso é o que afirma o carisma e o poder do líder personalista. Sua igreja precisa crescer numericamente, aumentar continuamente a receita, garantir os investimentos necessários, a fim de tornar tal liderança indispensável. Os parâmetros que medem o sucesso têm pouco a ver com proclamação do evangelho, formação de discípulos de Cristo, maturidade espiritual e comunhão orgânica no corpo de Cristo. Os novos parâmetros de sucesso são conquistados pela centralização de poder e o controle dos programas e da equipe de pastores e líderes, sempre submissos e comprometidos com a visão e a estratégia do grande líder.

Os novos modelos pastorais e eclesiásticos dificultam o processo de transição na liderança dessas igrejas. Algumas acabam optando por um modelo familiar, em que pastores deixam seu legado para os filhos e dificultam a acomodação das diferentes gerações. A dinâmica litúrgica e de funcionamento em geral causa nos idosos uma sensação de deslocamento, uma vez que sua história e limitações são desconsideradas. O entretenimento religioso substitui a formação bíblica, tornando a fé do povo de Deus mais dependente dos programas do que da Palavra e do Espírito.

Os anciãos, líderes ou não, são aqueles que preservam a memória da igreja. O personalismo e a busca por sucesso e autoafirmação negam a história e apagam a memória, comprometendo a identidade do povo de Deus. Temos hoje uma igreja sem passado, insegura em relação ao futuro e prisioneira do presente.

A ponte entre as gerações é necessária para que a memória seja preservada, de forma que o passado nos ajude a construir o futuro. O profeta no Antigo Testamento era aquele que detinha a memória da história e sempre que o povo enveredava por outros caminhos trazia-o de volta. As festas eram, e ainda são, uma forma de preservar a memória, nas quais os mais velhos contavam aos mais novos os feitos de Deus no meio de seu povo.

O salmo 78 descreve de forma bem clara essa preocupação:

> Ensinarei [...] histórias que ouvimos e conhecemos,
> que nossos antepassados nos transmitiram.
> Não esconderemos essas verdades de nossos filhos;
> contaremos à geração seguinte
> os feitos gloriosos do SENHOR,
> seu poder e suas maravilhas.
> Pois ele estabeleceu seus preceitos a Jacó,
> deu sua lei a Israel.
> Ordenou a nossos antepassados
> que a ensinassem a seus filhos,
> para que a geração seguinte, os filhos ainda por nascer,
> a conhecesse,
> e eles, por sua vez, a ensinarão a seus filhos.
> Portanto, cada geração deve pôr sua esperança em Deus,
> não esquecer seus poderosos feitos
> e obedecer a seus mandamentos.
> Assim, não serão como seus antepassados,
> teimosos, rebeldes e infiéis,
> que se recusaram a confiar em Deus de todo o coração.
>
> Salmos 78.2-8

Esse salmo contempla várias gerações — a atual, a antiga e a futura. A ponte entre gerações é fundamental para preservar a memória das ações de Deus no passado, a transmissão da fé para as novas gerações e o testemunho do poder de Deus na história. O testemunho da igreja alcança credibilidade quando é sustentado pelos mandamentos de Deus e a fidelidade através das gerações.

* * *

Tendo crescido na Igreja Presbiteriana do Planalto (IPP), eu (Davi) pude testemunhar o compromisso da liderança fundadora com a transmissão da fé aos filhos e a preocupação com o desafio de ser igreja e família na realidade de Brasília. Havia um forte desejo de alimentar a fé das futuras gerações por meio do ensino das Escrituras, e prepará-las para o serviço, a missão e o envolvimento na comunidade. Minha família chegou à IPP em 1994, quando eu tinha apenas dez anos de idade, e hoje sou um dos pastores da igreja. Embora tenha crescido ouvindo sobre como a comunidade e a espiritualidade deveriam refletir a Trindade, isso só ganhou vida e sentido para mim no processo de mentoria com o rev. Ricardo Barbosa, em cuja relação de amizade se deu a maior parte de minha formação espiritual e pastoral.

Em 2007, enquanto concluía o curso de Design Gráfico na Universidade de Brasília, comecei a pensar na possibilidade de ingressar em um seminário, dado meu crescente envolvimento ministerial com a igreja. Após um período de discernimento, oração e acompanhamento do conselho da igreja e do Ricardo, dei início aos estudos teológicos. Em 2009, eu e minha esposa, Fernanda, nos mudamos para Arujá, em São Paulo, a fim de estudar na Faculdade Latino-americana (FLAM), e no ano seguinte retornamos a Brasília, para o Seminário Presbiteriano de Brasília.

A partir de 2010, a igreja, que até então só havia tido um pastor, passou a ter três, com meu retorno a Brasília e com a chegada do rev. Thiago Thomé a nossa comunidade. Embora eu ainda estivesse no primeiro ano do curso de teologia, fui incluído na equipe pastoral da igreja, com a qual compartilhava conversas, dividia responsabilidades e planejava as ações da comunidade. Eu e Thiago, a quem conheci em Arujá, nos tornamos grandes amigos e acabamos nos unindo nesse trabalho, um desses movimentos que só o Espírito de Deus realiza.

No entanto, uma das experiências mais marcantes desse processo foi a consolidação de uma amizade entre Ricardo, Thiago e eu, que tem moldado nossa vida e ministério. Lembro-me bem de nossa primeira conversa como equipe pastoral: Ricardo, com seus mais de trinta anos de ministério; Thiago, um jovem pastor, mas com experiência de campo e de missões transculturais; e eu, um estudante de Teologia, apenas no início dos estudos, desejoso de servir à igreja local. Ricardo, que conduzia a conversa, nos disse que a amizade seria o elemento que definiria nossa relação de trabalho como equipe. Não haveria hierarquia, em vez disso o que pautaria nosso ministério seria a confiança e a liberdade, não o poder ou o controle. A relação seria de iguais. A única diferença seria a idade e a experiência ministerial, mas o trabalho deveria ser compartilhado. Para ele, a Trindade deveria ser o modelo a ser espelhado em nossa relação. Nela Pai, Filho e Espírito Santo vivem em eterna comunhão, cada pessoa desempenhando funções distintas, mas com a mesma essência. A exemplo disso, embora cada um de nós tivesse sua história, personalidade, dons distintos e também falhas, a unidade e o apoio mútuo deveriam ser marcos inegociáveis.

Passados mais de dez anos daquela conversa, posso afirmar que aquilo não foi apenas um discurso bonito, mas uma práxis de fato desenvolvida ao longo dos anos. Intencionalmente, Ricardo passou a compartilhar o púlpito, dividindo responsabilidades, decisões e a condução da vida comunitária. Com isso, Thiago e eu pudemos assumir responsabilidades pastorais, apesar da diferença de idade e experiência. Isso não só me deu mais confiança, como também me ajudou a moldar minha visão de mentoria como um processo de perder, em vez de ganhar, relevância, o que não significa ser ausente, distante ou indiferente, mas sim abrir mão do "eu", para que o outro possa florescer inteiramente. E com a graça de Deus, temos caminhado, juntos, nessa direção.

Em *A vocação espiritual do pastor*, Eugene Peterson contrasta diferentes paradigmas de liderança eclesiástica. Em sua concepção, o mais comum é o que ele chama de "pastor diretor de programações", cuja mentalidade é dominada por uma lógica de mercado, crescimento, *status* e poder. Nesse modelo, pastores assumem o papel de messias e de gerente com a pretensão de se tornarem cada vez mais importantes e imprescindíveis. Tais figuras naturalmente ganham reconhecimento e prestígio, convertendo-se em modelos sedutores. Não me excluo daqueles que são tentados por esses paradigmas. Contudo, Peterson afirma que é necessária uma mudança drástica, desse modelo gerencial para o de "diretor espiritual", ou melhor, mentor.[1]

O que caracteriza esse modelo não é o exercício do controle e do poder, mas do serviço, que abre espaço para o mistério e o agir de Deus em meio às relações. Logo, mentoria tem mais a ver com estar atento ao agir de Deus na vida da comunidade, na minha e na de meus irmãos e irmãs, e no desejo de participar

[1] Eugene Peterson, *A vocação espiritual do pastor: Redescobrindo o chamado ministerial* (São Paulo: Mundo Cristão, 2006).

disso, do que com nos tornarmos o foco e o pivô de toda a agitação eclesiástica. Por isso, Peterson afirma: "Direção espiritual é o ato de prestar atenção a Deus, chamar a atenção para Deus, estar atento a Deus por causa de uma pessoa, circunstância ou situação. Um pré-requisito é ficar de lado, sem fazer nada. Isso desperta a adoração. Libera a maravilha enérgica da fé. Atenta para os invisíveis que habitam e cercam os visíveis".[2]

Um dos grandes desafios da mentoria entre gerações é justamente o humilde reconhecimento de que Jesus Cristo, o Senhor, é quem conduz sua igreja e seu povo. Em uma cultura personalística, que exalta a relevância individual, abrir mão do controle e dar espaço a novas gerações é um ato de fé. Nesse exercício de fé e confiança, percebemos quão pequenos somos diante da grandeza da obra de Deus. Esse desafio é para pastores, mestres e líderes, assim como para pais que buscam criar os filhos na fé. Portanto, ao afirmar que cremos no Deus de Abraão, Isaque e Jacó, reconhecemos que, a despeito das falhas, limitações e mesmo dos pecados de cada um deles (e dos nossos), é o Senhor quem garante a transmissão da fé de geração em geração por meio de seu Espírito. Nessa obra, Deus Pai, Filho e Espírito continuam a direcionar, vivificar e dar dons às novas gerações, basta, apenas, estarmos atentos e receptivos ao sopro divino.

[2] Ibid., p. 162.

VOCAÇÃO

15

A espiritualidade e a missão

Karen Aquino Rangel da Costa
e Valdir Steuernagel

Ao olhar para o tema da espiritualidade em sua relação com a missão, ambos centrais na constituição da fé cristã, afirmamos Jesus como nosso ponto de partida e de chegada. O tema é amplo e pode ser discernido desde vários olhares, mas, como diz Alan W. Jones, "não podemos prescindir de um paradigma para nos ajudar a viver", reiterando que, sendo cristãos, sempre haveremos de deparar com Jesus. "Como crente", ele diz, "me vejo sempre esbarrando em Jesus. Eu me afasto e lá está ele. Talvez nos olhos de alguém na rua. Não há escapatória para mim, e nem quero que haja".[1]

Assim também acontece conosco, e ao afirmar Jesus como aquele diante de quem vivemos e para quem vivemos, é essencial não referendá-lo como um conceito abstrato ou como um mestre religioso "desencarnado", pois ele é o verbo de Deus que se fez carne e habitou entre nós. Nesse ato de encarnação, ele modelou a vivência de uma vocação para a qual devemos olhar e a qual devemos enfocar quando tratamos tanto da espiritualidade quanto da missão. A missão de Cristo foi vivida como espiritualidade, e a espiritualidade dele se fez missão.

[1] Alan W. Jones, citado em Norman Shawchuk e Rueben P. Job, *A Guide to Prayer for All Who Seek God* (Nashville: Upper Room Books, 2003), p. 182.

Há, certamente, muitas definições e vivências de espiritualidade, seja na época de Jesus, seja em nossos dias, pois a espiritualidade pode ser percebida como a vital necessidade de ar para respirar e fôlego para viver. Como um convite e um desafio a olhar para além de nós mesmos, para o futuro ou para o transcendente, ela se expressa como busca pela superação dos estreitamentos e sufocamentos, tanto da vida cotidiana como das narrativas que formam a percepção e a compreensão de nosso universo.

Hoje, quando nos percebemos cercados de muitos sinais de cansaço da alma, saturados de telas, perplexos diante da multidão de produtos e de vozes a nos convocarem para si, e quando a vida parece minguar e a esperança se esvair nesse nosso jeito ocidentalizado de viver, a espiritualidade brota entre nós como um surto de sede. Esse jeito adquiriu contornos globais a partir da constituição de um "sistema ocidental de crença", diz Pankaj Mishra. Um sistema marcado por uma "racionalidade utilitária", que gerou uma sociedade-produto em um mercado econômico global, ao mesmo tempo que as fronteiras geográficas e culturais do Estado-nação se enfatizam e se impõem.[2]

Já antes de Mishra, em 1948, Jacques Ellul dizia que "nossa civilização ocidental conquistou o mundo inteiro sob uma forma mecânica e racional, e ela atinge um impasse mortal: a infelicidade sob todas as formas abateu-se sobre toda a terra como jamais aconteceu antes".[3] Não é nenhuma surpresa, portanto, que nesse universo de racionalismo utilitário, escravizante e

[2]Pankaj Mishra, *Age of Anger: A History of the Present* (Nova York: Picador, 2017), p. 81.

[3]Jacques Ellul, *Cristianismo revolucionário: A importância da presença do cristão no mundo atual* (Brasília: Palavra, 2012), p. 29.

entorpecedor deparemos com uma busca por, e até uma volta para, uma espiritualidade que, indo além de nossas "lógicas", nos abra o universo da transcendência, a fim de que possamos viver no presente.

A fé cristã celebra e reconhece esse movimento e com ele se identifica, pois ela sempre foi alimentada pela transcendência. Ao mesmo tempo, porém, carece de revisar as próprias ênfases, prioridades e processos de enrijecimento, autossuficiência e mercantilização. A sombra de uma religiosidade utilitária e de produto, marcada pelo espírito da época, é uma ameaça diabólica que requer uma atitude alerta, resistente e vigilante, a fim de não sucumbir a um abraço que sufoca qualquer busca de vida em Cristo. O paradigma de nosso tempo e o espírito de nossa época, portanto, não podem ser ingenuamente abraçados pelas instituições e movimentos que se definem como cristãos, pois implicaria morrer para si e para o outro. Morrer para a sua vocação e transformar-se em "sepulcros caiados" diante de Deus e da sociedade.

Marcas da espiritualidade de Jesus

Em Jesus encontramos uma espiritualidade latente e vibrante, que vai em busca do outro, dado que é uma espiritualidade em e da missão. Assim, encontrar o caminho de nossa espiritualidade olhando para Jesus significa voltar-se para os Evangelhos e perceber neles o movimento, os encontros e as conversas dele. Perceber seus olhares, discernir seu jeito de encontrar as pessoas, identificar não apenas o conteúdo mas também o tom de suas conversas, e dessa forma encontrar narrativas, linguagem e até posturas para desenhar e soletrar a espiritualidade cristã a ser vivida hoje.

Foi o que ocorreu em um de seus encontros, quando estava

diante de uma multidão faminta de sua presença, de sua palavra e de algo para comer. Preocupados, os discípulos de Jesus procuravam resolver o problema da "provisão de comida" e, sem solução, acabam trazendo a Jesus um menino que nada mais tinha do que cinco pães de cevada e dois peixinhos, para logo acrescentar: "Mas que adianta isso para tanta gente?". É diante desse quadro que emerge uma cena tão profunda quanto poética. Tão real quanto divina. Tão espiritual quanto encarnada: "Então Jesus tomou os pães, agradeceu a Deus e os repartiu entre o povo. Em seguida, fez o mesmo com os peixes. E todos comeram à vontade" (Jo 6.9,11).

No mistério dessa cena, percebe-se os pães e os peixes trocando de mãos: do menino para Jesus. Nota-se também, com alguma inferência ao texto, as mãos (ou seriam os olhos?) de Jesus elevar-se aos céus em ação de graças para, logo na sequência, essas mesmas mãos passarem os pães e os peixes às mãos dos discípulos, alimentando uma multidão, e também o menino, com absoluta suficiência. As mãos de Jesus são as mãos que recebem, que se voltam aos céus e alimentam uma multidão. São elas que apontam para o desenho da espiritualidade de Jesus: a espiritualidade que recebe, ora e distribui. A espiritualidade da missão, cujas marcas merecem destaque:

- Jesus sabe de sua profunda relação com Deus, seu Pai, e por isso tem os olhos continuamente voltados para ele. Entre Pai e Filho há uma relação de intimidade.
- Jesus é marcado pela escuta atenta, na qual percebe as necessidades mais profundas e os gemidos mais agudos do outro, a fim de logo estabelecer com ele uma identificação relacional. Jesus tem tempo e coração para a escuta e para a presença.

- A presença de Jesus é restauradora, gera transformação e esperança. Diante dele, as pessoas sempre ficam melhores e mais inteiras, ainda que, para tanto, seja necessário lutar com as forças demoníacas que despersonalizam, escravizam e matam. Ser encontrado por Jesus é ter uma nova experiência com a própria humanidade, como desenhada por Deus, ou, nas palavras de Jesus, é ter uma experiência com o reino de Deus.

O convite para o encontro com Jesus e para experimentar essa sua espiritualidade é reiterado no decorrer do tempo, e os cristãos são sempre chamados a se tornarem testemunhas dela. Ou seja, as marcas dessa espiritualidade de Jesus precisam ser percebidas em seus seguidores. Seguidores a caminho do outro e com as mãos levantadas aos céus. Seguidores com as mãos abertas para dar e receber.

Ação e contemplação

Henri Nouwen é aqui recebido como testemunha dessa espiritualidade com a marca de Jesus. Ainda hoje, 25 anos após sua morte, suas palavras e experiências inspiram muitos de nós. Ele nos encoraja a refletir sobre a necessidade de cultivar um equilíbrio cuidadoso entre ação e contemplação, para usarmos sua linguagem.[4] O tema emerge em muitos de seus escritos, sempre inspirado em Cristo e em seus momentos de solidão,

[4] Henri J. Nouwen, *Out of Solitude: Three Meditations on the Christian Life* (Notre Dame, IN: Ave Maria Press, 2004), e-book Kindle. Fazemos uso desses termos, que aparecem em alguns textos de Nouwen, compreendendo que sintetizam de alguma forma suas reflexões sobre esses dois aspectos da vida espiritual. Entretanto, a partir de uma leitura completa de suas obras, é possível identificar vários outros termos utilizados por ele para expressar as mesmas ideias.

silêncio e oração, a partir dos quais era fortalecido para seguir anunciando sua mensagem e cumprindo sua missão.

Em seus diários, Nouwen expressou a dificuldade em manter esse equilíbrio que tanto aconselhava. Tinha uma vida atarefada e uma agenda cheia de compromissos. Formado em teologia e ordenado ao sacerdócio católico aos 25 anos, seguiu estudando e ensinando. Foi professor em universidades respeitadas, publicou vários livros, serviu como missionário por alguns meses na América Latina e, como conferencista, viajou pelo mundo. Não escondeu de seus leitores uma constante inquietude interior e um desejo insistente de ser reconhecido e amado. Talvez seja essa a razão de tanta identificação com sua história, pois temos em comum com ele as lutas e as feridas que caracterizam nossa humanidade.

Nos momentos mais difíceis, à procura de respostas para os anseios mais íntimos e abatido por depressões severas, Nouwen precisava ser lembrado da intimidade entre Jesus e o Pai. Através dela, Jesus tinha afirmada sua identidade como filho amado, fortalecida sua coragem para seguir a missão como servo sofredor e renovadas as forças para não se entregar às tentações provocadas pelas circunstâncias e pelas expectativas de muitos em relação a ele. Olhando para Cristo, Nouwen se lembrava da necessidade de parar, de criar um espaço em sua vida agitada onde Deus pudesse se hospedar e onde ele pudesse escutar a voz de Deus dizendo-lhe: Em Cristo, és meu filho amado. Um espaço onde pudesse ter sua identidade afirmada e ser convidado novamente a receber esse amor para, então, compartilhá-lo.

Esse espaço, que envolve as disciplinas da solidão, do silêncio e da oração, Nouwen descreve como contemplação. Mediante a solidão, por exemplo, podemos descobrir a voz que nos fala de nossa vocação e olhar para dentro, tornando-nos "presentes para nós mesmos".[5] Diferentemente do que pode parecer, esse olhar não nos faz negar a realidade ao redor ou mesmo fugir dela. Pelo contrário, transforma nossa visão da história e como nos relacionamos com ela, através da qual o mundo nos fala de suas dores e nos conduz à ação. Não se nega o mundo para ter uma vida espiritual. Ele diz: "Uma vida espiritual verdadeira faz exatamente o oposto: faz-nos alertas e conscientes em relação ao mundo à nossa volta, de forma que tudo o que é e acontece torna-se parte de nossa contemplação e meditação e convida-nos a uma resposta livre e sem medo".[6]

Dentre as histórias de Jesus, ele também se volta ao relato dos pães e peixes. A simples atitude de receber algo pequeno de alguém aparentemente irrelevante não necessariamente aponta para a resolução do problema, mas revela sua forma de agir — era movido pela compaixão. Com isso em mente, Nouwen nos lembra de que a ação quando enraizada na contemplação é sempre compassiva.

Tendemos a pensar a compaixão como uma atitude dos fortes em relação aos fracos, dos poderosos em relação aos indefesos, dos que possuem muito em relação aos que nada têm. Mas a compaixão de Jesus é caracterizada por um movimento descendente, que "exige que sejamos fracos com os fracos, vulneráveis com os vulneráveis, desempoderados com os desempoderados. Compaixão significa uma imersão total na condição de ser humano".[7] Na encarnação, Jesus viveu isso.

[5] Nouwen, *Crescer: Os três movimentos da vida espiritual* (São Paulo: Paulinas, 2000), p. 39.

[6] Ibid., p. 48.

[7] Henri Nouwen, Donald P. McNeill e Douglas A. Morrison, *Compaixão: Uma reflexão sobre a vida cristã* (Petrópolis, RJ: Vozes, 2021), p. 24.

Esvaziou-se de sua glória para que nada humano lhe fosse estranho e, assim, pudesse experimentar plenamente a fragilidade de nossa condição.

O próprio Deus nos revelou o movimento para o qual somos chamados em nossa vida espiritual: um movimento através do qual reconhecemos que temos algo a receber daqueles aos quais nossa ação é direcionada, pois partilhamos com eles a experiência de ser humano.

Duas experiências aprofundaram a compreensão de Henri Nouwen sobre a importância desse movimento na vida espiritual. A primeira ocorreu durante sua estada na América Latina, quando o encontro com os pobres lhe mostrou quão individualista, até então, tinha sido sua espiritualidade. Após aquele período, ele retornaria à sala de aula como professor em Harvard e ministraria inúmeras conferências no intuito de despertar os cristãos da América do Norte para uma espiritualidade engajada, que conduzisse ao que ele chamaria de missão reversa: aprender com os pobres, com suas virtudes e sua forma de viver em comunidade.

Embora tivesse alcançado visibilidade no ensino e enxergasse nessa tarefa uma forma de ser útil no reino de Deus, uma mudança radical estava por vir e que marcaria significativamente os últimos dez anos de sua vida, o que vem a ser a segunda experiência. Aos 54 anos, ele recebeu um convite para viver e trabalhar em uma comunidade de pessoas com deficiências mentais, a Arca. Esse convite, aceito como um chamado, o traria para mais perto de Cristo. No encontro com o outro, em seu sofrimento, ele foi levado a aprofundar sua espiritualidade, a ponto de poder dizer: “me sinto a salvo, no abraço de um Deus todo amor que me chama pelo nome e me diz: És o meu filho amado que muito me agrada.

É o lugar onde saboreio a alegria e a paz que não são deste mundo".[8] Ao ser conduzido à missão do cuidado, Nouwen foi ao encontro do outro e, com isso, viu-se direcionado novamente ao Pai, que o afirmava como filho amado.

Na contemplação, aprendemos, encontramos Cristo e todo sofrimento humano, incluindo o nosso. Na ação compassiva, encontramos pessoas que nos reconduzem a Cristo, pois nele "a dor e o sofrimento humano já foram aceitos e vividos; nele, a nossa comunidade partida foi reconciliada e conduzida à intimidade do relacionamento com a Trindade. Por isso, a nossa ação deve ser compreendida como uma disciplina através da qual tornamos visível aquilo que já foi realizado".[9] Contemplação e ação se pertencem.

Pés no chão e mãos aos céus

No relato da vocação dos discípulos, segundo o Evangelho de Marcos, há um detalhe que costuma passar despercebido. A primeira ação de Jesus ao vocacionar os doze discípulos é trazê-los para junto dele, para só depois incumbi-los de anunciar o evangelho e expulsar demônios (Mc 3.13-19).

Esse ato de escolha dos doze modela, por assim dizer, a prática da espiritualidade e a vivência da missão, e o movimento entre a contemplação e a ação: "a contemplação sem ação é um escape da realidade concreta, e a ação sem a contemplação é um ativismo carente de significado transcendente".[10]

[8] Nouwen, *O regresso do filho pródigo: Meditações perante um quadro de Rembrandt* (Braga: Apostolado da Oração 2013), p. 26.

[9] Nouwen et al., *Compaixão*, p. 149.

[10] René Padilha, citado em Kirsteen Kim e Andrew Anderson (eds.), *Edinburgh 2010: Mission Today and Tomorrow* (Oxford: Regnum, 2011), p. 319.

É assim, pois, que queremos não apenas propor a inter-relação entre a espiritualidade e a missão, mas também vivê-la. Em nossa experiência com a direção espiritual, no PGM, temos resgatado dimensões da espiritualidade como contemplação, experimentando-a tal qual um lugar de envio para a missão. Buscamos uma espiritualidade que tenha a marca de Jesus, em que se viva em comunidade e que se expresse numa escuta ativa, acolhedora e transformadora do outro, especialmente do "órfão, da viúva e do estrangeiro", em sintonia com o que o Senhor espera de nós, e o profeta Miqueias bem expressou:

> Ó povo, o SENHOR já lhe declarou o que é bom
> e o que ele requer de você:
> que pratique a justiça, ame a misericórdia
> e ande humildemente com seu Deus.
>
> Miqueias 6.8

16

Que as crianças sinalizem o reino de Deus na família

Giovanna de Barros E. Amaral
e Tiago da Costa Santos

A famosa história bíblica com um enorme barco, um casal de cada bicho, muita chuva e ao fim um belo arco-íris tem um enredo inusitado e ganha total atenção. Montamos o enorme livro-barco e organizamos suas peças, que ainda restaram do muito brincar. Uma dessas peças finais é a mulher de Noé. Isabel, com seus 3 anos recém-completados, a pega e pergunta: "Esse é Deus ou é Jesus?". A resposta negativa não lhe agrada e ela insiste: "Ou é Deus ou é Jesus!".

Eu (Giovana), sua mãe, concordo que pode ser Deus (raciocinando sobre a melhor adaptação com receio de algum deslize teológico). A pequena aceita e inclui o que considera ser a figura de Deus em meio aos bichos e ao enorme barco. O diálogo fica ressoando na mente adulta de que a pequena entende que Deus e Jesus têm um papel importante nas histórias bíblicas, em suas palavras, juízo e amor. Deus e Jesus se confundem. Isabel não precisa de teologia, ela aprende no "colo" do dia a dia.

Quando lemos no Evangelho de Mateus a conhecida passagem do encontro de Jesus com as crianças (Mt 19.13-15), podemos identificar diferentes atores. Há os pais ou cuidadores levando suas crianças até Jesus e, pelo que lemos em outros relatos, possivelmente disputando espaço em meio à multidão, ansiosos para que recebessem uma bênção daquele homem poderoso, afirmado por muitos como o Messias esperado. Temos também os discípulos, cuidando dos assuntos do mundo adulto, apressado, efetivo, mecânico, julgando que não era adequado que o Mestre fosse interrompido em sua importante agenda diária de ensinos, sinais e maravilhas para dedicar tempo às crianças. Finalmente, temos Jesus e as crianças em uma relação de proteção e acolhimento: "Deixem que as crianças venham a mim. Não as impeçam". Ao estabelecer o direito delas de acessar o homem-Deus, Cristo as protege e valida o anseio e esforço dos pais para que elas fossem abençoadas.

Assim como em outras ocasiões, Jesus contrapõe a perspectiva equivocada de seus discípulos abençoando as crianças e colocando-as como referencial de um novo ser humano — o povo regenerado de seu reino —, que desfruta de um novo relacionamento com Deus. Um reino que traz a fusão de tempos e o usufruto da eternidade, que já se mistura a este tempo perecível, ainda abalado pelos poderes do pecado e da morte.

A passagem é bem conhecida e, na interpretação de muitos, a criança é um exemplo de humildade e abertura a Deus. Não há equívoco aqui. Mas temos, de fato, consciência do que as crianças levam em si e do impacto de nos relacionarmos com elas? Jesus não disse que as crianças obedientes eram modelos. Ele não estabeleceu nenhum adjetivo ou ideal de comportamento para elas: "pois o reino dos céus pertence aos que são como elas". Escandalosamente simples assim.

O autor Dan Brewster traz luz sobre as crianças e a infância na Bíblia ao dizer que Jesus abençoou as crianças que lhe foram trazidas, sem impor sobre elas nenhuma condição ou exigência.[1] Jesus faz das crianças um foco de seu ministério. Ele as cura e acolhe. Se elas carregam em si esse modelo, qual é seu lugar na família? E na igreja? Onde elas deveriam estar na sociedade?

A visão do evangelho na perspectiva infantil

Gostaria de contar duas histórias nascidas de interações com André, nosso filho mais velho, então com sete anos e meio, que exemplificam esse ser-estar no reino de Deus e a necessidade de estarmos abertos e sensíveis a como as crianças vivenciam o que Jesus nos apontou nos Evangelhos.

Ainda que tenhamos muita cautela ao comentar assuntos da vida adulta, nosso filho afirmou que desejava que uma autoridade morresse, por considerá-la muito má. Como mãe eu me assustei, mas no íntimo não poderia negar que aquele desejo também era uma luta para mim. Disse que deveríamos discordar das ideias das pessoas, mas não desejar seu mal, pois Jesus nos havia ensinado a orar por nossos inimigos. Com muita simplicidade, ele disse que oraria, então, para que as ideias más dos governantes fracassassem e, sem culpa ou ressentimentos, a conversa tomou outro rumo. Esse diálogo com meu filho me fez pensar que, quando somos tomados por sentimentos maus, precisamos tratá-los como maus, sem gastar muito tempo nos culpando por eles. Estamos aprendendo, pela graça de Deus, a ser bons. Jesus conhece, como nós, as tentações, nos ama e nos salva de nós mesmos.

Em outro momento, falávamos sobre oração e eu enfatizava: "Você precisa acreditar que Deus o ouve, e não que a resposta será como você quer". Com muita naturalidade ele

[1] Dan Brewster, *A criança, a igreja e a missão* (Viçosa, MG: Ultimato, 2015), p. 29.

me disse: "Mamãe, eu sempre acredito que Deus me ouve". Em mim ficou o ressoar de que era *eu* quem não acreditava, muitas vezes, que Deus estivesse me ouvindo, e que precisava levar em oração minha incredulidade.

As crianças, pelo modo como recebem o evangelho e a ele respondem, são como um farol em meio à névoa da incredulidade dos adultos. A maternidade e a paternidade intrinsecamente carregam em si uma relação com o filho. Mas sabemos que, para exercer a parentalidade, não basta gerar uma criança ou reconhecer-se progenitor. Existe algo mais. É preciso afetar-se e ter o intelecto, os sentimentos, o desejo e os anseios transformados.

A sociedade de consumo prefere crianças que não atrapalhem a vida produtiva dos adultos e seu progresso financeiro e profissional. Ainda que bem-intencionadas, muitas das escolhas dos pais sobre a criação dos filhos têm como prioridade garantir boa educação, saúde, moradia e objetos de consumo. Sabemos que cada família carrega as próprias necessidades, oriundas de histórias de vida complexas. No entanto, quando as duras demandas de uma sociedade competitiva e excludente sobrepujam as relações familiares, resta pouco espaço, na família, para a criança.

A realidade brasileira é complexa. Enquanto muitos pais e mães (muitas delas chefes em casa) não têm outra alternativa para o sustento da família senão submeter-se a excessivas horas de trabalho, não podemos negar que muitos pais e mães priorizam o sucesso, deles próprios ou para a vida adulta dos filhos, em detrimento do relacionamento com as crianças.

Como afirma Paul Tripp, o ensinamento de Jesus sobre tesouros em Mateus 6.19-34 ilustra nosso sistema de valores que afeta todas as decisões de nossa vida: "Milhares e milhares de crianças são entregues todos os dias aos cuidados de desconhecidos porque o sucesso no trabalho e carreira adquiriu importância excessiva para os pais. [...] A questão não é estarem sempre ocupados, mas terem uma ocupação que se torna uma questão de valores".[2]

À luz do evangelho, temos valores evidentes e um Senhor que nos chama à obediência. Assim, quando tornamos habituais as cargas horárias excessivas, os modelos inflexíveis de trabalho, a busca por constante progresso profissional e o desempenho a qualquer custo (estudos, prêmios, viagens, promoções), roubamos algo do convívio com as crianças. Como pais, precisamos escolher um estilo de vida mais simples, que nos liberte das exigências dos padrões de consumo, sempre mutáveis, que alimentam apetites e prometem satisfação.

Ao refletir sobre o lugar da criança na sociedade, lembro-me de um educador infantil, diretor de uma escola pública da cidade de São Paulo, em que nosso filho estudou. A cada manhã ele recebia, no portão, crianças e famílias com um largo sorriso. A sala da direção era aberta e sempre víamos as crianças circulando alegremente na temida "sala do diretor". Em todas as oportunidades que tinha, ele dizia: "Não queremos ensinar crianças a serem bons profissionais e hábeis para ingressar em boas universidades. Queremos assegurar-lhes seu direito de ser crianças".

Evidentemente a criação de filhos não é tarefa simples e é certamente cansativa, mas devemos entender que esse é um chamado de Deus. Podemos experimentar muito da graça ao decidir deixar-nos afetar pela vivência com nossos filhos. Tripp apresenta a seguinte tensão:

[2] Paul Tripp, *Desafio aos pais* (São Paulo: Cultura Cristã, 2018), p. 23.

> Por que um Deus de perfeita sabedoria pediria a pessoas inadequadas que realizassem uma tarefa tão importante? É muito importante entender a resposta. Deus chama pessoas incapazes para realizar tarefas importantes porque seu objetivo final não é seu sucesso imediato, mas que você venha a conhecê-lo, a amá-lo, a descansar em sua graça e a viver para sua glória.[3]

Temos medo do que podemos perder quanto à segurança profissional e financeira. Amamos nossos filhos e nos esforçamos para criá-los. Mas entendemos o que temos perdido quando nos deixamos guiar pelo medo e pela autossuficiência? Temos sido corajosos e buscado caminhos de descanso?

Uma história familiar

Não é raro ouvir sobre como episódios dramáticos mudaram o curso da história de pessoas. Para nossa família isso veio numa manhã de sexta-feira, em agosto de 2019, quando eu (Tiago) realizava um teste ergométrico: "Tiago, vamos chamar uma ambulância. Você será encaminhado a um hospital". O que era para ser um exame de rotina na esteira se transformou em espanto. "Seus batimentos cardíacos apresentaram uma alteração. Talvez não seja nada, mas não podemos liberá-lo sem uma avaliação mais precisa."

Com 37 anos, mantive o otimismo até ouvir, já no hospital, que seria necessário ficar na UTI, por suspeita de um princípio de infarto. A confirmação viria com um exame detalhado do coração. Meu otimismo derreteu à medida que ia repetindo a mesma história aos parentes e amigos, agora mais assustados que eu. No primeiro dia eu não podia sequer ir ao banheiro

[3] Ibid., p. 31.

sozinho, por protocolo médico, embora me sentisse muito bem. Passei horas morosas na cama assistindo à TV. Foi apenas no fim do segundo dia que me senti tocado por algo tão profundo quanto surpreendente. Ao ver uma propaganda de um canal de notícias, tive um *insight*, quase uma revelação: "Para uma cidade que nunca dorme, um canal que nunca desliga". "Nunca desliga." Esse era eu. Dois dias na UTI. Meu corpo parado, obrigando-me ao repouso. Minha mente ligada, ativa, procurando distrações. Era o meu retrato revelado por um anúncio na TV, uma verdadeira "mula de Balaão moderna", que eu insistia em ignorar.

Aquele também era o retrato de meus últimos anos. Não me considerava viciado em trabalho, mas já vinha sentindo um grande desgaste da correria da vida. Passava longas madrugadas em claro pensando em como resolveria no dia seguinte os desafios dos projetos da empresa. Era um sentimento contraditório: ficava irritado por não conseguir dormir, mas no fundo nutria um entusiasmo por ser produtivo, por ser necessário para que os projetos prosperassem. Foi na cama da UTI que me dei conta do preço da rotina: muitas vezes saía de casa antes de meus filhos acordarem e chegava para dar-lhes o beijo de boa noite.

Em qualquer cultura e situação, o jeito certo de soletrar amor para uma criança é T-E-M-P-O.[4] Nossa família estava enredada no calendário exigido pelo sucesso profissional, somado ao castigo dos longos engarrafamentos de São Paulo. Por mais que tivéssemos a intenção deliberada de aproveitar os momentos juntos, não era suficiente. Não é de surpreender que nesses momentos nos encontrássemos sem energia para

[4] Wilson Grant, citado em Brewster, *A criança, a igreja e a missão*, p. 17.

apenas estar presentes com nossos filhos e brincar. Sob a ótica da sociedade consumista, não há nada mais "improdutivo" do que o *brincar*. Mas a brincadeira é a linguagem da criança: sentar no chão para misturar as cores da massinha, desmontar e remontar inúmeras vezes os blocos de plástico, entrar em um foguete imaginário para planetas distantes.

Ao final de cinco dias na UTI, recebemos o diagnóstico de que meu coração estava funcionando como o de uma criança. Não havia perigo. Mas dentro dele algo havia mudado: aquela vida cansativa não fazia mais sentido. Nos dias que se seguiram tomamos a decisão, em família, de que eu pediria demissão e buscaria outra forma de trabalho que permitisse uma rotina flexível e mais dedicada a nós. Nós o fizemos com a convicção do privilégio de poder escolher nossos caminhos, mesmo sem garantias ou promessas em vista, mas sobretudo com a confiança em Deus, que supre e alivia. E pudemos dizer: "Como criança desmamada minha alma descansa no Senhor!".

No Evangelho de Mateus, Jesus faz uma promessa: "Venham a mim todos vocês que estão cansados e sobrecarregados, e eu lhes darei descanso" (Mt 11.28). Curiosamente essa passagem vem logo após uma oração em que o Mestre agradece ao Pai por mostrar "aos que são como crianças" o que ele esconde dos que se consideram sábios e instruídos (Mt 11.25).

Jesus revela a atitude necessária a quem busca descanso nele: reconhecer-se pequenino como uma criança. As crianças têm uma curiosidade simples diante daquilo que não compreendem. Não carregam em si os fardos que os adultos levam, o orgulho pelo saber e o desejo de controlar outros com o que sabem. Elas simplesmente perguntam, pois o "não saber" não é um problema, mas uma oportunidade de aprender algo novo.

Por mais que o exercício da parentalidade seja extenuante, ao abrir espaço intencional para conviver com as crianças, temos a oportunidade de cultivar um ambiente de leveza e descanso, onde se partilham afetos e emoções, e onde se pode atender ao convite de Jesus. O contato com as crianças pode conduzir a família nesse processo espiritual de entrega das pesadas cargas a Cristo.

Algum tempo depois de pedir demissão, participei de uma entrevista de emprego. O CEO me fez uma proposta para um cargo de destaque, com possibilidade de grande ascensão profissional. Resolvi abrir o jogo e disse que procurava um trabalho mais flexível, com menos horas semanais, para que pudesse dedicar-me à família. A resposta que recebi era que a empresa estava em expansão, e a vaga era para "dar o sangue". Tive a cristalina convicção de que não era esse o caminho que nossa família buscava, e resolvi inverter a posição: comecei a "entrevistá-lo". Ele já havia sido CEO de inúmeras empresas. Aos quarenta anos, descobriu ter um tipo raro de câncer. Mas o que mais me impressionou foi a resposta dele quando lhe perguntei se havia algo de que se arrependia: "Não vi meu filho crescer. Não sei o que é parquinho de escola, reunião de pais, passeios. Só comecei a me relacionar mesmo quando ele tinha catorze anos". Mas disse também não saber se faria diferente: "Hoje tenho tudo o que sempre quis". Saí daquela entrevista com a convicção de que não estamos dispostos a pagar o preço de alguns tipos de sucesso.

Nossa experiência familiar não é uma fórmula a ser repetida. Ela é contextual e histórica. Mas a escolha de todos é certamente obedecer a Jesus na maternidade e na paternidade, e reconhecer que as decisões sobre carreira e emprego, ainda que envoltas em medo e dúvidas, impactam completa e integralmente nossa vida.

Temos aprendido que o lugar que as crianças ocupam é o colo, o riso e o choro, a brincadeira e a bagunça. E nosso lugar é junto delas. Elas são o modelo de cidadãos do reino. Devemos olhar para elas com reverência, não apenas pela obrigação civil de criá-las, garantindo-lhes direitos e dignidade, e nem apenas pela obrigação moral de amá-las por serem nossos filhos, sobrinhos, netos ou pessoas vulneráveis que carecem de cuidados e proteção. Devemos nos aproximar delas também porque Deus fala com elas e por meio delas.

Lemos a Bíblia, livros, ouvimos sermões, oramos e jejuamos no desejo de cultivar e experimentar um relacionamento com o Deus eterno e que molde nossa vida, aqui, neste tempo passageiro. Podemos acrescentar a essa lista de práticas piedosas: "desfrutar do relacionamento com uma criança".

17

A experiência da perda e a vocação da adoção

Ludhiana Silva e José Walter com mentoria de Silêda Steuernagel

"Eu nunca mais vou parar de chorar!", eu (Ludhiana) disse a meu marido, Zé Walter, com o rosto inchado e vermelho, que é a marca registrada do meu choro, e dessa vez com muito soluço também.

Era uma declaração transparente, não apelação. Há poucos dias havíamos recebido a primeira ligação da Vara da Infância e Juventude, depois de nossa habilitação e inclusão no Sistema Nacional de Adoção e Acolhimento (SNA). Dois irmãozinhos procuravam pais que os amassem e cuidassem deles para sempre. Foi um vendaval de alegria, sim, ou de adrenalina, mas não o motivo do choro. Foi numa segunda ligação, em que nos apresentaram o histórico de vida e da família dos meninos, que uma nuvem estacionou sobre minha cabeça.

Naqueles dias, sem que houvesse uma tempestade na superfície, a lama que se assenta no fundo do coração foi revolvida. Engoli em seco. Algo havia ocupado um latifúndio entre o coração, a garganta e a mente. O processo mental da história daqueles meninos adoráveis (e de suas irmãs e irmãos mais velhos) equivalia a limpar um ferimento da perna ralada no asfalto usando bucha, sabão e mertiolate. Uma ferida aberta, que precisava ser tratada da melhor maneira possível, ainda que bastante dolorida. Conhecer nossos potenciais filhos de 4 e 2 anos e saber das dores e das perdas que já haviam sofrido — muito mais do que eu mesma já havia sofrido —, me fez questionar conceitos.

Entender e aceitar que a Justiça precisa tentar a adoção dos irmãos em grupos separados, pois de outra forma nenhum poderá ser adotado, corta profundamente o coração. Saber que teríamos de tomar uma decisão racional em relação a eles era paralisante para mim. Preconceitos de senso comum e medos injustificáveis ocupavam meu HD interno. Zé diz que eu sofro demais porque, em geral, não faço julgamentos racionalmente. Eu já aceitei o fato, e tenho aprendido a viver realizada com minha emotividade. Já não escondo o rosto inchado pelo choro.

Hoje, embora não saiba se posso afirmar que a aprendizagem do autoconhecimento e do deixar-me conhecer tenha florescido exclusivamente por causa da caminhada do discipulado e da mentoria cristã, posso, sem dúvida, afirmar que essa aprendizagem é produto dela. Caminhar com pessoas que me ajudam a contar as dores, a abraçar a vulnerabilidade, a lançar luz sobre o pecado tem me transformado ao longo dos anos, mesmo que a conta-gotas. E, aqui, preciso dar crédito aos mentores, pessoas preciosas que escolheram caminhar conosco e esperar nosso tempo para compartilhamento das perdas e pedidos de ajuda. Em especial, Valdir e Silêda, os discipuladores mais próximos, mas também Ricardo, Ziel, Osmar e Isabelle, cada um a seu modo, nos ensinam com graça e misericórdia. Essa transformação, obviamente, envolve mais gente: familiares, meu pastor, minha comunidade de fé, e outros cujos nomes não daria para citar aqui.

No entanto, a pessoa que mais atuou no processo de transformação, "na alegria e na tristeza", foi meu marido. Que desafio diário é o casamento! O nosso, pelo menos, é bastante desafiador (risos nervosos). E, mesmo pagando o preço do clichê romântico mais fora de moda, posso afirmar que não seria a Ludhiana de hoje não fosse a presença constante do Espírito Santo atuando através do Zé. Só o Divino e Perfeito Estrategista poderia ver onde e quando corrigir o curso do meu caráter e do nosso relacionamento, a ponto de um ser o porta-voz do outro em primeira pessoa no relato de nossa história comum.

No início do casamento, Zé dizia não fazer questão de ter filhos, mas que, se eu os quisesse, teríamos. Depois de alguns anos sem sinal de gravidez, procurei investigar. Não houve diagnóstico de infertilidade. Também não experimentamos nenhuma situação de aborto. Não posso dizer que conheço na pele essa dor. Conheci a confusão e a incerteza do nosso cenário: podíamos ter filhos (não havia infertilidade), mas não acontecia (ainda viriam?). Nesse momento, o Zé ainda parecia reticente, dessintonizado com o meu desejo. Angustiada, sentia como se não estivesse sendo ouvida, nem entendida. Aparentemente, ele não entendia que era meu tempo, biológico e emocional, que se dissipava, não o dele.

Não chegamos a viver crises matrimoniais por causa desse processo, mas também não havia consenso para tentarmos os tratamentos disponíveis para engravidar. Se, de alguma forma, eu tentasse compreender o que era a perda física, real, de um bebê, só poderia fazê-lo relacionando-o com o "luto" emocional pelo filho que nunca gerei, isso sim muito real e doloroso para mim. Tinha convicção de que filhos eram, e são, bênção na vida da gente, e foi o que sempre ouvi minha mãe repetir para meu irmão e para mim enquanto crescíamos.

Como consequência, passamos a pensar — racionalmente! — sobre a oportunidade da maternidade e da paternidade por meio da adoção. O marido, que antes titubeava, agora tinha brilho nos olhos. Confesso que fiquei intrigada e até um pouco ressentida com a mudança em seu comportamento. Ele não poderia ter se empolgado assim alguns anos antes, enquanto tentávamos uma gravidez biológica? No entanto, sabedores de que nossa vida não é traçada por dedos humanos, seguimos com o plano da adoção. O brilho nos olhos do Zé fazia diferença, caminhar juntos agora era mais harmonioso, e contar com ele para, de fato, dividir as angústias era magnífico.

Se da minha perspectiva histórico-familiar ter filhos era algo muito especial, sonhado e aguardado, do ponto de vista do Zé havia uma tensão. Sua experiência de vida trazia marcas indeléveis que forjaram uma definição inquietante de filiação e família. Como ele mesmo registrou, desde o seu nascimento "a vida não seguiu, digamos, um padrão de normalidade" para uma família de classe média, frequentadora de igreja evangélica, do final da década de 1970. Sua mãe o teve ainda na juventude, e sua família lidou drasticamente com a situação, sem muita misericórdia com os principais personagens. Todos sofreram, e o Zé, por ser o mais incapaz de agir por si só, sofreu inocentemente. Ainda na infância, a absurda conclusão a que chegou sobre o turbilhão familiar foi a de que ele havia sido o "responsável" por toda aquela mudança na vida da mãe e dos familiares. A família paterna não pôde conviver com ele, de maneira que esse vínculo só pôde ser construído muitos anos mais tarde.

Toda história familiar e pessoal é repleta de complexidades que somente os que viveram e testemunharam são capazes de desvendar. Mesmo depois de ouvir muitos relatos de pessoas que viveram, em algum grau, esses eventos — familiares de ambos os lados e pessoas que conheciam as famílias —, ainda é complicado compreender essa dolorosa história. No entanto, o que pude compreender é que a reticência do Zé sobre a própria possibilidade de paternidade tinha origem também em uma enorme e complexa perda. A não concretização de um ambiente harmonioso de família nuclear, a quebra do relacionamento maternal fidedigno e a ausência da figura paternal se manifestaram como marcas indeléveis na vida dele.

Em contrapartida, é verdade também que muitas foram as oportunidades de reconciliação e de (re)aproximação concedidas por Deus desde a infância. Mais uma vez, sabedores de que nossa história pode ser terrível da perspectiva humana, confiamos naquele que escreve a história maior e que nela nos insere, a fim de que ele mesmo, o Amor, seja conhecido por todos. Na história de vida do Zé, uma tia materna foi usada por Deus para que o Zé experimentasse o amor do Divino Pai. Foi por meio dessa "adoção intrafamiliar" que ele pôde desenvolver, em casa, um relacionamento com alguém que se propunha amar incondicionalmente o adolescente problemático que ele havia se tornado, e cuidar dele. Ele escreve:

> Esse tipo de amor, imerecido, não antecipado, sempre me intrigou. Conhecia raiva gratuita, mas amor gratuito? Para conseguir algo bom era preciso trabalhar pesado e lutar. Qualquer coisa boa na vida era fruto de árduo trabalho, e assim mesmo sem garantia do prêmio.
>
> No entanto, em um tempo de nenhum merecimento (aliás, bem ao contrário), fui acolhido por minha tia, que sabia exatamente quem eu era. Ela não estava me adotando enganada por uma parente que pensava apenas em livrar-se de um problema,

passando-o adiante. Minha tia sabia quem eu era, como eu estava, e mesmo assim me trouxe para casa e me tratou como filho. Por isso, quando fui adotado por Deus e passei a pertencer à família da fé, tinha uma ideia do que era esse amor. Entendi que a ida para a casa da minha tia era apenas um pequeno exemplo de algo muito maior que estava por acontecer.

Apesar de ser pecador e de transgredir a lei de Deus constante e voluntariamente em busca de satisfação pessoal, deparo com uma mão estendida de forma perfeitamente amorosa. Não fui julgado pelo que era. Não fui repreendido pela vida que tinha levado. Fui tão somente recebido por um olhar amoroso do Pai e um semblante dizendo bem-vindo.

Como disse, toda história familiar é complexa, e com essa "nova família" não era diferente. No entanto, podemos resumir a nova etapa da vida do Zé como de transformação pessoal e de resgate espiritual. Ele pôde viver dezenas de situações em que viu o poder e o amor de Deus em sua vida e por meio dela. Ele era precioso demais para Deus, e isso bastava para lhe incutir novo sentido de viver.

Para mim, aquele foi o início de uma nova vida. Eu morava em uma casa onde era amado, e estava nela porque me queriam lá. Houve uma atitude, um convite para que eu fosse viver ali, e esse convite ocorreu em uma época em que, honestamente, nem eu me queria por perto. Mais importante ainda, eu tinha Deus, o único Deus, a quem podia chamar de Pai, pois ele conscientemente me adotou mediante o sacrifício de seu único Filho em meu lugar. Não apenas tinha um Pai, mas tinha dele a promessa de que nunca me deixaria, de que em hipótese alguma seria abandonado. Mas, como se já não fossem novidades suficientes para toda uma vida, esse Pai é também perfeito e me garantia ter nas mãos o melhor plano possível para minha vida terrena e para minha vida futura, quando morarei com ele, onde ele está.

Todas essas descobertas me faziam rir à toa. Ria só por rir. Eu não precisava mais buscar motivos que dessem sentido à vida, motivos que busquei com tanto afinco por anos. O motivo da minha alegria era ter uma família que me amava com amor indizível. Amor esse que se sacrificou na cruz para que eu, tempos depois, pudesse ser adotado por ele e chamá-lo de Pai.

Por causa desse novo sentido de vida encravado na mente e no coração do Zé, e por eu ter vencido pouco a pouco uma caminhada cheia de hesitação e medos, é que pudemos chegar ao momento em que a adoção entraria em nossa trajetória como casal. Coincidentemente — ou providencialmente —, havíamos acompanhado o processo de adoção de um garotinho por um casal de amigos muito chegados. Foi como uma introdução à experiência que também nos propúnhamos encarar para sempre. Que momento belo e profundo, que espera divina! Era o que queríamos também: passar pela espera da herança que Deus tinha para nós (Sl 127.3).

Na época, buscávamos informações sobre adoção, e recebemos a indicação de um livro escrito pelo pastor batista Russell Moore, de cujo primeiro capítulo pincei aqui algumas observações.[1] Ele me provocou a rever o que é a adoção humana (a que concretizaremos) e a adoção que Deus já realizou em nós, tornando-nos seus filhos (Gl 4.4-7). O autor afirma que há dois aspectos da adoção que andam juntos, não separados ou em sequência. Primeiro, ele nos relembrou que podemos entender como Deus atua como Pai para nós por meio do

[1] Russell D. Moore, *Adoção: Sua extrema prioridade para famílias e igrejas cristãs* (Brasília: Monergismo, 2013), audiolivro.

relacionamento que temos com nossos pais de carne e osso. "E assim, Jesus nos diz que, na provisão e na disciplina exercida por nosso pai humano, temos um vislumbre do amor ativo de Deus por nós." Um Pai divino que adota filhos humanos e que serve de modelo para eles. Segundo, para Moore "a adoção é o evangelho", o que nos confere uma identidade, uma herança e uma missão como filhos de Deus. E, como missão, a adoção nos leva à união com Cristo, nosso irmão mais velho, na "defesa dos indefesos e abandonados", e "isso acontece porque o evangelho é assim! Jesus nos reconcilia com Deus e uns com os outros".

Aqui a verdade de um aspecto da adoção é mútua e inegavelmente vinculada à outra. Se entendemos, na perspectiva espiritual, "a paternidade [divina] que supera o código genético" para nos adotar e nos acolher numa família — não por caridade nem por semelhança física, mas por amor gracioso e incondicional —, então também podemos viver a paternidade/maternidade terrena que transcende nosso material genético para acolher outras vidas em nossa família — não por caridade nem semelhança física, mas porque fomos alvo do Amor — e, por isso, podemos amar também. Se entendemos (vivemos) o evangelho, entenderemos (viveremos) a adoção. Simples e complexo assim.

A mensagem do pastor Moore remexeu a lama dos vários conceitos frágeis e chacoalhou meus preconceitos para, assim, restabelecer a base bíblica daquilo que vai no coração de tantos casais como o Zé e eu: o sonho de ter filhos, seja por adoção, seja por gestação, seja por acolhimento.

Por fim, sem detalhar a burocracia de nosso processo judicial de adoção — que foi incrivelmente positivo —, chegamos àquela semana da cara de choro, da ligação, dos dois irmãozinhos, da lama chafurdada, outra vez, na alma. O Zé fez a leitura de todos os acontecimentos daqueles dias com a objetividade que lhe é peculiar e, melhor, com a experiência de vida, perda e dor que só ele tem. Ele, como bom discípulo de bons discipuladores, também aprendeu a andar do meu lado, do jeito dele, e me encontrar onde eu estiver, como eu estiver. Foi no abraço dele que pronunciei aquela frase inicial, depois que ele me ouviu e acolheu meu soluço de "eu só quero desabafar". Depois de quinze anos de casados, esse movimento de parar e esperar, ir e vir é, hoje, mais harmonioso. A dança do casal, como diz Silêda. Assim, naquele dia, tomamos uma decisão racional, dura, com lágrimas, mas real(ista) para nós como família nuclear.

Como disse no início do texto, acho que nunca mais vou parar de chorar nesta vida. Choro porque sei da lama que reside no fundo do coração e da alma, ainda não totalmente redimidos. Choro pelo filho não gerado; pelo vazio do útero; pelo filho idealizado; pelo filho de outra barriga que não pôde criá-lo; pelo filho que é criado com pouco ou nenhum amor, negligenciado; pelo filho que precisa ser adotado porque não há outra opção na família que o gerou; pelo filho que, mesmo no SNA, não encontra sua "família para sempre"; pelos filhos que estavam à nossa espera, sem saber disso. Ao final, chegou o dia em que chorei quando soube quem eram os nossos filhos, gerados na espera. O pranto virou alegria na forma de crianças, quatro irmãos de diferentes idades, sendo dois deles gêmeos.

E se o meu choro era vertido, de fato, em lágrimas, o choro da gratidão do Zé transbordava numa oração:

> Senhor, tu me salvaste da morte quando me viste caminhar a passos largos para a sepultura. Mas em teu infinito amor não te

contiveste em ver-me apenas com vida. Pela adoção, me trouxeste para tua família e me permitiste te chamar de Pai. Como disse o salmista, tal pensamento é elevado demais para mim, tanto que não posso alcançá-lo.

Perdoa-me, pois em meus olhos não há lágrimas suficientes para expressar a dor de ver Cristo na cruz em meu lugar, nem meu sorriso é tão largo por vê-lo ressurreto.

Perdoa-me, pois meu coração não é suficientemente contrito, tampouco grato por, assim como sou, enfim pertencer a ti.

Faz o meu coração sonhar com o dia quando, enfim, todos nós, teus filhos, estaremos contigo, sentados ao redor da mesa, almoçando e rindo com alegria indescritível no coração.

Renova sempre em mim, ó Pai, a alegria de pertencer a ti e de teres me adotado como teu filho amado, para que todos vejam teu amor e glorifiquem o teu nome, que é santo.

Amém.

18

Aprendizados no convívio com deficiências e limitações

Fabiane Behling Luckow com mentoria de Silêda Silva Steuernagel

Aprendizado sobre o evangelho

Escrevo este texto ainda em meio à pandemia da covid-19. Embora a vacinação tenha avançado bastante e os indicadores estejam melhorando, o distanciamento social ainda é uma das formas mais eficazes e responsáveis de evitar a contaminação. Depois de tantos meses, a falta de contato interpessoal alcançou um nível difícil de suportar. Sinto falta dos sorrisos, de compartilhar a mesa, de abraçar. Especialmente de abraçar!

O abraço sempre foi um "lugar" muito importante em minha vivência de fé e em meu exercício de maternidade, e creio que alguns pais, mães e cuidadores de pessoas autistas se identificarão comigo. Sou mãe de um filho autista. Victor Hugo tem hoje 8 anos. Uma das coisas que descobri nessa caminhada continuamente desafiadora com meu filho foi o poder extraordinário do abraço. Por questões sensoriais, o abraço é poderoso para conter ou interromper crises e padrões comportamentais negativos em pessoas autistas. Ele une limites com amor. Transmite segurança e cuidado, impedindo que a pessoa se machuque, ao mesmo tempo que a ensina a lidar com os estímulos externos capazes de desencadear esses episódios. O abraço respeita os contornos de nossa humanidade e acalma nossos temores.

Talvez seja por vivenciar isso na concretude do cotidiano, dia após dia, que fiquei um tanto chocada com a "violência" da afirmação de um teólogo americano, compartilhada nas redes sociais, de que Jesus nos muda para nos "fazer caber no evangelho". Essa afirmação me deixou incomodada, pois compreendo que o evangelho não é uma forma na qual as pessoas são encaixadas, mas um abraço no qual elas são acolhidas. A imagem de uma "caixa" não me parece fazer jus ao amor e à graça de Deus, expressos de forma encarnada em Jesus Cristo, o Mestre que ia ao encontro dos rejeitados e os acolhia, abraçava e lhes conferia dignidade e pertencimento.

Ao compartilhar esse meu desconforto nas redes sociais, reações controversas surgiram, como se eu estivesse negando a necessidade de mudanças ou sugerindo que o evangelho é que deveria se amoldar, simplesmente, a nossos contornos. A religião cristã, em suas diferentes expressões denominacionais, por vezes demais tem tentado enquadrar em "caixas" o evangelho e as pessoas que o seguem. Prefiro construir a partir da ideia de um "abraço acolhedor do evangelho". Dessa forma, o abraço — no cuidado com qualquer pessoa, mas especialmente com pessoas autistas — ensina muito sobre como o evangelho de Jesus me envolve e me ajuda a lidar com as próprias fraquezas, como ele me ensina a ser melhor, como ele tem o poder, pelo amor e o cuidado, de me transformar profundamente.

O evangelho abraça meus contornos humanos e os guia a uma versão mais organizada e equilibrada de mim mesma. Muitas vezes, meus instintos e desejos terão de ser contidos a fim de não me machucar, nem machucar outros. E creio que

Deus, qual pai e mãe, prefere fazê-lo pelo abraço amoroso em vez de simplesmente impor regras e limites que, ainda que nos moldem o exterior, nada podem fazer a fim de inclinar nosso coração para ele.

Aprendizado sobre comunidade

Como seguidora de Jesus e como mãe de uma criança atípica, uma das questões que me preocupavam, a princípio, era se meu filho conseguiria, algum dia, compreender, experimentar e perceber a esfera da espiritualidade na vida dele. Subjetividade, pensamento abstrato e imaginação são algumas habilidades que podem não ser desenvolvidas, plena ou parcialmente, por pessoas autistas. Em geral, elas compreendem o mundo de uma forma concreta e pragmática, o que não quer dizer que, com trabalho, criatividade e amor, essas habilidades não possam vir a desenvolver-se.

Entretanto, lendo os Evangelhos, fui observando muitas pessoas "atípicas", fora da norma da sociedade, que se encontraram com Cristo, que o conheceram plenamente, que foram por ele tocadas, perdoadas e até mesmo curadas. Então me dei conta de que, nessa narrativa, crer que Jesus era o Filho de Deus e querer se relacionar com ele eram os desejos profundos desses corações. O que impedia, muitas vezes, que essas pessoas chegassem a Cristo eram os chamados "normais", "cidadãos de bem", os piedosos de então. Eram as regras de pureza ritual, a necessidade de estarem apresentáveis, de se comportarem conforme o padrão, o local e a ocasião que impossibilitavam o convívio dessas pessoas "a-normais" com a prática religiosa instituída pelo judaísmo da época.

Isso me faz lembrar muitas conversas com pais e mães que se sentem constrangidos ao levar filhas e filhos que não se encaixam na "norma" para ambientes de socialização, como escolas, locais de festas familiares, igrejas cristãs, condomínios e espaços de encontro, locais que muitas vezes nem sequer possuem um banheiro adaptado. São mães e pais que lutam pelos direitos desses filhos de serem tratados como cidadãos que efetivamente são.

Pensando no exemplo e na vida de Jesus, não deveria ser a comunidade cristã o lugar de hospitalidade e acolhimento para nossa família, tanto no espaço físico como no âmbito emocional? Por que, então, ela tantas vezes invisibiliza ou constrange pessoas que não se "enquadram" nos padrões? Ao trazer para o centro da narrativa pessoas que por algum motivo não se encaixavam nos parâmetros de aceitação e "pureza", Cristo evidenciava o desconforto da comunidade com a humanidade quebrada. Diante dele, de seu amor e de sua graciosa santidade, de fato, ninguém era plenamente capaz. Da mesma forma, a igreja, composta por pessoas igualmente quebradas mas que constantemente se esquecem de sua natureza humana, é chamada a olhar para esse desconforto, permitindo que as pessoas mais necessitadas encontrem nela refúgio e acolhimento. Para isso, é preciso superar o desconforto com o diferente, com corpos e expressões diversos, seja no âmbito da igreja, seja em eventos comunitários.

A pessoa portadora de Síndrome de Down, de Transtorno do Espectro Autista, com Paralisia Cerebral ou qualquer outra síndrome ou condição específica pode, sim, chegar à fé em Cristo Jesus. Nosso Senhor se manifesta de forma concreta e presente no corpo, nas palavras e nas ações de quem é verdadeiramente seu discípulo. As igrejas exaltam e valorizam a exposição intelectualizada e racional das Escrituras — e ela é de fato importantíssima e, de certa forma, central para a vida de fé —, mas essa não é a única maneira de pregar o evangelho e testemunhar dele. A experiência de vida em comunidade, os laços e vínculos que vão se constituindo, as redes de ajuda mútua, enfim, o ajuntamento dessas pessoas que se amam porque, em Cristo, foram primeiro amadas por Deus é o que expressa e torna real o discurso proferido do púlpito e legitima a presença da igreja no mundo como manifestação do reino de Deus.

Quando, ao final de cada dia, ouço meu filho repetir sua singela oração — "Senhor Jesus, meu coração é teu. Amém. Obrigado, Jesus" —, com todas as suas dificuldades de fala, mas com alegria e uma expressão feliz e satisfeita no rosto, sinto que, de fato, Jesus acolhe todo coração contrito e sincero em sua presença. Quando vejo a alegria dele ao chegar em nossa comunidade local, que aos poucos tem sido impactada por sua presença e desafiada a mudar, e assim abraçar e acolher não somente a ele mas a todas as pessoas que, de alguma maneira, estão fora dos "padrões de típicos" de nossa sociedade, entendo que há ainda muito trabalho pela frente para que sejamos acolhedores e amorosos como Cristo. E essa mudança não é opcional, se queremos, de fato, ser igreja do Senhor.

Aprendizado sobre oração

Em virtude de uma comorbidade do Transtorno do Espectro Autista chamada apraxia da fala, Victor falou suas primeiras palavras quando tinha quase 6 anos. De lá para cá, tem desenvolvido a capacidade de se comunicar com os pais e com o mundo através da fala. Ressalto isso porque ele já se comunicava conosco antes de falar. Pais e mães, via de regra, conhecem as necessidades e os humores de seus filhos, mesmo que eles não digam nada ou não consigam ainda se expressar adequadamente. De modo geral, é assim que funciona com os bebês: aos poucos, vamos aprendendo a reconhecer suas necessidades e desejos a partir de seu choro, de suas expressões, até que comecem a articular as primeiras palavras.

Embora meu filho não pudesse falar, nunca duvidei de seu amor e reconhecimento de que eu era sua mãe, mesmo sem nunca me chamar de "mamãe". O olhar, o beijo, a presença, todas essas coisas me mostravam que ele me amava e que me reconhecia como sua mãe. Mas tenho de confessar: eu queria muito ouvi-lo dizer "mamãe". Mesmo sabendo, na maioria das vezes, do que ele precisava, o que ele sentia, eu queria muito que ele verbalizasse, que me pedisse. Nesses últimos anos, graças a todo o empenho da família e da maravilhosa equipe terapêutica, temos ouvido "papai" e "mamãe", até mais vezes do que gostaríamos!

Essa experiência me ensinou tanto sobre oração! Nosso Deus, que é Pai, conhece todas as nossas necessidades (Mt 6.32). Muito antes que o pedido nos chegue à boca, ele já sabe, pois conhece nosso coração e nossos anseios mais profundos. Então, por que eu deveria orar? Ele sabe tudo de que preciso! Creio que Deus apenas espera que o chamemos de "Pai" e confiemos nele para cuidar de nós.

O teólogo norueguês Ole Hallesby, em seu clássico livro denominado *Oração*, escreveu que orar é deixar Jesus glorificar seu nome nas necessidades que nos cercam.[1] Quando as colocamos diante do Deus que tudo sabe e tudo vê, revelamos nossa insuficiência diante dos desafios da vida, nossa confiança e nossa fé de que ele nos ouve e conhece. Assim, como crianças, podemos descansar em seu cuidado. Afinal, ele é o Deus que, embora saiba todas as coisas, deseja ouvir nossa voz.

[1]Ole Hallesby, *Oração: O segredo de abrir o coração* (Curitiba: Esperança, 2018), p. 9.

Aprendizado sobre esperança

Se você não é mulher, nem mãe, talvez, ao começar a leitura deste capítulo, tenha pensado que o texto foi escrito apenas para mães. Quero, entretanto, lançar o desafio de refletir no que tem sido dito. A literatura, de forma geral, nos abre duas possibilidades quanto à leitura: engajar-nos nela por identificação, ou seja, reconhecer-nos nas ideias e experiências expostas, ou abrir-nos as janelas para uma vivência diversa, capaz de nos auxiliar no processo de melhor compreender pessoas próximas ou das quais queremos nos aproximar, ainda que vivam situações diferentes das nossas. Seja qual for o seu caso, convido você, leitor e leitora, a adentrar comigo — e falo como mãe — esse espaço de solidão da experiência de maternidade, especialmente da maternidade atípica.

Certa vez, publiquei em minha conta do Instagram a imagem de um guardanapo de papel em que havia uma frase sobre o desafio de ser mulher e de realizar seu potencial, apesar das forças que insistem em nos empurrar de volta para a cozinha. Acima da imagem fiz o seguinte comentário: "Sinto-me constantemente em luta e resistindo para ser eu mesma!". Fiquei surpresa com a quantidade de respostas e comentários de amigas e seguidoras que se juntaram a mim nesse desabafo.

Já me senti esmagada pelo peso dos papéis que assumi ou adquiri ao longo da vida e me lembro de momentos de grandes desafios na criação do meu filho em que pensei: "Então é isso. Minha vida, a partir de agora, é isso. Não adianta mais fazer planos, tentar realizar coisas. Isso só me trará mais tristeza, mais desilusão. Tenho é que 'baixar a bola', diminuir as expectativas e aceitar que minha vida, de mãe de uma criança autista, é essa. Estou presa nisso. Não há como crescer, nem como ir adiante".

No fundo, as palavras que eu não tinha coragem de dizer em voz alta para mim mesma eram: "Minha vida acabou! Agora é dedicar-me a meu filho e fazer o que dá nesse meio-tempo, entre uma terapia e outra, entre uma demanda e outra, sem muitas expectativas, para não me decepcionar". Sentia como se, depois de ter aprendido que era capaz de voar, tivessem me cortado as asas. E entendam-me: amo meu filho e, por ele, faria tudo ou, provavelmente, muito mais do que já fiz até agora. Mesmo se eu soubesse como seria, faria tudo de novo, apenas pela oportunidade de compartilhar minha vida com essa pessoa incrível que é o Victor Hugo. Peço que você acolha sem julgamento e com empatia esse relato tão pessoal, por favor!

Mas aquele inverno passou. As folhas e flores, que tornam a caminhada mais prazerosa, voltaram. E coisas maravilhosas aconteceram na minha vida desde então, principalmente na área profissional e vocacional. Publiquei contos, gravei *podcasts* e músicas, viajei, voltei a trabalhar na minha poética artística, ingressei no doutorado, fiz novos e grandes amigos e amigas!

Pego-me pensando em como a maternidade fez de mim uma pessoa mais forte e amorosa, mais empática e paciente do que eu jamais teria conseguido me tornar, sozinha, pela própria força de vontade. Muitas pessoas dizem ou escrevem que somos uma família especial e que, por isso, teríamos o que é preciso para cuidar de alguém especial como nosso filho autista. Quero discordar, também de forma amorosa: não acho que isso seja totalmente verdadeiro. Creio que Deus sabe (ele sempre sabe!) que precisávamos muito nos tornar pessoas melhores, e com a ajuda do Victor Hugo estamos caminhando para esse alvo. Não foi ele o abençoado por nascer em nossa família. Nós é que fomos abençoados com um filho que nos desafia diariamente a abandonar a individualidade egoísta para enxergar o mundo através de seus olhos.

Muitas vezes fico frustrada com tantas demandas, tantos projetos, tantas coisas que gostaria de fazer e não tenho tempo. Ao mesmo tempo, quando vejo nosso pequeno se tornando essa pessoinha amorosa, meu coração se acalma e sabe que, para as coisas realmente importantes, sempre haverá tempo. Talvez não agora, e até pode ser que esses projetos nem resistam ao tempo. Tudo bem. Vai ver, não eram tão importantes assim. Mas meu filho é!

O que eu diria a você, querida amiga que lê este texto e que também é mãe? Diria o que aprendi até aqui: você tem todo o direito de lutar por você mesma! Minha dica? Comece com pequenas coisas. Reencontre-se com você mesma. Aceite-se como a mulher que você é hoje, e construa a partir dela. Ouça suas músicas favoritas, nem que seja uma por dia. Leia uma página daquele livro que está abandonado. Desenvolva uma nova habilidade. Reaprenda a sonhar. Se ainda assim não for possível voar, encontre a beleza no caminho, um pequeno passo de cada vez. Pode parecer um clichê ou mesmo autoajuda, mas acredito nisto: sorria para a vida que ela sorri de volta. Prefiro acreditar em um otimismo realista: preparo-me para o pior, mas espero o melhor, da vida e das pessoas. Sempre.

Se você que lê é amigo, amiga ou parente, quem sabe avô ou avó, apoie, sustente e encoraje as mães, especialmente mães de crianças com deficiência. A carga é de fato pesada. A solidão e a depressão são companheiras persistentes, e tenho certeza de que você percebe isso, mesmo para mulheres que contam com a presença de seu companheiro, um fato que, para muitas, infelizmente não é realidade. As estatísticas são assustadoras nesse sentido. Há pequenos gestos, presentes e presenças que fazem toda a diferença. Ore e acolha as lágrimas, provoque risadas, dê muitos abraços. Beba chás e cafés conosco, brinque com nossos filhos e filhas. Saber que não estamos sozinhas nos faz um bem danado! Caso não saiba o que fazer ou como agir, pergunte. Seu interesse pelo nosso bem-estar, muitas vezes, é tudo de que precisamos para nos sentir amadas. E prosseguir.

19

A construção da identidade e as redes sociais

Fabio Tadashi Suzaki e Martina Seefeld Storck

"Você é contra ou a favor do Neymar?", perguntaram as meninas do meu pequeno grupo. *Neymar?*, eu (Martina) pensei. Que importância tem o Neymar, se estamos em meio a uma pandemia? Quem quer saber de futebol?

"Sei lá, ele é rico demais e acho que ele é meio metido. Podia jogar melhor." O tempo entre a pergunta delas e a minha resposta deve ter sido de uns dois segundos: "Sou contra", afirmei convicta. A pergunta veio por um embate no dia anterior em uma rede social sobre quem era "a favor" ou "contra" o jogador. Depois que todas fizemos algum comentário totalmente irrelevante sobre a pessoa dele, concordamos em ser contra e voltamos a falar sobre nossa vida.

"A favor ou contra." Se tinha ou não qualificação futebolística suficiente para dar meu veredicto pareceu não importar. Confesso que escolher um lado me trouxe certa sensação de identidade e pertencimento ao grupo, embora nem sequer me lembre dos argumentos delas.

Você já passou por algo parecido?

Situações assim, em que pessoas criam identidades em torno de um posicionamento favorável ou contrário, não são novidade. Entretanto, nada se compara, em escala e velocidade, com o que vivemos hoje. As redes sociais, cujos algoritmos recompensam a polêmica e a reação imediata e visceral, vêm mudando até mesmo a maneira como nos percebemos e nos definimos. Em poucos anos, essas plataformas se tornaram mais ricas que países inteiros, ergueram e derrubaram governos, passaram a pautar os debates mais importantes e, para muitas pessoas, se transformaram até na fonte de onde extraem seu senso de identidade e pertencimento.

Justamente por isso, pelo papel que ocuparam na definição de nossa identidade e em nossa visão do mundo, é que várias perguntas se tornaram incontornáveis. Que impacto as redes sociais passaram a ter em nossa vida e espiritualidade? Como a era da opinião sobre tudo está afetando nossa identidade? Seriam as redes apenas um meio neutro, que só faz aflorar o que já há de bom ou de ruim em nós? Ou são inerentemente espaços de ódio, a serem combatidos?

É difícil refletir sobre essas questões quando os desdobramentos ainda estão em andamento. Apesar disso, pensamos ser útil discutir a formação de identidade nas redes tal como se dá hoje, na perspectiva de um olhar cristão sobre a construção de nossa identidade nos caminhos de Jesus e de seu reino.

Nossa identidade coletiva: o enxame digital e o corpo de Cristo

Um primeiro ponto é pensarmos como as redes sociais têm moldado nossa identidade cristã e alterado nossa compreensão de vida comunitária.

A popularização das redes sociais levou muitas pessoas a se verem como criadoras de conteúdo. É preciso postar para que as pessoas vejam e comentem. A exposição constante da vida privada deixou de ser exclusividade de celebridades. Mesmo aqueles sem interesse em se expor se tornaram consumidores do que acontece na vida alheia. A comunicação digital aboliu a distância entre o público e o privado, em uma exposição ostensiva da intimidade. Como consequência, tornou-se muito fácil não só olhar a intimidade partilhada nas redes, mas também avaliar a todo momento o que nos rodeia, para decidir se devemos curtir, comentar ou encaminhar. Uma rotina de consumir, julgar e reagir de forma sumária.

A polêmica sobre Neymar mencionada no início é apenas um dos muitos exemplos de como a construção de identidade ao redor de opiniões ou inimigos em comum ganhou escala, impulsionada por algoritmos que estimulam reações emocionais imediatas, trazendo consequências desastrosas.

Nunca estivemos tão a par da vida de tanta gente e ao mesmo tempo tão solitários. Tão cientes de escândalos, mas incapazes de ir além da indignação. Tão prontos a irar-nos em público contra alguém com base em informações limitadas, mas tardios em estender compaixão e oração. Vimos pastores e líderes serem deixados de lado e perseguidos. Amigos caírem no ostracismo por postagens fora de contexto. Muitos suicídios. No seio da igreja, a divisão ganhou tal força que parece mesmo ser verdade que as guerras civis são sempre as mais cruéis.

Parece que a igreja segue na direção de abdicar de sua identidade de um grupo de pessoas que se conhece e guarda vínculos de afeto: um só corpo. No lugar do corpo surge um ajuntamento de indivíduos desconhecidos, aglomerados por uma ou mais opiniões em comum e movidos por ondas de indignação. Em vez de comunidade, estamos mais para um enxame, um aglomerado que se dispersa com a mesma rapidez com que se forma, sem vínculos e sem responsabilidade de cuidado mútuo. É o que o filósofo Byung-Chul Han chama de enxame digital, esse agrupamento de indivíduos singularizados, que não desenvolvem nenhum *nós*, que não apresentam um perfil próprio nem desenvolvem uma consciência compartilhada.[1]

Essa troca da ideia de comunidade pela de enxame parece já ter se tornado lugar comum. Entramos e saímos o tempo todo de grupos de *nós* diferentes: nossa opinião sobre o governo, a criação de filhos, como gastamos o dinheiro. É uma dinâmica que faz da opinião o fator determinante do grupo a que pertencemos, ao qual nos associamos provisoriamente a fim de dar força a ideias e evitar a solidão. Em nome da utilidade e da conveniência, aceitamos esse viver que flui e se altera de acordo unicamente com nossos interesses.

O problema desse *nós* efêmero do enxame digital é que ele está fundamentado em uma base instável: nosso próprio eu. Ou, mais especificamente, algo que Eugene Peterson chegou a chamar de uma Nova Trindade: no lugar de Pai, Filho e Espírito Santo, temos a trindade de "meus Santos Desejos, minhas Santas Necessidades e meus Santos Sentimentos".[2] Porque sou soberano, meu desejo se impõe para esse *eu*, que é a medida de todas as coisas. Minhas necessidades são inegociáveis, porque penso que autoafirmação e expressão são direitos inalienáveis. E, por fim, meus sentimentos são a única medida para saber o que é a verdade sobre quem sou.

Essa supremacia do eu é a expressão mais triste de como nos conformamos ao padrão deste mundo, a ponto de nem sequer parecer algo estranho a nossa fé. Assumimos que, se a

[1] Byung-Chul Han, *No enxame: Perspectivas do digital* (Petrópolis, RJ: Vozes, 2018).

[2] Eugene Peterson, *Coma este livro: As Sagradas Escrituras como referência para uma sociedade em crise* (Niterói, RJ: Textus, 2004), p. 33.

lógica de enxame das redes sociais é abraçada por uma multidão — seguidores, visualizações, curtidas —, então deve ser verdade. No entanto, há uma gigantesca diferença entre a lógica de enxame digital das redes sociais e a visão comunitária do reino de Deus.

Considere como o enxame — efêmero, impessoal e sem liderança — contrasta com a ideia de corpo — permanente, profundamente pessoal e cuja cabeça é Cristo. Ao ser remidos, somos transformados para fazer parte de um corpo, a saber, um *nós* que é muito mais que um bando de estranhos. Trata-se de uma comunidade improvável, diversa por natureza e que floresce justamente por refletir a multiforme graça de Deus. Enquanto no enxame há anonimato e solidão, na comunidade há cuidado, porque as pessoas se conhecem e têm vínculos de afeto. Inspiradas por Deus, são capazes de suportar o conflito e a discordância porque seu horizonte de tempo é a eternidade.

Aliás, a identidade cristã é tão comunitária que o próprio Deus é em si uma trindade de seres: o Pai, o Filho e o Espírito Santo. É um *nós* em movimento, um relacionamento, uma comunidade. Deus é tão comunitário que sua própria existência é uma conversa entre três. Ele nos promete: quando estiverem dois ou mais reunidos, ali estarei (Mt 18.20). Veja a força dessa promessa, a intenção de buscá-lo em comunidade o atrai, porque o *nós* é sua essência.

Nossa identidade pessoal: o *eu* construído

Um segundo ponto refere-se a uma promessa implícita das redes sociais: a de que posso construir meu *eu* e ser quem eu quiser ser.

Pensemos em como a primeira tarefa de quem decide fazer parte de uma rede social é a construção do perfil. Ali fazemos a projeção de quem somos com fotos, textos, dados pessoais e recortes de opinião. De forma intencional, projetamos não apenas quem somos, mas também como queremos ser vistos. Na construção de nosso eu virtual, tudo comunica: a escolha das pessoas e dos perfis que seguiremos e quais conteúdos merecem nossas "curtidas". O tipo de coisas que compartilhamos mostra o que é aceito, o que é louvável e o que é vergonhoso.

A partir dessa construção ativa, que dá trabalho e demanda tempo, interagimos e recebemos *feedback* imediato sobre o efeito que estamos causando. Todas as redes sociais seguem a lógica da popularidade mensurável, que gera um forte incentivo a partir da recompensa simbólica e, em muitos casos, também financeira. Curtidas e afins nutrem e concretizam nossa impressão de "sucesso", condicionando-nos a focar o que traz melhor retorno e mais se aproxima da imagem que queremos passar.

O efeito colateral mais insidioso desse processo é despertar uma preocupação permanente com "o que tenho a ganhar com isso?", com o "concordo ou discordo?", com o "parece comigo ou não?", em um rotineiro exercício de empilhar e rearranjar os tijolos de quem sou e avaliar a construção de outras pessoas para saber se estou indo bem ou não. A ilusão de poder controlar o efeito que causaremos nos outros e o impacto que a opinião alheia terá sobre nós torna-se uma fonte permanente de ansiedade, como bem sabem as pessoas famosas.

Nessa realidade das redes sociais, pessoas tornam-se personagens, relações são definidas por seu caráter mensurável e conversas se transformam em um misto de realidade e certa dose de ficção. E que recompensa há em todo esse trabalho? A promessa de que, quanto mais mergulharmos nessa dinâmica, mais capacidade teremos de ser aquilo que quisermos ser.

É também por isso que toda discordância de opiniões ou de

pontos de vista, devidamente direcionados por algoritmos, é percebida como agressão contra o "bem" e, sobretudo, contra a própria identidade. Sinalizar minha virtude ao tomar partido em alguma polêmica, das mais sérias às mais banais, é na verdade uma tentativa de afirmar quem sou, na esperança de receber a validação externa de alguém, validação essa que é parte de quem somos. Constraste isso com o fato de que, como seres criados à imagem e semelhança de Deus, deveríamos refletir sua glória. Não geramos luz própria, apenas a refletimos; por isso buscamos validação em algo fora de nós, já que não podemos validar a nós mesmos.

No entanto, quando escolhemos ceder ao hábito de depender das opiniões de conhecidos e de anônimos, pressionados pela própria ambição de definir quem somos, renunciamos à identidade que temos em Cristo Jesus. Em vez de uma identidade construída ativamente, de nossa autoria e instável como é a opinião pública, Deus nos concede uma identidade sólida e alicerçada em seu amor eterno. E, quando compartilhada no contexto de uma comunidade de fé, podemos experimentar da mesma amizade e reciprocidade da Trindade.

É do caráter de Deus dar existência às coisas e significado às relações. Ao dizer a Pedro que a partir de agora ele será pescador de homens, e aos discípulos que já não os chamará de servos, mas de amigos, Jesus lhes atribui identidade e propósito. É o que também faz conosco ao nos dizer que somos filhas e filhos amados em quem ele se alegra. Portanto, ao abdicarmos do papel ativo de construir a própria identidade, passamos a olhar para ele e para como ele nos molda segundo sua imagem e semelhança. Livres da ansiedade da autodefinição segundo um padrão vacilante, somos livres para nos tornar plenamente aquilo para o que Deus nos criou.

Resgatando nossa identidade em Cristo nas redes sociais

Por fim, fica a questão: O que devemos fazer? Abandonar as redes sociais?

Considerando que são parte inevitável do cotidiano, é improvável esperar que desapareçam ou que as possamos abandonar. Como, então, guardar nosso coração e identidade em Cristo nesse lugar tão hostil e desenhado para apelar à nossa pior natureza, à vaidade, ao orgulho e à ira? Haveria alguma possibilidade de redenção para as redes sociais?

É preciso lembrar que as redes não possuem vontade própria. Seus algoritmos reagem ao que nelas fazemos e escrevemos. É conveniente lançar sobre elas — e as empresas que as controlam — a culpa pelas mazelas do mundo. No entanto, é preciso assumir a responsabilidade pelos próprios pecados. Dado que elas exploram e amplificam brutalmente nossas emoções, cultivar um nível de atenção redobrado ao que fazemos e dizemos é essencial a fim de preservar nossa sanidade e encarnar o amor do Deus a quem servimos.

Dito isso, um primeiro caminho possível consiste em trocar a *reação* pela *reflexão*. Sabemos que as redes sociais são intencionalmente desenhadas para explorar nosso instinto de reagir a qualquer estímulo. Por isso é tentador engajar-se em qualquer conversa a fim de sinalizar a própria virtude ao menor sinal de polêmica, de um tema quente ou uma notícia absurda. No entanto, ao trocar a reação pela reflexão, ganhamos o tempo necessário para sondar o próprio coração e dar espaço para Deus nos conduzir. O conselho de Tiago, de sermos prontos a ouvir e tardios em falar e em nos irar, é um caminho sensato para exercer nossa vocação e identidade de pacificadores.

Um segundo caminho para cultivarmos uma identidade alinhada com o reino nas redes sociais é afrouxar os laços entre nossas ideias e nossa identidade. Discordâncias não devem ser consideradas ataques pessoais. Devemos lembrar que nossa identidade em Cristo independe até mesmo de nossos pensamentos. Essa identidade imutável nos dá a segurança necessária para saber quando falar com mansidão ou contundência, na medida do necessário, e nunca com base na ira.

Por fim, um terceiro caminho para cultivar uma identidade consistente com nossa fé é o de trocar o julgamento pela curiosidade. Além de prepotência, o ato de julgar mina o olhar de amor ao próximo e a habilidade para a empatia. E se for alguém com problemas? E se houver um ser humano do outro lado? Que pode haver por trás da explicação mais óbvia? Muitas vezes a agressividade pode ser um mal-entendido, ou uma manifestação de dor que precisa da presença encarnada do amor de Deus através de nossa vida.

Uma identidade que flui de Deus

Trocar a vivência do enxame digital pela vida comunitária em uma igreja. Abandonar a ilusão de criar-se como personagem para viver como filhas e filhos amados por Deus. Redescobrir as belezas antigas. Nada disso é tarefa fácil quando a cultura ao nosso redor abafa qualquer sinal contraditório. Somente quando descansamos, seguros de quem realmente somos em Cristo, é que podemos estar nas redes serenos e conscientes de nosso papel.

Mas é fora das redes sociais que podemos cultivar vínculos de afeto e de cuidado, verdadeiros e duradouros, na convivência com uma comunidade de pessoas comprometidas com a vontade de Deus. Ou, como descreve Tzvetan Todorov, cuidado é a relação entre pessoas que conhecem o nome uma da outra. Assim, deixamos o papel de juiz quando, pelo simples prazer de fazer parte e de agir de forma comunitária, submetemos nosso tempo e nossa história à de outras pessoas. Isso é essencial, pois, enquanto nas redes sociais amizades são números a serem contados, na vida real as amizades são narrativas.

Jesus disse que os cristãos seriam reconhecíveis por seu amor. O amor faria o mundo saber que Jesus vinha do Pai. Mais que isso, o amor aos inimigos e a oração por quem nos persegue — que revolucionaram a sociedade em tantos momentos — nunca fizeram tanta falta entre nós que professamos o nome de Jesus.

Terminamos com uma ilustração de uma das mais belas e surpreendentes experiências de participar do PGM, do que é vivenciar o resgate do silêncio, da reverência pelo outro e do valor da comunidade cristã. O relato a seguir é uma recordação de que no silêncio, na reverência e na comunidade está nosso caminho de volta para casa de nosso Pai.

> No amanhecer do segundo dia de PGM, fomos levados a uma capela. Era uma manhã muito fria. Tiramos os tênis e nos enfileiramos nas arquibancadas revestidas com um carpete antigo, em um misto de reverência e insegurança, que nos levaram ao silêncio antes mesmo de Osmar, nosso mentor, nos pedir. Ele se referia, na verdade, ao silêncio do coração, e não da boca. Levei mais tempo para entender essa modalidade de silêncio. Então um dos mestres leu calmamente uma passagem bíblica por três vezes, à qual deveríamos responder com uma oração escrita. Esse exercício se repetia todas as manhãs, em todos os encontros.
>
> Sempre senti que minhas palavras deveriam conter beleza, uma certa reverência, como se soubessem que obviamente não tinham roupa para aquilo e mesmo assim vestiam-se do melhor

que tinham: minha maneira de dizer que eu percebia a grandeza da lição mesmo sem a pretensão de me sair bem.

Depois de escrever as orações, nos dividíamos em pequenos grupos para compartilhá-las. Pessoas estranhas acolheriam meu coração, sem que eu tivesse tido a oportunidade de conhecê-las para saber se seriam dignas de minha confiança. E, naquela banca de ouvidos que receberiam minha oração, com meus companheiros orientados a não fazer comentários, aprendi algo sobre ser corpo de Cristo. Uma solene, forte e silenciosa sensação de acolhimento que se dava não pela afinidade ou concordância, mas pela intenção de sair do centro e ouvir o outro. Senti-me tão pequena, tão acolhida e tão permanente.

Quando voltava dos encontros, eu me transformava em outra pessoa. Como se estivesse coberta por um "manto *zen*", disposta e preparada para ouvir, sem julgamentos, qualquer confissão. Como se de meus ouvidos pudesse emanar o mais despretensioso e profundo acolhimento. Estranho. Eu chegava em casa pensando "Tomara que eu encontre alguém que precise de acolhimento hoje...", certa de que a aura do ouvir sem julgar estava tão densa em mim que seria capaz de vesti-lo.

20

A vocação como construtora da cidadania

Everton Kischlat e Ricardo Barbosa de Sousa

> O mais importante é que vocês vivam em sua comunidade de maneira digna das boas-novas de Cristo. Então, quando eu for vê-los novamente, ou mesmo quando ouvir a seu respeito, saberei que estão firmes e unidos em um só espírito e em um só propósito, lutando juntos pela fé que é proclamada nas boas-novas.
>
> Filipenses 1.27

"Vivam de maneira digna": essa expressão vem da palavra grega *politeuesthai*, que literalmente significa "vivam como cidadãos da *polis*". *Polis* significa cidade/estado. É a raiz de muitas palavras, como política, polícia, cosmopolita, metrópole etc. A *polis* expressa a vida organizada socialmente e oferece identidade e segurança ao cidadão.

Essa identidade consistia em uma série de elementos culturais, sociais e políticos: linguagem, filosofia, arte, educação, leis, costumes, instituições. A *polis* determinava como o cidadão agia e pensava, como usava o dinheiro, participava da vida social e política, se relacionava com as pessoas, organizava a família, educava os filhos. A *polis* a que um cidadão pertencia definia, enfim, seus valores e suas prioridades.

Otávio Augusto concedeu aos cidadãos de Filipos o direito de serem cidadãos romanos, o que significava muito na época.

Implicava direitos e deveres. Havia muito orgulho e vantagens em ser reconhecido como cidadão romano, por isso eles procuravam viver, pensar e agir como os romanos.

Paulo, no entanto, exorta os cristãos de Filipos a terem outra consciência de cidadania: embora sejam cidadãos de Roma, eles acima de tudo são cidadãos de outra *polis*, a *polis* do evangelho de Cristo. Eles vivem em outra cidade/estado, o reino de Cristo e de Deus. Por isso devem aprender a viver como cidadãos do céu — "nossa cidadania [...] vem do céu" (Fp 3.20). Essa é a nova realidade que Paulo deseja que os discípulos de Jesus em Roma e Filipos compreendam.

Nessa mesma direção do texto de Filipenses, o apóstolo João registra em seu Evangelho uma oração de nosso Senhor em que ele afirma não sermos deste mundo (Jo 17.16). Os dois textos se complementam. Não somos daqui, por consequência nossa cidadania é de outro lugar. Pertencemos à *polis* do evangelho, à Pátria celestial!

Conhecemos, a partir do estudo das Escrituras, as transformações operadas pelo Espírito Santo quando nos entregamos ao amor de Deus, demonstrado em Jesus Cristo na cruz do Calvário. Somos feitos filhos de Deus, saímos das trevas para a luz, temos os pecados perdoados e nos é mostrado um caminho a seguir, o próprio Cristo. A morte não é mais o fim. As Escrituras afirmam que os acontecimentos doloridos da vida, as provações pelas quais passamos, devem ser enfrentados não com sentimento de autocomiseração, com a perda de esperança, mas com bom ânimo. Eles nos são dados para confirmar o valor de nossa fé, nos fazer maduros, à semelhança da estatura de Cristo.

Mas seguimos vivendo em nossas *polis*, e à medida que os dias passam parece que o amor de Deus revelado em Cristo e a missão que nos é apresentada pelo nosso Senhor adormecem na mente e no coração. Somos povo de Deus, seus filhos amados. Sabemos disso. Como, porém, essa verdade afeta nossa agenda, nossas escolhas, relações familiares, profissionais e sociais? Como tal realidade nos afeta quando nos vemos diante de tanto sofrimento, mentira e injustiça? Frente às obras das trevas que nos circundam e que desejam nos conformar a elas? A sensação, muitas vezes, é de que a realidade da salvação deixa de impactar nosso coração e definir nossas prioridades, agenda e amores.

Mas como viver enquanto peregrinamos pelas *polis* deste mundo? Viveremos alienados do que ocorre no país, dedicando-nos somente às "coisas espirituais"? O que acontece nas cidades, no país e no mundo tem alguma conexão com nossa Pátria celestial? Temos outras responsabilidades aqui além de buscar viver bem ou o que nos resta é esperar a hora da morte para pegarmos o "expresso" que nos levará a nossa casa?

Quando nos detemos na história dos que nos antecederam, percebemos que aqueles que tinham maior clareza de sua cidadania celestial, que se viam como cidadãos de outra *polis*, a *polis* do evangelho, foram os que mais serviram a Deus no serviço ao próximo. Ousadamente, proclamavam a Palavra, agiam com misericórdia e disposição ao sacrifício, com um claro senso de que deviam dispor de tudo o que tinham para o serviço do reino de Deus. Serviram às pessoas, à sociedade, participaram ativamente na construção de estruturas sociais que promovessem a justiça, defendessem a dignidade humana e desenvolvessem seu potencial. O resultado foram milhões de pessoas convertidas, construção de milhares de escolas, hospitais, orfanatos, reforma do sistema prisional, fim do tráfico de escravos e da segregação racial, mudanças culturais e estruturais.

Com palavras e ações, esses homens e mulheres com vida digna do evangelho utilizaram todos os meios disponíveis para proclamar a todos as boas-novas de salvação. A trajetória desses cidadãos de outra *polis* abençoou e continuou a abençoar cidades, nações e etnias por toda parte. São fonte de inspiração para nós. Responderam, com sinceridade e com o verdadeiro jejum, a Isaías 58.6-7:

> Este é o tipo de jejum que desejo:
> Soltem os que foram presos injustamente,
> aliviem as cargas de seus empregados.
> Libertem os oprimidos,
> removam as correntes que prendem as pessoas.
> Repartam seu alimento com os famintos,
> ofereçam abrigo aos que não têm casa.
> Deem roupas aos que precisam,
> não se escondam dos que carecem de ajuda.

E responderam às palavras de Jesus em Mateus 25.35-36:

> Pois tive fome e vocês me deram de comer. Tive sede e me deram de beber. Era estrangeiro e me convidaram para a sua casa. Estava nu e me vestiram. Estava doente e cuidaram de mim. Estava na prisão e me visitaram.

Viver a vida de modo digno do evangelho de Cristo, esse é o imperativo de Paulo!

Antes de prosseguir, destaquemos aqui cinco pontos que Paulo apresenta em sua carta aos Filipenses e que nos devem acompanhar na cidadania do reino:

1. *É o amor que nos habilita a discernir o que é excelente.* "Esta é a minha oração: que o amor de vocês aumente cada

vez mais em conhecimento e em toda a percepção, para discernirem o que é melhor, a fim de serem puros e irrepreensíveis até o dia de Cristo, cheios do fruto da justiça, fruto que vem por meio de Jesus Cristo, para glória e louvor de Deus" (Fp 1.10-11, NVI). Precisamos do Senhor para amar mais e melhor.

2. *Precisamos nos esvaziar para servir.* "Tenham a mesma atitude demonstrada por Cristo Jesus" (Fp 2.5). Precisamos nos esvaziar do orgulho, do senso de independência, da aparência de superioridade, de tudo o que nos desconecta de Deus e do próximo.
3. *Nossa vida deve ser vivida de maneira integrada.* "Vivam a salvação, mantendo a reverência e a sensibilidade para com Deus. Essa força vem de Deus, um poder interior, um trabalho do próprio Deus em vocês, que resultará no prazer dele. Façam tudo pronta e alegremente, nada de brigas e apelações! Apresentem-se imaculados para o mundo, como um sopro de ar fresco nesta sociedade poluída. Deem às pessoas um vislumbre de uma vida boa e do Deus vivo" (Fp 2.12b-15, *A Mensagem*). A salvação restaura nossa relação com Deus, com nós mesmos, com as pessoas e com o mundo que nos cerca.
4. *Somos chamados a trazer diante do Senhor tudo o que tem força para nos paralisar no dia a dia.* "Não se aflijam nem se preocupem. Em vez de se preocupar, orem. Permitam que as súplicas e os louvores transformem seus receios em orações, permitindo que Deus os conheça. Antes que vocês percebam, a compreensão da integridade de Deus, que só contribui para o bem, virá e os acalmará" (Fp 4.4-6, *A Mensagem*).

5. *Devemos alimentar bem os pensamentos e o coração.* "O melhor que vocês têm a fazer é encher a mente e o pensamento de vocês com coisas verdadeiras, nobres, respeitáveis, autênticas, úteis, graciosas — o melhor, não o pior; o belo, não o feio. Coisas para elogiar, não para amaldiçoar. Façam assim e Deus, que é soberano, irá tornar real em vocês a mais excelente harmonia" (Fp 4.8-9, *A Mensagem*). São dos pensamentos que nascem as palavras e atitudes!

Tendo esses cinco pontos como base, reflitamos sobre a resposta que temos dado às situações que afrontam os valores do reino.

Há algum tempo o tema cidadania está presente na minha vida (Everton), quer pelo meu trabalho, quer por inciativas como sociedade civil. E o desafio sempre é como despertar nas pessoas não só o entendimento do que é ser cidadão, mas também a disposição de viver de modo integrado e comprometido com a sociedade. Observando o comportamento usual do cidadão brasileiro, cheguei a algumas conclusões: ele reclama de tudo; a responsabilidade dos problemas nunca é dele; não está disposto a se comprometer com a mudança que diz ser necessária.

Nas palestras que dou sobre o tema, concluo dizendo que esse tipo de cidadão não constrói um país justo e próspero. Para falar a verdade, um cidadão desse tipo não contribui com nada, só atrapalha. É preciso virar a chave e fazê-lo entender que ele deve ser parte da solução dos problemas, e para isso precisa incorporar novos valores, que, embora nasçam no reino, constituem a base de todos os direitos, de toda a transformação que desejamos. É preciso que ele compreenda que são esses valores que definem suas escolhas e atitudes e, por consequência, sua disposição em servir.

Quando olho para a realidade da igreja, também encontro esse mesmo perfil. Irmãos com grande habilidade de identificar problemas, mas com grande dificuldade de ouvir a voz do Senhor, que os chama para servir e participar ativamente da solução deles. E não me refiro apenas aos problemas e às necessidades encontradas dentro da igreja. A Palavra nos pôs no coração os padrões elevados do reino, que nos fazem perceber, sem muito esforço, quão distantes deles estamos como sociedade. Com isso emitimos boas análises sobre os problemas que nos cercam. A questão é que agimos como quaisquer outros, ou melhor, não agimos. Ficamos inertes, determinados a não avançar para o passo seguinte.

Muitas vezes nos sentimos pequenos diante dos grandes problemas. São tantos os necessitados, tantas as injustiças, é tanta a violência, tanta a mentira... A grandeza dos problemas de fato assusta e não raro nos paralisa. Como defesa, nos restringimos a identificar os problemas, a buscar os culpados e até a orar a respeito, mas não a fazer a oração de Isaías: "Aqui estou, envia-me" (Is 6.8). Não nos dispomos a ser agentes de uma possível solução, agentes de reconciliação.

O que se espera dos cidadãos da *polis* do reino de Deus, de acordo com Paulo, é que estejam "firmes e unidos em um só espírito e em um só propósito, lutando juntos pela fé que é proclamada nas boas-novas", e que "não se deixem intimidar por aqueles que se opõem" a eles (Fp 1.27-28). Em outras palavras, Paulo requer que nós, o povo de Deus, permaneçamos unidos, vivendo uma vida que revele o amor de Deus ousadamente, sem medo da oposição, para que o mundo creia na Palavra. Para isso precisamos nos encorajar mutuamente a fim de manifestar o amor fraternal e as boas obras (Hb 10.24)

Com isso em mente, queremos sugerir algumas orientações para aplicação no dia a dia:

- Ao identificar um problema, busque compreendê-lo melhor e disponha-se, na presença de Deus, a fazer parte da solução. Não se deixe impressionar por sua dimensão. Disponha de seus cinco pães e dois peixes, entregue ao Senhor o que você tem, e ele multiplicará. Reclame menos e faça mais.
- Deus tem concedido dons, talentos e recursos a seus filhos e filhas com o objetivo de edificar sua igreja. Não os enterre! Ouse aplicá-los para multiplicar vida, para ser bênção na vida de outros.
- Caso Deus tenha colocado você em uma posição decisória dentro do governo ou em uma empresa, seja fiel aos valores do reino do qual é cidadão. Trabalhe ousadamente a fim de ser bênção para o maior número de pessoas possível, transformando o que precisa ser transformado. Lembre-se: "A quem muito foi dado, muito será pedido" (Lc 12.48).
- Cultive uma visão que vai além do visível, exercitando os olhos da fé. Seja aquele que tem uma palavra de esperança e encorajamento, que acredita, de fato, que o Senhor ama as pessoas e quer abençoá-las, e que pode querer usar sua vida.

Importa refletir sobre alguns temas atuais que precisam de uma resposta dos que possuem cidadania do reino: famílias desestruturadas, mães solteiras / filhos sem pai, educação cujos valores contrariam o reino, solidão, suicídio, pessoas em situação de rua, refugiados, sistema carcerário, fome, desemprego, vícios e dependência química, pornografia, meio ambiente, corrupção, aborto, liberdade religiosa, liberdade de expressão, violência contra a mulher, o idoso, a criança, LGBT etc. Com certeza outros temas importantes e que requerem atenção lhe vieram também à mente. De fato, os temas são muitos, e todos são sintomas de uma sociedade desconectada de Deus.

Lembre-se de que Deus concedeu a todos nós o ministério da reconciliação, e não exclusivamente a pastores, psicólogos, profissionais especializados. Deu a cada um de seus filhos, em todos os lugares, em todas as situações. Somos chamados a nos reconectar por meio da reconciliação, como nos lembra o apóstolo Paulo:

> E tudo isso vem de Deus, aquele que nos trouxe de volta para si por meio de Cristo e nos encarregou de reconciliar outros com ele. Pois, em Cristo, Deus estava reconciliando consigo o mundo, não levando mais em conta os pecados das pessoas. E ele nos deu esta mensagem maravilhosa de reconciliação.
>
> 2Coríntios 5.18-19

Que Deus, em sua infinita graça e misericórdia, nos mova como seu povo para vivermos aqui e agora, a partir da segurança que nossa cidadania celestial nos dá, motivados por seu amor, alicerçados em seus valores, como embaixadores de seu reino, trazendo de sua vida a todo aquele que precisa.

CIDADANIA

21
A sociedade do cansaço e o emergente mercado de trabalho

Fabio Tadashi Suzaki com mentoria de Valdir Steuernagel

Querida Ester,

Obrigado pela conversa e pelo café ontem. Espero que esteja mais animada.

Lembro que, da última vez que nos falamos, você já andava esgotada e se perguntando quanto tempo mais aguentaria naquele ritmo. Não imaginava que fosse continuar por tanto tempo, a ponto de parar apenas quando a exaustão a levou para o hospital e a forçou a lidar com sua depressão.

Agora que mudou para um emprego com uma rotina menos exaustiva, a situação parece ter melhorado, ainda que, como você sabe, seu trabalho sempre será estressante. E, como você também sabe, além da exaustão do corpo há o risco de um cansaço da alma. Sempre acaba se cobrando muito, cobrança essa que só tende a crescer, tendo em vista o cuidado com seus pais e o voluntariado no qual gosta de se engajar.

Em nosso café achei mais importante ouvir com atenção e acolher suas angústias do que falar. Mas, agora que tive tempo para refletir, quero compartilhar algumas coisas que pensei depois de nossa conversa.

Quero que saiba que não está sozinha nessa sensação de estar sempre devendo, de não dar conta de tudo e dessa cobrança de si mesma.

Nem de longe.

Alguns de meus amigos também têm expressado a sensação de não estar dando conta. Mães e pais exaustos. Profissionais extremamente bem-sucedidos como você, mas ansiosos com crises de carreira. Gente muito piedosa e comprometida com o reino de Deus, mas que parece estar sendo consumida por dentro.

Isso parte meu coração.

Outro dia, li um estudo da Organização Mundial da Saúde segundo o qual mais de 750.000 pessoas morrem por ano devido a isquemias cardíacas causadas por excesso de trabalho, definido como mais de 55 horas por semana. Ou seja, mais pessoas morrem por trabalhar demais do que de malária.[1] Outro estudo mostra que trabalhadores ao redor do mundo têm trabalhado, em média, 9,2 horas não remuneradas por semana.[2]

Eu já passei por isso, e ainda hoje pensamentos de estar continuamente aquém de expectativas que nem sei quais são me tomam de assalto. Pela graça de Deus, tive o privilégio de aprender a lidar com essa angústia antes que fosse um problema maior.

De todo modo, acho útil começar com uma reflexão sobre nosso contexto atual. Ele explica muita coisa sobre como todos nós parecemos estar sob essa opressão.

[1] Christine Ro, "How overwork is literally killing us", BBC Worklife. 19 de maio de 2021, <https://www.bbc.com/worklife/article/20210518-how-overwork-is-literally-killing-us>.

[2] ADP Research Institute, *People at Work 2021: A Global Workforce View*, 28 de abril de 2021, <https://www.adpri.org/wp-content/uploads/2021/04/17124050/Updated_WFV-Global_2021_US_Screen_697691_162389_FV.pdf>.

Se prestarmos atenção à cultura do trabalho de hoje, faremos uma primeira constatação: o trabalho invadiu todas as esferas da vida.

Todas.

O filósofo Byung-Chul Han fala de como já houve um tempo em que havia o ócio, ou seja, a cessação verdadeira do trabalho.[3] Nele, o cair da noite marcava o fim do trabalho para gente como meu avô agricultor. A sirene e o relógio de ponto marcavam um ponto final no meu tempo de trabalho na fábrica. E a própria existência de um lugar de trabalho — a fábrica, a plantação, o escritório — mantinha o trabalho separado do local de não trabalho. Essa provavelmente foi a experiência de nossos pais e avós.

Hoje, o descanso já não é um tempo separado. Tornou-se, em vez disso, uma fase do tempo do trabalho. Em nosso mundo com banda larga e *smartphones*, o trabalho invadiu as férias, as telas invadiram o sono.

Sabe aquela inquietação que você descreveu, de sair de férias e não conseguir desligar? É um bom exemplo do ócio deixando de ser um tempo de descanso, para converter-se em tempo para "recarregar as baterias", só para poder produzir mais ao voltar.

Reparou também como o trabalho invadiu o espaço da casa? Antes, o caminho de ida e de volta do trabalho funcionava como uma transição entre espaços e papéis. Lembra-se das conversas que tínhamos enquanto você estava a caminho de casa? Nelas, conseguíamos processar o que ia acontecer, podíamos ao menos pensar juntos. Várias vezes nossos papos me acalmaram o bastante para chegar em casa menos irritado.

[3] Byung-Chul Han, *No enxame: Perspectivas do digital* (Petrópolis, RJ: Vozes, 2018).

Agora, porém, não existem mais essas transições. Para alguns, o *home office* tornou-se obrigatório, e agora a mesa em que se janta com a família é, também, a mesa em que se toma bronca do chefe. Para outros, a rotina de morar muito longe do trabalho, ter contratos de trabalho precários ou nem ter trabalho formal fazem a vida ser como um elástico permanentemente esticado e prestes a se romper.

A ausência de pausas fez com a vida o que a ausência de silêncios faz com a música: sem espaços entre as notas, uma melodia torna-se um barulho desagradável e sem sentido. Acho que a falta de limites entre ócio e trabalho tem muito a ver com o seu sentimento de exaustão.

A segunda constatação vem de dentro para fora. É perceber como é comum essa crença de que tudo é possível e só depende de nós, de que nada é impossível.

Já parou para pensar que a sua geração foi a primeira a dar a empreendedores o *status* de fonte de inspiração? Antes as pessoas tinham artistas e até líderes políticos como referências. Hoje, talvez pelo endeusamento do trabalho e da riqueza, são executivos, fundadores de *startups* e empresários que passaram a capturar a imaginação das pessoas e representar o ideal ao qual todos aspiram.

A narrativa por trás das histórias de sucesso dessas pessoas sempre é a de que basta correr atrás, que tudo é possível. Que fama e fortuna estão ao alcance de qualquer um que se esforçar. Mas nós sabemos que isso não é sempre verdade. Sobretudo para quem nasce em um contexto de exclusão. Apesar disso, todos nós parecemos ter normalizado a ideia de que estamos sempre aquém das expectativas, por mais irreais que sejam.

Eu vejo semelhanças entre a culpa que você sente por não

estar fazendo o suficiente e essa ideia popular hoje de que tudo é uma questão de iniciativa própria.

Lembrei-me da Anne Helen Peterson, jornalista que ficou famosa por escrever um artigo (e depois vários livros) sobre como sua geração se tornou a geração do *burnout*. Ela escreveu algo que se parece muito com o que você me contou:

> Por que estou esgotada? Porque internalizei a ideia de que deveria estar trabalhando o tempo todo. E por que fiz isso? Porque tudo e todos na minha vida reforçaram isso – explicitamente e implicitamente desde que era jovem. E agora? Será que eu deveria meditar mais, negociar mais tempo de descanso, delegar tarefas no meu relacionamento, cuidar de mim mesma e colocar limites no tempo de redes sociais?[4]

Parece bem familiar, não é?

Quando levamos essa narrativa para o nosso mundo tão desigual, dá para ver por que tanta gente se acostumou a chamar trabalhadores de *empreendedores* e desempregados de *freelancers*. Muita gente que, em outros tempos se mobilizaria por melhores condições de trabalho, hoje parece se resignar com a ideia de estar exausta o tempo todo e simplesmente morrer de tanto trabalhar.

Essa é uma forma mais eficiente de exploração que tem se disseminado em nossa sociedade. Porque traz uma euforia que vem da (impressão de) liberdade. Afinal, eu penso que são infinitas as minhas opções. O êxito só depende de mim.

Hoje, muitos adoecem por uma combinação de pressões financeiras externas, cobranças internas por "encontrar sua

[4]Anne Helen Petersen, *Como os millennials se tornaram a geração do burnout*, Buzz Feed News, 11 de janeiro de 2019, <https://www.buzzfeed.com/br/annehelenpetersen/millennials-burnout-geracao-esgotamento>.

paixão" e uma oferta de empregos incerta e marcada pela perda de direitos. Estamos trabalhando mais do que nunca, mas a angústia e a ansiedade não vão embora.

Tenho refletido a respeito disso, porque tem sido doloroso ouvir as confissões, os desabafos e os pedidos de oração sobre o trabalho, de amigos e amigas como você, que amo e quero bem.

Na busca por respostas, descobri algumas coisas que mudaram as escolhas que fiz. Considere isso apenas um testemunho de um velho cheio de cicatrizes de batalha, mas que encontrou paz.

Eu era bem jovem quando fui acidentalmente parar em um projeto de mentoria, o Projeto Grão de Mostarda (PGM), e tive a chance de conhecer e conviver com gente muito mais sábia do que eu. Foi na convivência com essas pessoas, de várias idades, que fui muito abençoado. Aprendi com as cicatrizes dessas pessoas. Na mutualidade dessas amizades espirituais achei — e continuo achando — consolo. Parafraseando Dostoiévski, concluí que a comunidade salvará o mundo.

Esse é, talvez, o único conselho que tenho coragem de lhe dar: que não abandone a dimensão comunitária de nossa fé. Seja parte de uma igreja. Lembre-se de que nosso Deus existe como Trindade também para nos lembrar de que mesmo Deus se revela a nós em uma amizade eterna entre iguais.

Essa comunidade em Cristo me revelou a beleza do testemunho de quem sofreu ao tentar fazer a coisa certa. Nessa peregrinação comunitária aprendi três coisas que têm me ajudado a lidar melhor com o trabalho sob uma perspectiva saudável: a dignidade, o contentamento e o descanso.

Meu primeiro aprendizado vem de resgatar a dignidade intrínseca do trabalho.

Uma das fontes dessa cobrança interior ou exterior é a crença de que nosso valor para a sociedade é medido pelo dinheiro que ganhamos. Lembro-me da história do psicólogo social que trabalhou como faxineiro da própria universidade, como pesquisa para escrever sua tese de mestrado. Ele constatou que se tornava invisível para alunos e colegas que via todos os dias no *campus*, simplesmente por vestir um uniforme de faxineiro.[5]

Já nos acostumamos a viver em um mundo que usa o dinheiro e a aparência como medida do valor de alguém, em que a norma é ignorar e desprezar pessoas com base no que elas fazem, aquilo que esse psicólogo batizou de "invisibilidade pública". Já ouvi gente dizer aos filhos que estudassem mais ou "acabariam como garis", como se esse trabalho fosse de menor importância. Não é.

Deus, em sua sabedoria, espalhou por sua Palavra exemplos que faríamos bem em resgatar. Nela, o maior é o que serve. No reino de Deus, servos e senhores são igualmente valiosos. Cobradores de impostos como Zaqueu, comerciantes como Lídia, pescadores como alguns dos discípulos e muitos outros foram importantes não por ganharem muito dinheiro, mas por serem fiéis naquilo para o que foram chamados por Deus a fazer.

Ao lembrar que há dignidade intrínseca em nosso trabalho, qualquer que seja ele, podemos ser livres para lidar melhor com a pressão de não nos sentirmos adequados ou de não sermos o que outros acham que deveríamos ser. Deus faz com que

[5] Plínio Delphino, "Fingi ser gari e vivi como um ser invisível", *Diário de São Paulo*, 7 de dezembro de 2008, <https://www.ip.usp.br/site/noticia/o-homem-torna-se-tudo-ou-nada-conforme-a-educacao-que-recebe-orquidario-cuiaba/>.

todos possamos ser úteis em seu reino. Seu valor não vem de seus títulos ou de sua riqueza, mas de sua condição de filha amada.

Nunca vou me esquecer do dia em que participei da liturgia do lava-pés naquela mentoria, o PGM, sobre a qual comentei. Ver nossos mentores ajoelhados, lavando nossos pés sujos, para sempre me marcou como um lembrete de que até mesmo o trabalho mais simples feito de coração é precioso para Deus.

O segundo aprendizado que me ajudou a ter paz é o contentamento.

À medida que adquirimos experiência e fazemos um bom trabalho, começamos a ganhar mais dinheiro. Mas, conforme nos tornamos mais prósperos, surge o perigo de sucumbir à ganância: esse anseio de ter mais e mais apenas para si. Afinal, sabemos como é fácil racionalizar boas justificativas para trabalhar mais.

Um amigo me contou outro dia que não se lembra de quase nada da infância de seus filhos agora adolescentes. Outra amiga lamentava não ter convivido com os pais em sua velhice por estar trabalhando o tempo todo. Em ambos os casos, vi um arrependimento profundo pela impossibilidade de recuperar esse tempo. Espero que você não cometa esse erro.

De amigos mais sábios aprendi que o antídoto para a ganância e a ambição má é o contentamento. Lembrei-me de Paulo escrevendo a Timóteo, dizendo que "se temos alimento e roupa, estejamos contentes" (1Tm 6.8). Penso que a ambição pode ser boa: buscar a excelência e desenvolver ao máximo nossos talentos é algo desejável. Mas cultivar o contentamento é uma disciplina espiritual que nos ajuda a não cair no erro de viver eternamente em busca de mais e de alcançar algum padrão de comparação, que nunca chega porque sempre haverá algo a mais e alguém mais acima com quem se comparar.

Por fim, meu terceiro aprendizado teve a ver com a descoberta da importância do descanso. Nesse contexto em que o trabalho invadiu a vida toda, é preciso resgatar uma prática de tempos antigos, criada por Deus antes até mesmo da Queda humana: o Shabbat, ou seja, guardar o sábado para o descanso.[6]

Nessa época em que trabalhar de segunda a segunda virou sinal de *status*, resgatar o simbolismo e a origem da ideia do Shabbat é essencial. Não é questão apenas de guardar o sábado, mas sobretudo de entender o papel que o dia de descanso tem para nossa vida pessoal e comunitária. O Shabbat nos traz a ideia de limites. Uma das ideias mais populares da sociedade do cansaço é a de que se tem tempo para tudo, basta aplicar a técnica certa. Mas até mesmo a melhor otimização de agenda tem um limite. E detrás dessa esperança reside a angústia de recusar-se a reconhecer que somos finitos e mortais.

Quando descansamos por um dia em sete, criamos o espaço necessário para sermos verdadeiramente livres. Livres das pressões do trabalho e das expectativas infladas para relembrar quem é Deus e quais são as coisas que importam e celebrar nosso papel no mundo. Na época de Moisés, o Shabbat representava a liberdade da servidão no Egito. Em nossa época, o Shabbat pode ser a pausa necessária de uma vida permanentemente conectada a telas, mensagens e redes sociais.

O trabalho sempre será parte importante da vida. Por meio dele nos tornamos parceiros de Deus em recriar e melhorar o

[6] Conforme Gênesis 2.2-3, guardar o sábado é uma das regras que Deus fez para seus filhos recém-criados para que pudessem prosperar, além de ser um dos Dez Mandamentos.

universo. Deus, na sabedoria de quem nos fez, nos dá o Shabbat como provisão para nos resguardar de nós mesmos. Por seis dias o fazemos, lado a lado, mas no sétimo dia descansamos. Ao guardar o espaço necessário em nossa vida para que possamos ser livres das pressões do trabalho e do cativeiro de nossas próprias ambições, podemos desfrutar da criação como Deus o fez.

Lembro que o pastor Tim Keller disse o seguinte:

> O propósito do Shabbath não é apenas o de nos rejuvenescer para produzir mais, ou de buscar o prazer. O propósito do Shabbat é que desfrutemos de Deus, da vida como um todo, do que realizamos no mundo com a ajuda divina e a liberdade que temos no evangelho — a liberdade da escravidão em relação a qualquer objeto material ou expectativa humana.[7]

Certa vez, a Claudia, minha então noiva, me comunicou de uma decisão: do dia do casamento em diante, ela, como médica, não trabalharia mais aos domingos. Eu quis saber a razão, já que a maioria dos colegas dela vivia dando plantões sem descansar. Ela, sempre sábia, disse que poder frequentar uma igreja, servir como voluntária e cultivar amizades eram coisas muito importantes para ela. Mesmo que significasse ter um padrão de renda menor que o de seus pares. Essa escolha nos proporcionou paz, vínculos significativos com amigos, família e comunidade local, e até hoje ajuda a manter nossa vida com uma perspectiva saudável. Foi assim que, sem querer, o Shabbat se incorporou à minha vida de formas que até hoje se multiplicam.

É isso.

[7] Timothy Keller, *Gospel in Life: Grace Changes Everything*, Study Guide (Grand Rapids: Zondervan, 2010), p. 211.

Dignidade. Contentamento. Descanso.

Essas são as três lições que aprendi ao longo desses anos todos e que têm me ajudado a lidar melhor com minha natureza inquieta. Como eu já lhe disse, longe de mim ter a ambição de lhe dar conselhos. Mas espero que aquilo que aprendi possa iluminar seu coração e abrir novos caminhos em sua jornada.

E, como sempre, estaremos com a casa aberta e com café fresco para recebê-la com todo carinho. Agora que está morando mais perto de nós, espero que possamos nos ver com mais frequência!

Eu me despeço desejando a você paz e bem.

Em Cristo e até Cristo.

Tadashi

22

A espiritualidade e a busca de uma sociedade mais solidária e sustentável

Paula dos Reis Oliveira e João P. B. Lotufo Jr.

[Sábado à tarde. Iberezinho tirando sua soneca vespertina. Bachianinha nº 1 tocando ao fundo, bem baixinho, e nós na mesa da cozinha, conversando sobre a incumbência de escrever sobre espiritualidade e a "construção de uma sociedade mais solidária e sustentável". A seguir, fragmentos desse diálogo em quatro partes:

A construção da realidade
A construção de um mundo mais solidário por meio da defesa dos direitos básicos
A realidade sagrada da criação, que leva à construção de um mundo mais sustentável
Espiritualidade encarnada.]

[A construção da realidade]
— A ideia é dar umas pinceladas em como nossa espiritualidade encarnada tem nos soprado na construção de uma realidade que aspire à solidariedade e sustentabilidade.

— Mas aí já começamos complicados, não é? Como se fosse possível ser solidário sem um olhar crítico sobre a questão ecológica, e vice-versa.

— Concordo, mas esse é o tema solicitado e, se não partirmos dele (mesmo entendendo que essa dicotomia entre cultura e natureza já é parte do problema), não conseguiremos resolver o argumento dentro do limite de palavras para compor o texto.

— Combinado. E sejamos simples! Proponho focar a conversa em dois pontos centrais: a defesa dos direitos básicos necessários para garantir um mundo mais solidário, e o resgate da realidade sagrada da criação como obra de Deus para um caminho mais sustentável.

— De acordo! E não devemos esquecer que precisamos ressaltar esses pontos nas ações cotidianas.

— Acho que antes de qualquer coisa seria bom reforçar a ideia de que as realidades estão sendo construídas e que isso é central quando pensamos na expansão do reino aqui e agora.

— Aliás, é por isso que, neste momento, estamos envolvidos no Projeto SEMEAR: *Agroecologia e geração de renda como parte do reino.*[1] Como as teologias da libertação e da missão integral vêm anunciando há muito, é fundamental ter uma experiência de fé nos mais diversos aspectos da vida, ou seja, viver uma espiritualidade encarnada.

— Sim. Como nos ensinou o Deus-menino!

— E, para iniciar de fato esta prosa, talvez seja interessante resgatar o início de nossa caminhada de encarnação da espiritualidade. Você ainda lembra?

— Se é preciso colocar um ponto de partida, minha escolha seria aquele desafio na célula de oração que frequentávamos anos atrás. Quando resolvemos, como grupo, orar, jejuar e nos

[1] Projeto que busca favorecer a troca de conhecimento agroecológico para melhoria da qualidade de vida, em especial nas regiões brasileiras de baixo IDH. Ver <https://borapermaculturar.wordpress.com/2022/02/24/projeto-semear-uma-rede-nacional-de-troca-de-saberes-agroecologicos-durante-a-pandemia/>.

envolver com alguma iniciativa social, como parte integral da experiência espiritual.

— Pensei nesse marco também. Quando nos demos conta, o Espírito nos havia soprado para a cracolândia de Sampa. Enquanto pensávamos em como biólogos jardineiros poderiam colaborar com seu talento no centrão da cidade, descobrimos que a área menos assistida daquele projeto era uma fazenda social numa cidade próxima da capital. Um local que recebia voluntariamente pessoas para se desintoxicar, recuperar a saúde, receber amor e experimentar um pouco de comunhão.

— E lá fomos nós, os "especialistas", junto com uma comitiva de companheiros e companheiras da célula para desenrolar uma proposta de cuidado com as pessoas e com a terra. E hoje percebo que essa experiência "prática" foi também pura espiritualidade. Espiritualidade encarnada.

— E pensar que hoje já são mais de quinze anos que nos sentamos à mesa e cultivamos amizades e agroflorestas junto com esse pessoal!

— À medida que trabalhávamos juntos, naturalmente contribuíamos para a construção desse tão sonhado mundo mais solidário e sustentável. Por meio das ações coletivas na fazenda, essas questões socioambientais começaram a fluir e irrigar muitos outros projetos e experiências...

— Desde levar um monte de gente das igrejas para festivais de plantio e convívio, abrindo a oportunidade para uma espiritualidade mais terrena e compartilhada em que o orar e agir, o plantar e louvar inteiravam a prática de ser igreja, até uma proposta de ceia agroecológica na igreja urbana, em que utilizamos apenas produtos oriundos da agricultura familiar. Lembro que foi um momento que nos sensibilizou para diversas questões ligadas a nosso consumo e sua relação com o que buscamos como cristãos. Colhemos profundas reflexões, desafios e orações naquele dia.

— Verdade. Lembranças boas! E, de fato, não fazíamos a menor ideia do que estávamos começando com aquele grupinho da célula de oração. Foram diversas ações fomentadoras de solidariedade e regeneração ecológica que fizeram parte de nossa caminhada espiritual, comprometida com a expansão do reino de Deus.

— É muito bacana olhar para trás e perceber como pequenos atos e escolhas feitas de coração aberto podem nos levar a novas realidades. Ações mínimas, mas que abrem possibilidades inimagináveis, que sempre afetam o futuro, a realidade a ser construída.

— É bom saber que nossa prática espiritual faz parte desse movimento, que somos direcionados a seguir (ainda que bem de longe) as pegadas de Cristo.

[A construção de um mundo mais solidário através da defesa dos direitos básicos]

— Nesse quesito, Cristo nos faz convites bem diretos. Seu sacrifício nos oferece a redenção. A todos e todas, pois "não há um justo sequer".

— Exatamente! E a tradução que faço desse ato de amor numa perspectiva ativa de promoção de solidariedade é a de um convite para que escolhamos o caminho da inclusão, e não do privilégio. Como o Mestre nos ensinou: não é por mérito, é doação por amor.

— Talvez seja importante deixar claro que estamos nos referindo a como o sacrifício do Rei-servo foi feito sem contrapartida. E, ao pautar nossas ações diárias sob essa perspectiva, precisamos abandonar a centralidade individual e buscar um bem-viver em comum. Ou seja, como você frisou, devemos buscar acordos sociais que defendam direitos básicos ao invés de privilégios.

— Penso que o evangelho nos faz esse convite pela graça. Cristo optou pelo "sacrifício individual" para o bem coletivo.

— A graça nos ensina que o meu bem-viver não deve ser maior que o do outro (privilégio). Mas, em vez disso, devo querer para o outro o mesmo que desejo para mim (direitos), ou seja, saúde, moradia, alimento de qualidade, felicidade etc.

— Isso mesmo. O privilégio a que estou me referindo remete a conquistas e benefícios oriundos de uma história passada, que é profundamente vil, imersa no pecado, ou seja, em ações que afastam a humanidade da caminhada com Cristo. O privilégio sempre resulta em uma organização social incapaz de garantir o mínimo necessário para que as pessoas possam desfrutar da santa vida.

— Na verdade esses elementos indispensáveis foram ensinados e vividos pelo Deus encarnado: alimentação para todos, justiça, simplicidade, momentos de deserto, saúde para os enfermos, inclusão social, compartilhamento, convívio e alegria ao redor da mesa.

— Mais direto impossível. É essa a espiritualidade encarnada que busco. E apesar de ser muito mais um desejo do que uma vivência, lembremos que é possível! Não foi a recém-nascida igreja que assumiu essa solidariedade de forma direta e crua? Parafraseando a Palavra: "e eles compartilhavam tudo" (At 4.32-35).

— Resumindo: ao experimentar a realidade construída a partir do exemplo do Rei-servo, praticamos uma espiritualidade encarnada que transborda solidariedade.

— E completo a síntese: essa escandalosa narrativa do Deus que se fez homem pela redenção do mundo e que, durante sua estada conosco, nos convidou a amar ao próximo como a nós mesmos deve ser nosso fio condutor. E isso, insisto, passa pela garantia de usufruir, aqui e agora, da vida abundante.

— Falando nisso, lembrei-me de sua experiência no Natal de 2016.

— De fato, um lindo exemplo dessa espiritualidade encarnada. Fui convidado por uma instituição para ajudar em um projeto lindo no Nepal, cujo foco era justamente garantir esse direito de que estamos falando. Tratava-se de acolher crianças vítimas do tráfico humano e da exploração sexual, ou que viviam em situações vulneráveis e favoráveis às investidas de traficantes. Movidos pela fé e pelo amor, o grupo acolhia, cuidava, protegia e ajudava a reconstruir a vida de cada menina e menino acolhido.

— Direitos mais do que básicos, de fato. A falta deles tristemente potencializa uma situação de vulnerabilidade, abrindo espaço para mais opressão e perda de outros direitos.

— Sim, não era à toa que as crianças mais atingidas pelas abominações do tráfico humano eram também as mais vulneráveis em outras áreas: mais pobres, com menos educação, sem acesso à saúde etc.

— E não precisa ir até o Nepal para fazer essas pontes, não é mesmo? O Brasil apresenta várias situações derivadas da falta de direitos, incluindo o tráfico de pessoas. É muito triste. Mas, voltando a sua experiência, o que um jardineiro como você foi fazer lá?

— Minha visita tinha o propósito de ajudá-los a planejar um projeto para tornar produtivo um sítio que lhes havia sido doado. A ideia era produzir alimento para os orfanatos mas também abrigar crianças em caráter emergencial, além de diminuir drasticamente os custos gerais.

— Entendi. E o que levou o pessoal a buscar essa estratégia?

— Os efeitos de um terrível terremoto ocorrido alguns meses antes e que maltratou muito a região, causando mortes e perda de infraestrutura. Além disso, também enfrentavam uma severa crise energética devido a um conflito com a Índia e a queda nas doações, dada a crise econômica global, responsáveis por sustentar o projeto.

— Ou seja, o grupo de lá buscava alternativas para garantir os direitos básicos àquelas crianças.

— Podemos dizer que sim. Uma rede de pessoas estava envolvida nas mais diversas áreas para buscar uma alternativa. Da minha parte, levei alguns saberes da Permacultura[2] e planejei com eles como transformar o sítio doado em um local resiliente capaz de produzir alimento agroecológico, energia e de armazenar água potável.

— Nossa, já tinha me esquecido desses detalhes. Sem dúvida a prática daquelas pessoas estava bem alinhada com a nossa prosa sobre como a fé nos impulsiona à prática da defesa dos direitos humanos.

— Sim. Foi uma lição de como a espiritualidade encarnada nos sopra para as mais inusitadas situações. Nesse caso, como a jardinagem voltada à produção de alimentos poderia contribuir para a construção de um presente mais solidário e abundante.

[A realidade sagrada da criação nos leva a construir um mundo mais sustentável]

— Voltando a sua provocação de como muitas vezes, ao pensar em igreja, nos voltamos para construções de edifícios em

[2] Uma forma de pensar e planejar locais abundantes e resilientes. Para saber mais, acesse: <https://borapermaculturar.wordpress.com>.

vez de "passeios no jardim", acredito que de alguma forma isso esteja relacionado com o arquétipo da Queda, de querer ser o que não somos e, no que diz respeito à criação, de não aceitar nosso papel sistêmico/ecológico de criatura.

— Bem lembrado. O jardim foi e é local sagrado, de encontro com Deus.

— Resgato algo dessa realidade quando lembro quão impactante pode ser um nascer ou pôr do sol, a visão do horizonte à beira-mar ou o ato de comer uma jabuticaba recém-colhida no pé.

— São tantas as expressões do amor divino! São tantas as experiências que nos levam a glorificar a Deus por sua graça!

— Um deslumbre mesmo. Criação de Deus. Pouca coisa não é, concorda? Ou, parafraseando o próprio Divino, é bom e *muito bom*.

— Bem lembrado. Acredito seja essa a perspectiva que deve pautar nossa relação com o ambiente. Tudo que envolve o jardim, o planeta, a natureza é sagrado. Não são recursos, mas, como nós, são criação de Deus.

— Como criação, devemos nutrir essa realidade sistêmica, de interconexão, que nos faz reconhecer o cuidado com o todo, o agir do Amor. Trata-se da interexistência de criaturas que organizam e reproduzem encontros.

— Está claro que devemos incluir a totalidade da criação: seres humanos e outras formas de vida, em vez de ficar à espera da redenção de nosso planeta.

— Acho também que é importante dizer que, sob essa perspectiva da sagrada criação, é natural que a orientação de Deus para nós ressignifique a tradução do convite do Gênesis 1.28.

— Sim, focamos o "dominar", em detrimento de todas as leis e do funcionamento sistêmico do universo e da vida.

Como se não fôssemos também criação! Ouça este texto de Ana Primavesi, que tenta dialogar com os cristãos sobre esse tema: "O que atrapalhou a convivência com a natureza foi a palavra bíblica em que Deus disse ao homem: 'Enchei a terra e dominai sobre ela!'. Mas é de duvidar que esse 'dominai' signifique quebrar todas as leis e destruir todos os equilíbrios e criar o caos. Dominar pode ser dentro das leis, manejando. E dominar pode ser fora das leis, destruindo. Como a destruição nos jogou numa luta sem fim e sem esperança de vitória, é mais do que lógico que tentaremos manejar a terra dentro das leis da natureza".[3] Acredito que precisamos reassumir de alguma forma essa responsabilidade sacra de criaturas convidadas a estar no jardim-criação, de cuidar e desfrutar dele por meio da própria ecologia e da dinâmica da vida.

— Sob a perspectiva prática dos jardins produtivos que temos ajudado a cultivar, é muito lindo ver como os jardins ajudam, naturalmente a promover o cuidado e a esperança.

— Foi o que aconteceu naquele projeto de ocupação na periferia de São Paulo. A convite de uma ONG local, envolvemos a comunidade, a Aliança Bíblica Universitária (ABU), crianças e minhocas em uma grande mobilização de jardinar um espaço utilizado ilegalmente como depósito de lixo.

— A mudança ficou clara quando as crianças redefiniram sua relação com aquele espaço, antes um verdadeiro símbolo de descaso. O local se tornou o jardim das crianças, esbanjando beleza e biodiversidade. Sem lixo, aquele território materializou o sonho de muitas pessoas.

— Foi o que ocorreu também em Moçambique. Quando trabalhamos com viúvas e mães solteiras, a parcela mais

[3] Ana Primavesi, *Cartilha da Terra* (São Paulo: Expressão Popular, 2020).

vulnerável da comunidade, os jardins produtivos se mostraram um foco de esperança. Utilizamos uma abordagem agroflorestal[4] para a produção de alimentos: plantávamos no mesmo berço o milho que colheríamos em alguns meses, o mamão que viria no próximo ano e a manga que só seria colhida muitos anos depois. Um exercício de cuidado que gerava frutos para o hoje e o amanhã.

— Em Moçambique, a primeira colheita foi ofertada à igreja, para distribuição aos necessitados. Podemos dizer que os frutos do jardim nutriram frutos do espírito. Como se o cuidado com o jardim fosse uma extensão de louvor e gratidão ao Criador.

— Assim são os jardins comunitários quando entendidos (mesmo que de forma velada) como lugar sagrado. Além de prover alimento, promovem generosidade, compartilhamento, cuidado, encontros.

— Isso é espiritualidade encarnada. Imagine se o povo de Deus olhasse, de fato, para o planeta como espaço sagrado? Como um jardim feito para desfrutarmos de encontros divinos?

[Espiritualidade encarnada]

— Nunca me esqueço de quando você esteve no Haiti ensinando permacultura[5] para a comunidade local e orientando a construção de um biodigestor para a escola da comunidade.

[4] Para saber mais sobre agrofloresta, sugerimos o manual de nossa autoria disponível em: <https://agroflorestaemquadrinhos.wordpress.com/>.

[5] Para saber mais sobre como a permacultura pode contribuir com o desenvolvimento local de comunidades rurais, leia "Bonbagay: Permacultura, abundância e autonomia", um manual sobre nossa vivência no Haiti, 15 de janeiro de 2018, <https://borapermaculturar.wordpress.com/2018/01/15/bon-bagay-permacultura-abundancia-e-autonomia/>.

— Ainda hoje recebo umas mensagens em crioulo da equipe que formamos. Foi um belo desafio aquela vivência. A comunicação era muito difícil. Foi preciso esforço para nos "entender e conversar" em crioulo, francês, inglês, português e muita mímica... Quase uma torre de babel. Mas no fim tivemos a recompensa: o fogão da cozinha funcionando com biogás gerado pelo tratamento do esgoto do banheiro da criançada. Louvamos ao Senhor, que transforma dejetos em energia!

— Além dos resultados práticos e os laços afetivos criados durante a estadia, foi ótimo poder observar não só a reconstrução, a cada experiência vivida, da noção da realidade, das perspectivas e dos sonhos, mas também o ressurgimento das orações, a expressão dos lamentos e da espiritualidade.

— Mas voltemos à nossa tarefa temática: como a vida espiritual contribui para a construção de uma sociedade mais solidária e sustentável?

— De certa forma, nossa conversa nos remete à dialética da espiritualidade encarnada, experiência que nos faz transbordar dons do espírito quando vivemos inspirados pelo Espírito. Invariavelmente, promovemos solidariedade e sustentabilidade.

— É um convite para buscar viver a espiritualidade no dia a dia. É resgatar os exemplos de Cristo nas muitas lutas, disputas e escolhas inerentes à vida terrena. É defender direitos básicos para todos. É lutar para que as próximas gerações possam desfrutar dos jardins.

— Afinal, Deus veio ao mundo como menino e, ao fazê-lo, surpreendeu e escandalizou a todos por optar pelo caminho da cruz, da simplicidade, da tolerância, da inclusão, do amor, da justiça e da graça. E essa deve ser a referência para nossas escolhas.

— Que a nossa vivência espiritual possa sempre nos surpreender e nos escandalizar por nos mostrar e ensinar que ainda precisamos ser mais simples, tolerantes, inclusivos, amáveis, ávidos de justiça e dependentes da graça.

— E que, ao construirmos a realidade buscando o reino de Deus, possamos aprender sempre um pouco mais sobre como ser seguidores do Deus-servo nos mais diversos aspectos da vida.

— Que possamos desfrutar de uma espiritualidade encarnada!

23

Discernindo os falsos deuses: o mercado, as redes sociais e os profetas

Alexandre Brasil Fonseca, Marcus Vinicius A. B. de Matos e Thiago Crucciti

Os que adoram falsos deuses dão as costas para as misericórdias de Deus.

Jonas 2.8

Filhinhos, afastem-se dos ídolos.

1João 5.21

O tempo talvez seja um imperativo absoluto. Mas a maneira como o experimentamos é relativa. Foi com Jacques Ellul que aprendemos a importância de viver outras temporalidades em nossa existência. Para o pensador francês, caberia a espaços como a universidade e as religiões resistir a pressões e exigências impostas pela sociedade moderna. A presença de rituais e de uma relação diferenciada com o tempo caracterizaria intrinsicamente esses espaços, e com isso eles assumiriam importância ainda mais relevante em meio a uma sociedade em transformação.[1]

Ellul fala sobre isso na década de 1980. As mudanças que vivemos hoje, quarenta anos depois, são enormes e constantes, e

[1] Jacques Ellul, *Perspectives on Our Age: Jacques Ellul Speaks on His Life and Work* (Toronto: House of Anansi Press, 2004), p. 47-53.

ganharam recentemente nova dimensão em meio à pandemia da covid-19. A necessidade de distanciamento social ao lado do estabelecimento de teletrabalho trouxeram maior abrangência para uma realidade já significativa na vida de muitos e que pode ser associada ao advento da Web 2.0 e à popularização dos *smartphones*. Vivemos na era digital, em que a (des)informação circula em alta velocidade e com enorme capacidade de reprodução, edição e adaptação. Se o meio é a mensagem, temos a circulação de muitas mensagens marcadas pelo imediatismo, pela pronta resposta.

Nesse sentido, pensar em uma espiritualidade para o tempo presente coloca inicialmente em xeque esse próprio tempo e a pressão de estar sempre disponíveis, *on-line*. Nós que compartilhamos da caminhada do PGM certamente aprendemos muito da experiência do silêncio e dos tempos, das paradas e suas ressonâncias. Esse *dar tempo ao tempo* é totalmente ausente da frenética lógica das redes sociais ou daqueles que afirmam que "tempo é dinheiro". A comunicação se dá praticamente de forma automática, por meio de aplicativos de mensagens eletrônicas. Passamos a viver conectados 24 horas por dia. A primeira coisa que fazemos ao acordar, como também a última, antes de dormir, geralmente estão associadas à busca de novas mensagens recebidas nas redes sociais.

Ter um tempo para si, para ouvir os próprios pensamentos parece algo cada vez mais distante e impensável. Em meio a essa realidade, o que assume a centralidade em nossa vida? Essa presença nas mídias digitais, que tanto adoramos, talvez seja a personificação de um falso deus contemporâneo que se materializa nessas próprias mídias e no intrínseco sistema econômico que as viabiliza e sustenta. Ele tem sido chamado por estudiosos de *capitalismo de plataforma*[2] ou *capitalismo de vigilância*.[3]

Ao olhar para essas expressões humanas, que hoje parecem possuir um forte componente de idolatria, propomos refletir em alguns aspectos que devemos considerar sobre dois falsos deuses, que fazem parte do mesmo panteão e que parecem ser onipresentes em nosso meio: as redes sociais e o mercado, e os profetas que deles se alimentam.

Desnudar a realidade

A busca pelo poder e pelo protagonismo está entre nós desde a criação do mundo. Desde que o mundo é mundo. Ela tem origem na Queda, quando buscamos uma perspectiva nossa, e não de Deus, para explicar o que somos. O pecado original impulsiona os seres humanos a conhecerem o mundo e a realidade por meio de sua própria percepção, sem Deus, e os leva a vagar procurando, em vão, sentido e identidade em si mesmos para preencher um vazio que, talvez, seja do tamanho de Deus. Essa busca parece ter sido exponencialmente potencializada pelos deuses que habitam o nosso tempo.

Temos o Mercado, esse ser invisível, mas tão presente em nosso dia a dia, que vai colocando preço em tudo — inclusive em nós, ao definir o custo de cada hora trabalhada — e nos coagindo a comprar bens e alcançar desejos, estejam ou não a nosso alcance. Somos seduzidos a dormir menos para trabalhar mais. Somos instados a empreender, a produzir, a dar e a ter lucro. Pagar as melhores escolas, possuir as melhores

[2] N. Srnick, *Platform Capitalism* (Cambrige: Polity Press, 2017).

[3] Shoshana Zuboff, *A era do capitalismo de vigilância: A luta por um futuro humano na nova fronteira do poder* (Rio de Janeiro: Intrínseca, 2021).

marcas. Oferecer conforto aos familiares e queridos. Aproveitar das belezas e oportunidades que estão ao nosso alcance. Basta comprar, basta ter dinheiro.

"O amor ao dinheiro é a raiz de todo mal" (1Tm 6.10). No dinheiro, e no seu simbólico lastro, estaria embutido, personificado, não apenas o valor de troca imaginário da mercadoria, mas também a encarnação direta do trabalho humano, um "valor encarnado". E a relação que desenvolvemos com ele é uma relação de idolatria, a que a economia política chamou de fetichismo da mercadoria: atribuímos às notas de papel valores que não existem nelas, da mesma forma que os idólatras viam atributos divinos em estátuas de madeira ou metal. Ambas as relações de fé — no dinheiro ou nos ídolos — são construídas como que por feitiços, que nos fazem esquecer a realidade que Deus criou.[4]

Outra presença constante na vida de boa parte das pessoas são as redes sociais, que têm como principal métrica de sucesso nos prender mais tempo diante de uma tela. O brasileiro passa em média 5,4 horas por dia olhando para uma tela de celular.[5] As redes sociais são uma expressão fundamental do denominado capitalismo de plataforma, e um de seus principais elementos, vinculado ao *big data*, envolve reunir o máximo de dados sobre nós mesmos, daí a importância de estar *on-line* e conectados para que possamos dar cada vez mais informações sobre o que gostamos e assim aumentar a capacidade de

[4] Ver W. J. T. Mitchell, *Iconology: Image, Text, Ideology* (Chicago: University of Chicago Press, 1987).

[5] Dimítria Coutinho, "Brasileiros passam 5,4 horas por dia no celular, maior média global", iG Tecnologia, 19 de julho de 2021, <https://tecnologia.ig.com.br/2021-07-19/brasileiros-tempo-de-tela-celular.html>.

predição e a assertividade de campanhas e propagandas, que visam, exatamente, o consumo de produtos. Eis um tipo de coisa que nunca nem imaginamos que precisaríamos.

Os efeitos colaterais desse cenário são amplamente conhecidos: a desigualdade social cada vez maior e o ser humano cada vez mais enfermo mentalmente. Tudo isso parece tão óbvio quanto o sentimento para muitos de que seria impossível existir hoje sem esses deuses. É possível resistir? Como podemos pensar em estratégias que nos levem a uma "reexistência"? Que nos ajudem a uma transformação da realidade, que enfrente a idolatria em que estamos inseridos?

Se é fato que todo deus é um ídolo, e todo ídolo aprisiona e escraviza, temos exatamente na figura de Cristo, do Deus encarnado em Jesus e nosso Senhor, um exemplo e uma referência que veio para nos libertar e resgatar em nós a sua identidade. A angústia e despersonalização de nosso tempo podem encontrar abrigo e resposta na encarnação de Cristo em nosso meio, em nossa vida e em nossa comunidade. O desafio que enfrentamos como corpo de Cristo passa exatamente pela compreensão de como nos comportaremos diante dos ídolos de nosso tempo e de seus profetas. O profeta Jonas, no meio do que certamente foi a maior crise de sua vida, expressou em uma oração a convicção de que somente ao se aproximar de Deus ele poderia ter livramento.

A especulação

Como identificar os profetas deste tempo? O que pregam? Onde pregam? Provavelmente um conteúdo que nos ajudará a identificar os profetas associados aos falsos deuses é a defesa de processos e práticas associadas à especulação. Não existe crescimento, particularmente exponencial, sem especulação.

Nas redes sociais e no mercado, a narrativa especulativa é fundamental para produzir e alimentar ideias, fantasias, encantamentos e engajamentos que, sem nos darmos conta, vão definindo quem somos e/ou quem gostaríamos de ser.

Especulação é uma palavra que envolve muitos sentidos e possibilidades, e que é originalmente associada à observação ou ao exame. Aqui interessa-nos aqueles relacionados a conjecturas não fundamentadas na realidade factual. Especulação como narrativas criadas ou imaginadas, sem compromisso com a realidade, tão presentes na sociedade atual e que visam garantir retorno para aqueles que as criam e/ou alimentam.

Isso pode acontecer de forma simples no dia a dia das redes sociais ao seguir muitos pensadores, intelectuais e até mesmo teólogos. A imagem passada é a de que leem dezenas de livros por dia, mas será que os leem mesmo? Isso parece não importar, basta ter a capacidade de fazer parecer que "sim, é verdade e você também pode". Assim temos *influencers, coachs* ou outros profetas de nosso tempo que compartilham suas práticas, atestando com fotos, muitas vezes eletronicamente retocadas, de possibilidades e potenciais que estariam ao alcance de todos.

Culpa, medo e ganância são os insumos para um bom ídolo manter seus súditos presos e escravizados. Os falsos profetas vendem uma solução que não existe, um deus mágico que, na primeira crise de verdade, já não dará conta de atender às expectativas empenhadas. Nas redes sociais temos de ser bonitos, magros, ricos, ir a lugares lindos e estar sempre felizes, mesmo que usemos filtros, aplicativos de edição e de vez em quando falemos a verdade sobre estar triste, para não ser perfeito demais. O mercado e a necessidade do "ter para ser" nos distanciam das pessoas e nos fazem crer que nossa identidade vem das coisas. Essa pressão nos faz negociar nossa vocação: o ter passa a determinar o ser.

No mercado, todo dia surge uma *startup* que recebe aporte de milhões de dólares. Nesse momento, muitas pessoas especulam que esse empreendimento desbancará alguma gigante tradicional do mercado. Ninguém se importa se o modelo da *startup* será de fato perene e se desbancará de fato quem já está estabelecido, mas se conseguirem convencer-nos dessa possibilidade, certamente aportaremos nossos recursos e compraremos desse papel no momento de sua oferta pública inicial (IPO, no jargão do mercado).

Histórias parecidas com essas são cada vez mais frequentes, a ponto de ouvirmos coisas como: "Você viu tal pessoa? Se ela conseguiu, será que eu também não consigo?". Para cada pessoa "bem-sucedida" é preciso existir outras milhares de frustradas. Nesse contexto, alguém sempre tem de perder para alguém ganhar. É assim que é. É dessa multidão de frustrados em busca de sentido e identidade que os falsos profetas de nosso tempo abusam, e abundam.

Aqui temos um ponto importante a sublinhar. Para que essa engrenagem funcione é fundamental que o número de adoradores desses falsos deuses seja significativo. A exclusão ainda é uma realidade terrível no Brasil do início do século 21, onde existem histórias de trabalho escravo ou de pessoas que vivem à margem da sociedade, em meio ao lixo. Mesmo assim, é fundamental que uma massa significativa de pessoas acredite nesses ídolos e viva essa relação, para que, em detrimento de muitos, seja possível que poucos tenham lucro. A base dessa relação é a desigualdade e a total ausência de solidariedade.

Viver a comunidade em busca de nossa identidade

Você pode até estar se perguntando: "Bem, isso tudo é verdade, mas como é que me liberto ou me mantenho livre disso?". Ou você pode discordar do que dissemos até aqui. Porém, nosso convite é que, pelo menos, considere o que lhe propomos neste final.

A espiritualidade cristã é um caminho, não um lugar aonde se chega. Jesus anuncia a chegada do reino de Deus e nos convida para uma relação de comunhão e partilha. Nessa caminhada comunitária, que nos empurra para o chão da vida e para dentro de nós mesmos, é que conhecemos a nossa identidade. Esse encontro com nossa identidade não nos obriga necessariamente a fazer um voto de pobreza ou a deletar nossas redes sociais — nem, para alguns, deixar de ser *influencers*. Nossa identidade nos é revelada na comunhão entre irmãos e irmãs, nos atos de serviço e devoção, e produz em nós um coração que passa a buscar em primeiro lugar o reino de Deus e sua justiça. O encontro com nossa identidade nos reconcilia com nós mesmos, para que possamos ser agentes de reconciliação em um mundo decaído e cheio de gente que nem faz ideia de quem é: filhos amados de Deus.

Romper com esses falsos deuses envolve, principalmente, a capacidade de não se pautar por agendas e tempos que nos têm sido impostos. É ser liberto de necessidades que não existem, de exigências que aceitamos e que nos afastam do que somos, e que terminam por nos transformar em fonte de dados, como parte de um grande repositório alimentador de novas especulações.

Não podemos negar a importância e centralidade de uma espiritualidade que se expressa no chão da vida, que dá tempo ao outro, que ouve a realidade ao seu redor. Uma espiritualidade que se forja no local em que nossos pés pisam, na atenta escuta ao sofrimento e às dores, e que não se furta de trilhar caminhos e encontrar o outro, o próximo. A compreensão de que nossa existência encontra sentido na vida comunitária e a importância desse choque de realidade são elementos que nos auxiliam e nos colocam no centro da misericórdia de Deus. É isso que nos mobiliza e nos impele a escolher um lado, em meio a tanto sofrimento. O nosso lado é aquele da compaixão, da solidariedade, do acolhimento. Enquanto os meios nos exigem que nos sacrifiquemos e também aos pobres e queridos que nos cercam, precisamos nos lembrar do apelo do profeta Oseias: "Quero que demonstrem amor, e não que ofereçam sacrifícios" (Os 6.6).

Discernir os falsos deuses é dizer *não* a uma identidade construída na especulação do mercado, no comércio da fé e na efemeridade do mundo digital. É dizer *sim* à identidade revelada pelo Espírito Santo e testificada pela comunidade. É escolher o amor em lugar do sacrifício. É entender que o tempo cabe em diferentes dimensões, e que não nos exige uma pronta resposta para tudo e para todos. Que o tempo não é dinheiro, e que o dinheiro não é o motor de nossas relações. É entender que somos livres em Cristo Jesus. Seguimos um Deus que liberta, e o seu Santo Espírito nos dá sabedoria para viver em nossa era, que deseja nos aprisionar em meio a tantas especulações.

Seja livre. Seja você. Seja um seguidor de Jesus.

24

O gemido da natureza e a prática do cuidado

Andrea Carolina Martins Ramos Santos
e Raquel Arouca

> Dou respeito às coisas desimportantes
> e aos seres desimportantes.
> Prezo insetos mais que aviões.
> Prezo a velocidade
> das tartarugas mais que a dos mísseis.
> Tenho em mim um atraso de nascença.
> Eu fui aparelhado
> para gostar de passarinhos.
> Tenho abundância de ser feliz por isso.
> Meu quintal é maior do que o mundo.
>
> Manoel de Barros, "O apanhador de desperdícios"

A primeira lembrança da Andrea é de um balanço no quintal. Ela tinha uns dois anos e adorava sentir o vento no rosto. Ela gosta de balanços até hoje, e acredita que é por causa da falta de estabilidade do vaivém do balanço. Olhar o céu e olhar o chão, vai e vem, altos e baixos. O balanço a acalma, e é para ela uma boa metáfora da vida.

A Raquel recorda o tempo que passava no quintal de casa brincando com as plantas e os animais. Ela e seus irmãos não tinham muitos brinquedos, então tudo ao redor virava diversão. Passavam horas criando "joias" com as dálias e flores maravilhas, tentavam descobrir os gostos alimentares das formigas e se divertiam com os tatus-bolas. A escassez de recursos em sua infância fez da natureza sua companhia diária, e isso marcou sua história. Tanto que não teve dúvidas na escolha do curso de graduação: biologia.

Nossa relação com a natureza começa muito cedo. Pode ser a memória de uma árvore em que você se escondia ou com a qual criava aventuras, ou talvez a lembrança dolorida de quando seu bichinho de estimação morreu. Facilmente nos percebemos rodeados dessa natureza no ar que respiramos, na água que bebemos, no alimento sobre a mesa, mas dificilmente nos vemos como parte dela. E eis aí um dos motivos que nos impede de nos envolvermos em seu cuidado. Se me entendo como à parte e/ou então acima dela, por que me preocupar e cuidar? Como ouvir o seu gemido, como unir o nosso gemido ao seu (Rm 8.19-23)?

Nossa proposta é convidar você a lançar um olhar diferente para a criação,[1] a experimentar um novo jeito de enxergar-se em relação às outras criaturas e a vivenciar lamento e esperança, de mãos dadas, no caminho de nossa vocação. Acreditamos que compreender nossa identidade e chamado é fator determinante da forma como vivemos.

O lamento como o começo

Vamos começar assim: tudo é criação de Deus. Se não é o próprio Deus, ele criou. Simples? Nem tanto. É difícil para nós, seres humanos, enxergar-nos como criaturas (ou seja, colocar-nos no mesmo patamar de todas as demais existências

[1]Quando falamos de criação não estamos tratando de como Deus criou o mundo (ou a discussão entre criacionismo *versus* evolucionismo), mas da afirmação de que existe um Criador.

criadas por Deus), pois ao ser criados à imagem e semelhança do Criador cremos em nosso íntimo que temos controle total sobre nossa vida, e talvez do mundo. Passamos a evitar toda forma de vulnerabilidade porque queremos escapar do sofrimento e de nossas limitações de criatura. Para exemplificar, contaremos a história de Andrea.

Sua experiência em se enxergar como criatura começou com o luto. Ela sabia muito pouco o que significava ser criatura até encarar o incontrolável poder da morte e, no seu caso, da morte do sonho de gerar um bebê. A infertilidade mudou nela a percepção de sua identidade e a fez perceber a falta de controle sobre a própria vida, sua "criaturalidade".

Foi num dia especial de retiro e solitude numa ilha, enquanto observava uma pequena ave no mar, que ela deparou pela primeira vez com sua condição de criatura. Ao mergulhar para achar comida na imensidão azul do oceano, o patinho parecia tão vulnerável, tão frágil... Sua pequenez e limitações não o intimidaram ao arriscar a própria vida. Sua coragem a inspirou! E esse foi o convite que o Criador lhe fez naquele dia. Embora ela fosse tão frágil quanto aquela pequena ave, o risco de perder ou sofrer não deveria impor-lhe limitações. O Criador a convidou a aceitar sua natureza de criatura. O luto ganhou outra perspectiva.

Como no diálogo de Deus e Jó (Jó 38—40), Deus a convidou a olhar a criação em seu momento de dor e a aprender do próprio Criador enquanto a observava. E, sejamos honestas, esse diálogo no livro de Jó parece um pouco insensível da parte de Deus, pois não há respostas para os questionamentos ou para a dor de Jó. Parece que Deus está mudando de assunto. Talvez estivesse mesmo. Não porque não desejasse falar da dor de Jó, mas quem sabe porque trazer a Jó uma nova perspectiva o salvasse de si próprio. O diálogo foca a criação e a soberania do Deus Criador. Livra Jó da autopiedade e do autocentrismo, de uma fé centrada na própria humanidade, em sua própria justiça e conquistas. O diálogo também expande para toda a criação a conversa sobre dor e luto. Não há como escapar da fragilidade da vida e dos sofrimentos do mundo, como o próprio Jó menciona no início: "Aceitaremos da mão de Deus apenas as coisas boas e nunca o mal?" (Jó 2.10). Essa falsa sensação de controle sobre a vida precisa ganhar perspectiva. No fim, somos todos criaturas.

Para Andrea, a perda não foi minimizada, nem o luto extinto, mas o lamento ganhou nova dimensão. Agora ela lamentava com o restante da criação — que geme como em dores de parto — sua dor, sua perda pessoal mas também as injustiças do mundo, a desigualdade, a pobreza, a extinção das espécies, o desmatamento, as mudanças climáticas e tantas outras mazelas. Henri Nouwen chama isso de conversão do pranto em dança: "enquanto dançamos [...] paramos de centralizar nossa vida em nós mesmos. Chamamos outros para dançarem conosco a dança maior. Aprendemos a dar espaço a outros, e principalmente ao 'Outro Gracioso' que está no nosso meio".[2] Dançar com toda a criação é reconhecer que nossos destinos caminham juntos, que nossa liberdade e glória futura estão vinculadas.

Nosso lamento comunitário e cósmico

A conclusão de Jó é surpreendente: "Antes, eu só te conhecia de ouvir falar; agora, eu te vi com meus próprios olhos"

[2] Henri Nouwen, *Transforma meu pranto em dança: Cinco passos para sobreviver à dor e redescobrir a felicidade* (Rio de Janeiro: Thomas Nelson Brasil, 2007), p. 27.

(Jó 42.5). Foi no meio de uma tempestade que Jó *ouviu* Deus, mas Deus *se tornou conhecido* de Jó por meio da criação. Acreditamos que existe uma grande lição de humildade quando, no meio de tamanho sofrimento, Deus escolhe direcionar os olhos de Jó para o restante da criação. Deus ensina Jó a olhar ao redor, a expandir sua visão e a juntar seu lamento, dor e luto à de seus irmãos e irmãs criaturas.

(William Blake, 15° gravura das *Ilustrações de William Blake para o Livro de Jó*, 1826, Wikimedia Commons)

Uma das ilustrações de William Blake para o livro de Jó é representativa desse momento. É como se Deus dissesse: "Olhe as temíveis criaturas que criei. Olhe os movimentos da terra, as marés, as aves migratórias, as constelações, as cheias do rio Amazonas, as chuvas chegando no semiárido, o lobo-guará buscando alimento, as araras em busca de abrigo nas árvores. Olhe, olhe atentamente! Eu cuido deles e eu cuido de você".

O risco e o perigo são inerentes à vida. Não há vida sem o risco de sofrimento, de perda e de morte. O convite do Criador a Jó é para encarar essa realidade, assumir a falta de controle sobre a vida e descansar em quem cuida das aves, dos lírios do campo e também de nós (Mt 6.26-30). Entender nossa finitude e limitação como criaturas nos ajuda a nos localizar no mundo e a nos lembrar da dependência de Deus. Coloca a falsa percepção de controle no devido lugar e nos liberta do sofrimento solitário. O sofrimento como criaturas é comunitário e cósmico.

Mas o que o lamento tem a ver com a responsabilidade de cuidar da criação? Tudo. Quem lê as notícias, acompanha as pesquisas dos cientistas ou vê a situação dos agricultores, ribeirinhos e indígenas, por exemplo, depara com um mundo em constante gemido, em constante lamento. E nossa alma também geme de tristeza diante de tudo isso. Unir nosso gemido e lamento ao restante da criação é reconhecer que nossos destinos caminham juntos e que nós, seres humanos, criados por Deus e adotados como seus filhos e filhas, temos a incumbência de sua liberdade e glória.

Lamentar é assumir nossa natureza de criatura e, assim, renunciar ao desejo de assumir o lugar do Criador. Lamentar com o sofrimento do mundo é estar sensível ao Espírito de Deus, que geme através de nós e de toda a criação. Lamentar é reconhecer que o controle e a agência de nossa vida pertencem ao único que sofreu, morreu e ressuscitou por todos nós e por tudo que existe. O Criador dos céus e da terra é o Deus encarnado, Jesus, que criou e reconciliou consigo todas as coisas por meio de seu sangue derramado na cruz.

> Pois foi do agrado do Pai
> que toda a plenitude habitasse no Filho,
> e, por meio dele, o Pai reconciliou consigo
> todas as coisas.
> Por meio do sangue do Filho na cruz,
> o Pai fez as pazes com todas as coisas,
> tanto nos céus como na terra.
>
> Isso inclui vocês, que antes estavam longe de Deus. Eram seus inimigos, dele separados por seus maus pensamentos e ações.
>
> Colossenses 1.19-21

O que Jesus realiza na cruz não é somente para reconciliar a humanidade com Deus, é para reconciliar *toda* a criação com Deus. A obra redentora de Jesus na cruz, sua morte e ressurreição, estreia um novo mundo, um novo reino, e toda a criação está incluída.

A esperança como resultado

O lamento é essencial à vida cristã, e parte importante na caminhada de cuidar da criação. Um dos livros mais populares da Bíblia, Salmos, é repleto de lamento. Mas o lamento não é o objetivo da vida do salmista, é só o começo. A maior parte dos salmos de lamento termina em adoração ao Criador. O lamento é também a porta de entrada para o mover de Cristo, como lembra Nouwen: "É dentro do nosso sofrimento, e nunca fora dele, que Jesus entra em nossa tristeza, toma-nos pela mão, puxa-nos gentilmente fazendo-nos ficar de pé e nos convida a dançar".[3] Portanto, não devemos temer a honestidade na presença de Deus, e também não há tópico proibido em oração.

[3] Ibid.

Como água que não pode ser represada porque virá à tona em outro lugar, nossas orações devem ser honestas porque não há lugar mais seguro para falar delas que na presença de Deus.

O lamento gera confiança em Deus e deságua no mar de esperança. A adoração a Deus é possível ao salmista que sofre porque ele reconhece sua "criaturalidade" e dependência do Deus Criador. Sua história não está desconectada do restante da criação, e seu lamento se une ao de outras irmãs e irmãos, e ao de toda criação, gerando não só lamento comunitário e cósmico, mas também adoração comunitária e cósmica.

A narrativa bíblica é coerente e consistente do início ao fim: o Espírito que pairava sobre as águas (Gn 1.2), o Criador que criou tudo o que existe e afirmou quão bom era (Gn 1.31), que fez a aliança com todas as criaturas da terra após o dilúvio (Gn 9.12), que chamou Jó a conhecê-lo melhor através da sua criação (Jó 42.5), que pede aos exilados na Babilônia que plantem jardins (Jr 29.5), que chama Israel ao arrependimento porque a terra está de luto, e até os animais selvagens, as aves do céu e os peixes do mar estão desaparecendo (Os 4.3). Esse é o Criador, o Deus do Antigo Testamento, e é o mesmo Jesus encarnado, andando entre homens e mulheres no chão da vida, com pés sujos e cansados, amando pecadores, salvando pessoas e buscando os perdidos. Jesus ressalta no Sermão do Monte: "Observem os pássaros [...] [e] os lírios do campo" (Mt 6.26-29). Novamente Deus nos lembra do que importa, nos convida a observar a criação e ponderar a sabedoria do Criador. Jesus é o Criador das aves e dos lírios, e também de nós.

Do lamento à esperança. Do individual ao comunitário. Nossas ações individuais são importantes, mas como cristãos somos chamados a caminhar juntos. Não existe cuidado da criação sem relacionamento. Não existe cuidado da criação sem olhar para as necessidades do outro, do próximo e da terra em que habito.

O jardim como modelo na prática do cuidado

Ariovaldo Ramos diz que, junto com a incumbência de "tomar conta" (Gn 2.15) de toda a criação, Deus também nos deixou um modelo de como fazer isso: o jardim. Que o jardim do Éden nada mais é do que o próprio planeta. Em suas palavras:

> O contexto das Escrituras Sagradas fala de um modelo divino inequívoco: "Tomou, pois, o SENHOR Deus ao homem e o colocou no jardim do Éden para o cultivar e o guardar" (Gn 2.15 [RA]). Ou seja, Deus propôs que o planeta fosse um grande jardim. Um jardim cuja essência é comunitária e no qual a beleza reside no conjunto: pressupõe harmonia e partilha de recursos, numa engenharia em que a sobrevivência e a necessidade de crescimento de todos os seres sejam garantidas. Em outras palavras, desenvolvimento sustentado.[4]

E Deus, em sua generosidade, não só nos deixou o jardim como modelo mas também personificou o estilo de vida necessário para alcançá-lo: Jesus. Se desejamos viver de forma sustentável e cuidadosa, devemos voltar os olhos para o estilo de vida simples, justa e relacional de Jesus. E lembrar que a adoção de um estilo de vida simples não é apenas pessoal, ela também acaba permeando a comunidade e a sociedade como um todo. Mas o que é um estilo de vida simples segundo a ótica cristã?

Em 1980, a Consulta Internacional sobre Estilo de Vida Simples, da Comissão de Lausanne, produziu o documento "Viva a simplicidade: compromisso evangélico com um estilo de vida

[4] Ariovaldo Ramos, "Deus, o jardim e o jardineiro", *Ultimato*, 20 de abril de 2012, <https://www.ultimato.com.br/conteudo/deus-o-jardim-e-o-jardineiro/2>.

simples".[5] Líderes evangélicos foram desafiados a responder à pergunta "Como começar a simplificar nosso estilo de vida?". De forma prática e resumida, eles responderam:

> Tencionamos reexaminar nossa renda e nossos gastos, a fim de gastar menos, para que possamos doar mais. Não baixamos normas nem regulamentos, quer seja para nós mesmos, quer seja para outros. Contudo, resolvemos renunciar ao desperdício, e opor-nos à extravagância em nossa vida pessoal, em matéria de roupas e de moradia, de viagens e de templos. Também aceitamos a distinção entre necessidades e luxo, "*hobbies*" criativos e símbolos de *status* vazios, modéstia e vaidade, celebrações ocasionais e o nosso dia a dia, e entre o serviço de Deus e a escravidão à moda.

Ainda segundo o documento, as pessoas só se motivarão a considerar as mudanças que aparentemente contrariam os próprios interesses à medida que o Espírito Santo as guiar, e quando em oração buscarem sua vontade, examinando tanto a Bíblia como o jornal.

Adotar um estilo de vida cristocêntrico é o caminho para a restauração do jardim, e devemos fazê-lo não só porque fomos incumbidos disso, mas também porque é um chamado de amor, alegria e privilégio cooperar com nosso Senhor. Que cada espaço que ocupemos se torne uma pequena porção do jardim na Terra, e cada encontro se torne uma expressão do amor de Deus por todos nós. Que o seu reino venha a nós e que sua vontade seja feita na Terra como é feita no céu (Mt 6.9-13).

[5] Consulta Internacional Sobre Estilo de Vida Simples — Movimento Lausanne, "Compromisso evangélico com um estilo de vida simples", 17-21 de março de 1980, <https://www.ultimato.com.br/conteudo/por-um-estilo-de-vida-simples/198>.

25
A espiritualidade e a inclusão: o desafio do racismo

Luiz Henrique Ramos Santana, Morgana Boostel e Ziel Machado

Ao caminhar pela praia, vamos deixando na areia as marcas das pisadas, que ali permanecem até que a próxima onda as apague. O mesmo não acontece com outras marcas que produzimos na história. Algumas delas se tornam cicatrizes, um registro de uma dor vivida, as quais, quando tocadas de forma inapropriada, na pele ou no coração, reavivam a dor nelas registrada. O racismo é uma cicatriz pessoal, familiar, comunitária, social, estrutural que se tornou um sistema de impiedade, em torno do qual nosso país tem se organizado. É uma expressão contundente de nossa iniquidade como nação, sobre a qual procuramos nos silenciar, recusando-nos a enfrentar sua permanência estruturante entre nós.

Lemos a realidade a partir de onde nos encontramos, portanto a experiência da comunidade cristã em relação ao racismo não foge aos limites que vivenciamos na sociedade brasileira. É verdade que a dinâmica carismática na vida da igreja vem produzindo rupturas, muitas vezes sem a devida reflexão, nesse modelo de segregação social. Ainda assim, temos o desafio de lidar com o silêncio da igreja, com as expressões de adesão e, para nosso completo horror, com a prática e justificativa explícita do racismo. Será necessário instruir a prática cristã e a confissão teológica a partir da história, a fim de que possamos lidar, de forma crítica e autocrítica, com as raízes de nosso problema. Privilegiamos, aqui, a experiência pessoal. O lugar onde estamos e a cicatriz que carregamos conosco.

O desafio proposto por Morgana Boostel

Eu sou uma mulher branca! E afirmo isso porque talvez a primeira pergunta que surja seja a mesma que me veio à mente quando convidada a fazer parte deste projeto: O que uma mulher branca tem a dizer sobre racismo?

Eu sou uma mulher branca, pobre e moradora da periferia. Estudei quase sempre em escolas públicas, boa aluna, encorajada a ser o que quisesse ser. Mas não demorei a perceber que a escola, e as oportunidades da vida, eram mais fáceis para mim, mulher branca pobre, do que para minhas colegas negras e igualmente pobres. E isso não tinha relação apenas com o viver em si, mas com o acreditar que se poderia viver.

De acordo com pesquisa realizada pelo Instituto Brasileiro de Geografia e Estatística (IBGE), apesar de a população brasileira ser composta por 43,1% de brancos e 55,8% de pessoas negras (pretos e pardos), essa proporção se modifica quando pensamos em índices socioeconômicos. Entre os mais pobres, ou seja, aqueles com renda abaixo da linha da pobreza, temos o dobro de negros (15% de brancos e 30% de negros). Quando pensamos em melhores salários e oportunidades, vemos que 69% dos cargos gerenciais são ocupados por brancos, contra apenas 30% por negros. Na educação, embora as taxas de analfabetismo tenham caído bastante nos últimos anos, essa queda foi menor entre os negros, sendo que hoje ainda temos 9,1% de analfabetos negros contra 3,9% de brancos. Um jovem negro tem três vezes mais chance de ser assassinado que um branco. Lamentavelmente poderiam ser mencionados muitos outros índices que apontam na mesma direção.[1]

É como se tudo que é branco fosse melhor ou mais apropriado que o negro. Desde traços físicos mais ou menos adequados, até aspectos culturais e religiosos. O negro até pode ser bonito, mas é considerado exótico ou inusitado. O corpo e a cultura negra são tidos como inadequados em nossa sociedade. As dores da exclusão, da inadequação podem gerar a negação da identidade. Certa vez, quando trabalhava em um projeto social na periferia, deparei com uma jovem negra, de pele retinta, que ao ser questionada sobre sua raça / cor respondeu, respirando fundo: Branca! O que leva uma pessoa a negar a própria imagem? Que dores ela já passou para agir desse modo? Será que somos capazes de verdadeiramente escutar, sentir e reconhecer essas dores? Ou apenas nos escutamos, sem perceber o outro? Será que nossa vida apenas se apropria daquilo que cumpre o papel de valorizar esse nosso deus ego?

No PGM tive contato com a espiritualidade do silêncio, da escuta, da percepção. Orar silenciando as vozes, mas percebendo o próprio corpo e o entorno. Uma oração firmada na escuta da palavra de Deus e nos sentidos que ela produz, sensível a nossa natureza e a nossas contradições. Ao assumir esse mecanismo na vida, nos tornamos mais sensíveis e menos egoicos, escutando verdadeiramente o que está ao redor, sem cair na tentação de permanecer no centro de tudo. Ao produzir essa escuta ativa e sensível somos capazes de agir com empatia

[1] IBGE, "Desigualdades sociais por cor ou raça no Brasil", Estudos e Pesquisas / Informação Demográfica e Socioeconômica, nº 41, <https: / /biblioteca.ibge.gov.br / visualizacao / livros / liv101681_informativo.pdf>.

e de estabelecer alteridade. Olhar para o outro, diferente de mim, reconhecer as diferenças, sentir suas dores e praticar o amor. Amar o próximo como a mim mesmo, aprendendo desse amor com aquele que nos amou primeiro e se entregou por nós. Esse é o evangelho!

Certa vez ouvi jovens estudantes cristãos negros expressarem sua dificuldade de se reconhecerem amados por Deus, por não perceberem que Deus se parecia com eles. Aparentemente alguns irmãos são definidos como "menos iguais", ou associados ao pecado e à queda. Traços estéticos e até tradições são considerados menos angelicais, inadequados e, quem sabe, demoníacos. Na tradição cristã ocidental, conhecemos um deus branco que não valoriza a diversidade, não reconhece a potencialidade de outras culturas e rejeita tudo que não siga determinada cartilha. Esse deus pode ser muitas coisas, mas não é o Deus que eu conheci. Jesus Cristo, o Deus encarnado, é aquele que demonstra toda sabedoria e autoridade, não por meio da dominação, mas pelo amor. Ele valoriza e ama a diversidade que criou. Deus nos formou a todos à sua imagem e semelhança (Gn 1.27). Todos fomos feitos à imagem e semelhança de nosso Criador. Não apenas alguns, como se os demais fossem um erro.

Ao falar sobre racismo dentro da igreja, muitas pessoas declaram que essas questões não têm relevância no reino de Deus, porque em Cristo "não há mais judeu nem gentio, escravo nem livre, homem nem mulher" (Gl 3.28), e poderíamos acrescentar a essa lista nem branco, nem negro, nem asiático, nem indígena, e ainda tantas outras características humanas. Não há distinção! Essa afirmação não está errada, o problema é que o pecado que habita em nós insiste em fazer distinções valorativas, e é exatamente por isso que devemos participar, como instrumentos e apoiadores, da reconciliação de todas as coisas em Cristo. Incluindo nossa identidade, diversidade e histórias.

Lembro-me de dois encontros do PGM em que pudemos resgatar nossa história, quem somos, a origem de nosso nome. Ao olhar sinceramente para dentro de nós e reconhecer nossa história e identidade, podemos perceber a misericórdia de Deus e a diversidade em nós. Deus nos ama apesar de nós, e se alegra ao ver aquilo que criou, em toda a sua diversidade. Ele viu que era muito bom. Conhecer esse Deus diverso e amoroso é libertador.

Não se trata apenas de reconhecer nossa diversidade e caminhar para a frente, mas de restaurar o passado a fim de criar condições de vida justas. Muitas vezes esquecemos um importante sinalizador do reino de Deus, anunciado por Jesus, que é o "ano aceitável do Senhor", o ano do Jubileu (Lv 25; ver Lc 4.18-19). Nele as pessoas podiam recuperar terra, família e liberdade perdidas. Se aplicarmos isso, hoje, às desigualdades presentes na sociedade, devemos cooperar para que nossos irmãos tenham liberdade e condição de assim viver. Se a injustiça expropriou saúde, moradia, educação, segurança de nossos irmãos, devemos anunciar, proclamar e reivindicar a sua restauração. Isso é justiça. Isso é o reino de Deus!

A opção para caminhar nas pegadas do reino de Deus requer tanto a dimensão restauradora desse reino como a ênfase no princípio da reconciliação de todas as coisas em Deus (Cl 1.20). Requer nutrir a esperança de um reino em que não haverá mais lágrima, morte, tristeza e maldades (Ap 21.4).

O que, afinal, eu, mulher branca, tenho a dizer sobre o racismo? A resposta é: Nada. O que preciso é ouvir meus irmãos e irmãs, sentir suas dores, necessidades, ecoar sua voz e lutar para que toda justiça seja restaurada, em nível individual e comunitário.

O desafio proposto por Luiz Santana

Negro. Palavra pequena, carregada de formas, significados e histórias. Tanta coisa cabe dentro dela. "Nego da vó", dizia minha avó Esther, com muito amor. Quem dera fosse essa toda referência à cor da pele. Foi somente após um dos encontros do PGM que me dei conta do peso dessas palavras em mim. No final do terceiro dia, Valdir sugeriu que descrevêssemos aquele encontro com uma palavra. "Negro", foi a que eu queria dizer, mas ficou entalada na garganta. Quais seriam as consequências de admitir a dor que eu carregava, calado, por tanto tempo? Como eu conseguiria viver com o fato de que muito do que sou é fruto de comportamentos baseados em mecanismos de compensação? "Quem sou eu?", indagava angustiado.

O peso se intensificou quando pensei em toda dor que meu pai — negro mais escuro que eu — carregou, calado. Das vezes em que protegeu a família do racismo, assimilando tudo internamente. E minhas irmãs, meus tios, minhas tias, meus amigos. Todos aqueles que queriam alisar o cabelo "ruim" para não ter de ouvir pela milésima vez que o cabelo era "ruim". As senhoras faxineiras dos locais onde trabalhei. Não pude suportar e não consegui falar. Paradoxalmente, o maior problema não era pensar em tudo isso, mas nas respostas bíblicas que estava acostumado a ouvir quando a questão aparecia.

A experiência contemplativa que vivi no PGM enfatiza a escuta atenciosa que leva à identificação com tantos que sofrem, muitas vezes calados, com esse pecado sentido literalmente na pele.

Fomos criados à imagem e semelhança de Deus. A Trindade decide compartilhar de seu amor através da criação, e nós, privilegiados, somos formados com a capacidade de reconhecê-la e a sua criação. E tudo é bom. Entretanto, pecamos e, em nossa rebeldia, passamos a experimentar a dimensão da morte, da separação, da corrupção do que é bom e belo. Nossa relação com Deus, com o próximo, com a natureza e com nós mesmos é fraturada quando demos ouvido ao inimigo de nossa alma. Ouvimos a palavra de Deus, mas não escutamos com atenção. Precisamos ser constantemente lembrados da necessidade de escutar. Não é à toa que a oração mais importante do povo judaico é "Ouça, ó Israel" (Dt 6.4), que Jesus teve de chamar atenção de seu povo, dizendo "ouviram o que foi dito", e repetidamente enfatizar que "quem tem ouvidos, ouça!". Pecar é como cantar em alta voz tapando os ouvidos.

Sabemos que a fé vem pelo ouvir a palavra de Deus (Rm 10.17). O Eterno em sua infinita graça nos convida a participar de sua obra de reconciliar todas as coisas em Cristo (Ef 1.10) e nos tornar parte de seu corpo, da família de fé. Mas ainda agimos como nossos irmãos Adão e Eva. Por vezes, embora ouçamos o que foi dito, simplesmente não reagimos (Adão). O apóstolo Tiago nos lembra que somos apressados demais em falar, sem de fato escutar. Ouvimos algo incorreto, inicialmente até damos a resposta certa, mas reagimos de forma oposta ao que Deus disse (Eva). E o passo seguinte é culpar uns aos outros.

Não queremos tratar desse tema com ressentimento, eximindo-nos da responsabilidade por nossos pecados. Todos nós pecamos primeiramente contra Deus. Entretanto, temo que seja nesse ponto que cometemos um grave erro. A salvação vem somente por meio da graça. Sabemos que o pecado resulta em dor e sofrimento ao próximo e a toda criação, e que vem em pares:

um bate, outro apanha. Jesus tomou sobre si todas as nossas dores. Nós batemos, ele apanhou. Porém, não raro esquecemos que o pecado ofensivo a Deus tem um receptor na terra.

Era um fim de tarde, um daqueles dias de nuvens cinzentas, carregadas o suficiente para começar um temporal. Meu pai e eu estávamos de saída quando ouvi minha mãe dizer: "Filho, não esquece a blusa". Não lembro para onde íamos, mas lembro que, na caminhada de volta para casa, tirei a blusa e a enrolei, segurando à frente do corpo com as duas mãos. Quase imediatamente tomei uma bronca: "Não segure a blusa desse jeito! É perigoso!". Fiquei confuso. O que havia feito de errado? Como segurar a blusa daquele jeito poderia ser perigoso? "Se a polícia passar, vai achar que você está segurando uma arma." Como colocar em palavras a culpa sentida por ser ao mesmo tempo agente e alvo do perigo? O jovem é suspeito porque sua pele é negra.

Essa lembrança de quase vinte anos me faz pensar: o que levaria alguém a se intimidar por uma criança de doze anos? Como essa criança — nesse caso cristã — deveria lidar com esse conflito interno? Ouso dizer que, em geral, a igreja brasileira não trata de racismo com o mesmo zelo que trata de outros assuntos importantes. Cresci na igreja, mas não fui equipado para lidar com o drama que a diferença da cor de pele traz. Ouvi sermões sobre santidade, união com Cristo, amor ao próximo, namoro e sexo, missões, família. Nunca sobre racismo. De quantas conferências sobre racismo você já ouviu falar?

O PGM encoraja um ambiente de escuta intencional. Na *lectio divina*, a oração primeiro desce, depois sobe. Foi nesse ambiente que explorei pela primeira vez o peso da palavra "negro". Carreguei por muito tempo um peso que devia ser carregado pela igreja. Se, contudo, a jornada cristã é por definição comunitária, racismo não deve ser um problema do "negro", mas da igreja. Como podemos amar o próximo se não acreditamos na legitimidade da dor alheia? Não existe bala de prata para acabar com a questão, mas existe um caminho de reverência ao sofrimento do outro que pode ajudar.

Nas Escrituras, Deus não nos ordena fazer algo que ele mesmo não tenha feito primeiro. Só podemos amar uns aos outros porque Deus nos amou primeiro. Jesus não nos ordena tomar nossa cruz e segui-lo, sem que ele mesmo o tenha feito primeiro. Deus não apenas ordena que Israel o escute, ele inclina seus ouvidos para escutar nossas orações (Sl 17.6; 31.2; 40.1; 66.16; 116.2). Deus diz: "Fale em favor daqueles que não podem se defender; garanta justiça para os que estão aflitos. Sim, fale em favor dos pobres e desamparados, e providencie que recebam justiça" (Pv 31.8-9). Ele nos ordena porque o fez primeiro. Como falar por alguém sem antes escutá-lo? Como garantir justiça a alguém, se não sabemos que justiça lhe cabe? Será que estamos cantando louvores na igreja enquanto tapamos os ouvidos?

O desafio proposto por Ziel Machado

O esforço de compreender o tema em questão deve estar marcado pela humildade. Precisamos ouvir, precisamos entender o ocorrido. Portanto, será necessário trazer para o centro da conversa aqueles que estiveram, até aqui, à margem. Aqueles, e aquelas, que foram silenciados, que levam as cicatrizes no corpo, na alma. Precisamos ouvir Deus atentamente, e também todos os sujeitos dessa história.

Esse esforço de compreensão teológica deve assumir uma dimensão de experimento, que nos permita inovação pastoral capaz de nos ajudar a lidar com as consequências dessa escuta. Precisamos encontrar respostas novas para problemas antigos, respostas que nos permitam lidar com o racismo estrutural. Proponho uma teologia que nos leve à tristeza, pois acredito no potencial transformador que ela tem. Em outro lugar escrevi: "Nós precisamos nos entristecer. Falo daquela tristeza segundo Deus, a que Paulo se refere: 'A tristeza segundo Deus produz um arrependimento que leva à salvação e não ao remorso, mas a tristeza segundo o mundo produz morte' (2Co 7.10, NVI). Essa teologia deve levar a igreja à contrição" e produzir em nós "o que produziu em Zaqueu (Lc 19.8). Quando ele se confronta com Cristo e se arrepende e se entristece, e decide dar a metade dos seus bens aos pobres; e devolver, quatro vezes mais do que ele extorquiu. Uma tristeza assim pode resultar em um conjunto de respostas diferentes ao problema. Tem o potencial de mostrar o caminho para uma sociedade mais ampla na prática da restituição e das reparações".[2]

Todo dia ouvimos que já não basta não ser racista. É necessário ser antirracista. Já passou da hora de encararmos esse problema. É necessário combater o racismo onde quer que ele se apresente, ainda que seja em nós. Essa dor presente, e não mais silente, demanda de cada seguidor de Jesus Cristo uma nova atitude, em que estejamos prontos para nos comprometer com iniciativas que busquem responder adequadamente a esse desafio histórico postergado. Faremos isso se ouvirmos atentamente, se gestarmos respostas biblicamente embasadas na justiça do reino de Deus.

[2] Ziel Machado, "Por uma teologia que leve a igreja à tristeza segundo Deus", *Ultimato*, ano LIII, nº 385, set./out. de 2020, p. 23-25.

26
A espiritualidade da arte e a arte na espiritualidade

Marcell Silva Steuernagel e Marcos Almeida

Queremos começar esta conversa reconhecendo uma realidade incômoda: quase desde sua origem, o cristianismo tem um relacionamento controvertido com a arte. A dança entre fé cristã e expressão artística ao longo da história envolve muito pisão no pé, calcanhar torcido, descompasso entre música e corpo... e por aí vai. Embora nossa conversa de hoje não busque varrer sujeira para debaixo do tapete, não é nosso objetivo criticar tudo e todos desnecessariamente. Em especial no contexto deste livro, nosso objetivo é ter uma conversa, ao mesmo tempo franca e esperançosa, capaz de nos ajudar a olhar as possibilidades da vida cristã. Ou seja: à medida que compreendemos as oportunidades oferecidas por Deus hoje, enveredamos por um caminho em que fé e arte dançam no ritmo da esperança, em vez da frustração.

Essa dança complicada se cristalizou ao longo do tempo em uma série de dicotomias: o que é e o que não é arte, quem é e quem não é artista, o que "pode" e o que "não pode". Estabelece-se, aí, uma "pedagogia da suspeita", que continua a moldar a maneira como muitos de nós pensamos sobre arte e vida cristã. Dessa perspectiva, não nos relacionamos com a arte; desconfiamos dela. Para evitar essa desconfiança, propomos transformar esta conversa em um passeio para além da teologia, caminho normalmente trilhado quando examinamos a questão da espiritualidade e da arte. Propomos respirar outros ares, ver outras paisagens e assim ampliar a conversa a fim de incluir vozes antropológicas, sociológicas, criativas e críticas.

À medida que incluímos essas vozes, muitas das dicotomias mencionadas deixam de fazer sentido. Encontramos um bom exemplo dessa reconfiguração na maneira como imaginamos o lugar da arte na experiência cristã. Como bons protestantes, gravitamos em torno de três conceitos fundamentais a respeito de Deus: Deus é bom, Deus é verdadeiro, Deus é belo. Esses conceitos funcionam como uma moldura através da qual interagimos com a arte. Por exemplo: não raro, fazemos uma relação direta entre beleza e arte, e condicionamos o lugar da arte na experiência cristã àquilo que é "belo" segundo nosso conceito de beleza.

Não pretendemos questionar a natureza de Deus, mas sim examinar a lente ou a moldura que construímos a partir desses três conceitos e propor outro vocabulário e outras molduras. Se partirmos da perspectiva de vozes como as de Rubem Alves e Romano Guardini, é possível pensar no sagrado como algo que caminha muito mais próximo do lúdico, do jogo, da brincadeira, daquilo que aparentemente se opõe ao trabalho, ao que é inútil. Para Guardini, "quem não vê o que a arte é realmente transforma o seu jogo, a um tempo alegre e grave, na mais vazia das brincadeiras".[1]

Alves trabalha na mesma direção e, quando fala do Natal, fundamenta seu argumento na história da teologia, que é "a história de como Deus decidiu que a melhor coisa é brincar. Tanto assim que, contrariando o que diziam os graves doutores

[1] Romano Guardini, *O espírito da liturgia* (Rio de Janeiro: Lumen Christi, 1942), p. 94.

da Igreja, o místico medieval Jacob Boehme afirmava que a única coisa que Deus faz é brincar, e declarava também que Adão foi expulso do Paraíso quando deixou de brincar e passou a trabalhar".[2]

O exemplo de Bezalel, em Êxodo 31, demonstra esse argumento de que Deus está além de tramas verbais, seja no meio dos quarenta anos no deserto, no meio da peregrinação para Canaã, ou em um contexto em que preocupações básicas de sobrevivência estavam sempre presentes, como "O que vamos comer? Onde vamos encontrar água?". Nesse contexto difícil, Bezalel é vocacionado para parar e criar. Foi enchido pelo espírito de Deus, que lhe deu "grande sabedoria, habilidade e perícia para trabalhos artísticos de todo tipo. Ele é exímio artesão, perito no trabalho com ouro, prata e bronze. Tem aptidão para gravar e encravar pedras preciosas e entalhar madeira. É mestre em todo trabalho artístico" (Êx 31.3-5).

Bezalel é convidado a inverter as prioridades do bom senso. Ele é chamado a produzir o inútil, a confeccionar algo aparentemente desconectado da realidade da vida no deserto. Ele o faz, porém, a chamado de Deus, enquanto Deus conduz Israel não somente para Canaã, mas sobretudo para a jornada em busca de sua própria identidade como povo que conhece e adora o Deus vivo. Parte dessa adoração, como fica claro no texto de Êxodo, consiste na contemplação de quem Deus é através de algo que não só cumpre uma função cúltica como também carrega as marcas das mãos e da criatividade do artista, que imagina, que brinca, que sonha Deus para dentro das linhas que embelezam os objetos de bronze, ouro, prata, madeira, e todo tipo de obra artesanal.

[2]Rubem Alves, *Teologia do cotidiano* (São Paulo: Olho D'água, 1994), p. 13.

As instruções para esse processo de embelezamento são detalhadas e extensas nas Escrituras. No entanto, Deus não está sendo meticuloso sem motivo. Pelo contrário. Deus é meticuloso porque é de profunda importância prestar atenção à arte nesse processo de desenvolvimento da identidade de seu povo. Bezalel pertence a uma genealogia bíblica que tem início com Jubal, "pai de todos aqueles que tocam harpa e flauta" (Gn 4.21), e aparece ao longo de todo o Antigo Testamento. Essa genealogia é marcada por um DNA artístico, que nem sempre é compreendido. Ele aparece na dança de Davi diante da arca da aliança em 2Samuel 6. Enquanto a arca entrava na Cidade de Davi, este — vestindo o colete sacerdotal de linho — "dançava diante do SENHOR com todas as suas forças" (2Sm 6.14). Da janela, sua esposa Mical o observava sem entender. Para ela, a dança de Davi era vulgar e desnecessária. Mas para Davi, a dança era uma "brincadeira santa": um jeito de se mexer, aparentemente sem sentido, que refletia seu júbilo com o que estava acontecendo. A "avacalhação" de Davi naquele contexto era coisa séria e santa. É justamente a isso que Guardini se refere quando descreve o "jogo alegre e grave" da liturgia.

Essa mesma dinâmica é encontrada em Atos 2, por ocasião da dádiva do Espírito Santo aos discípulos, em Jerusalém. Coisa séria. É interessante que o encher-se do Espírito Santo não resultou em uniformidade, mas em diversidade. Cada um começou "a falar em outras línguas, conforme o Espírito os habilitava" (At 2.4). A manifestação do Espírito se apresenta como um mosaico, um caleidoscópio, que produziu perplexidade na multidão que testemunhou o fenômeno. O povo ficou "atônito e maravilhado" (At 2.7, NVI) diante dessa "brincadeira" do Espírito. É em meio a essa brincadeira que Pedro assume a palavra e testemunha de Cristo.

A arte joga um jogo parecido: ela traduz, mas nem sempre explica. Ela sugere, cutuca, finta, dá voltas aparentemente sem sentido. Ela brinca, como o Espírito brinca. Porque brincar com coisa séria faz parte da vida plena.

Podemos dizer o mesmo dos profetas, que também compartilham desse DNA. No Antigo Testamento, é na vocação profética que a arte encontra porto e raiz. As "loucuras" dos profetas atestam da importância que eles davam à palavra que lhes era dada por Deus e de seu desespero diante da incapacidade de seus ouvintes de entenderem o que estava em jogo. Oseias casou-se com uma prostituta. Isaías andou três anos nu e descalço. Ezequiel preparou sua comida sobre esterco. Nos Evangelhos, João Batista herda esse DNA, exibindo suas vestes de pelo de camelo. O próprio Jesus partilha dessa vocação em seu ministério, e por vezes foi criticado por andar com o povo errado e gastar seu tempo de forma aparentemente inútil.

Nesse sentido, até o título deste capítulo apresenta o risco de pensar que "arte e espiritualidade" são coisas distintas e em contraposição, mas na verdade, se incluirmos, por exemplo, a voz da poetisa Adélia Prado na conversa, é possível evitar tal risco. Para ela, arte e teologia são como dois braços de um rio que, embora compartilhem a mesma água na origem, correm por terrenos por vezes similares e por vezes distintos. E, ao responder ao terreno, expressam a beleza da criação de Deus.

De certa forma, o curso dessa água pode ser comparado à experiência humana: o lugar onde a arte e a espiritualidade se encontram. Justamente nessa intersecção, nesse cruzamento, existe a oportunidade do engajamento da arte como uma disciplina espiritual; não como castigo ou autoflagelação, mas como uma prática que nos liberta para a comunhão com o Eterno. Assim, o engajamento com a arte e sua natureza lúdica precisa fazer parte da experiência humana, uma vez que é a partir desse "jogo" que experimentamos e saboreamos o mundo de Deus.

No universo protestante, com sua sóbria suspeita daqueles aspectos da experiência humana que operam além do verbo, da palavra (e, portanto, além do controle da consciência), muitas vezes a arte e a brincadeira não têm lugar à mesa. A tradição protestante moderna gosta de ordem, de arrumação, de seriedade, de virtude, e tem pouco tempo para o que é aparentemente inútil e divertido. Como nos conta Otto Maria Carpeaux, "não é de admirar que, dentro do mundo protestante, a arte foi salva pelo acaso feliz da musicalidade de Lutero".[3] Não foi só o gosto pela música, mas sua paixão por recrear-se em volta da mesa, em que teologia, boa bebida e comida andam de mãos dadas e trazem consigo uma boa piada e uma boa história para sorrirmos.

A consequência dessa tradição mais sisuda e asséptica é que um aspecto fundamental da experiência humana acaba relegado às margens da narrativa que valida o que significa "ser gente" e "ser cristão". Mas se, ao contrário, reconhecermos a arte como parte fundamental da experiência humana, ela consequentemente se tornará um aspecto crucial da espiritualidade cristã como experiência integral do relacionamento com Deus e com o outro. Essa perspectiva é mais plena justamente por reconhecer a fundamentalidade da arte como parte integral da experiência humana.

Pensar no lugar da arte sob essa perspectiva tem o potencial de reconfigurar como pensamos o lugar da arte na

[3] Otto Maria Capeaux, *Uma nova história da música* (Rio de Janeiro: Alhambra, 1977), p. 28.

espiritualidade. Se a arte é parte integral da vida plena que queremos experimentar em Cristo, precisamos acolhê-la em nossa própria experiência. Trata-se de um chamado para prestar atenção não apenas ao mundo criado de Deus como também ao exercício criativo da humanidade, à medida que pinta, borda, dança, joga, orna, canta, gira e ri. Se é verdade que, como diz Richard Foster, as disciplinas espirituais nos apontam para a liberdade, então precisamos transformar nossa sensibilização estética em disciplina espiritual.[4] Precisamos reaprender a usar os sentidos não apenas de forma instrumental, para sobreviver, produzir e trabalhar, mas também para ver com calma, saborear com atenção, dançar até ficar suados e tontos.

Essa disciplina confere novo significado para algumas passagens bíblicas. A exortação do salmista, "Aquietem-se e saibam que eu sou Deus!" (Sl 46.10), se torna um convite não apenas à contemplação como silêncio da alma, mas também como fruição dos sentidos. Aquietar-se é aprender a ouvir o mundo a nossa volta. É aprender a sentir o gosto do vinho feito por Jesus nas bodas de Caná. Jesus, no Sermão do Monte, convida seus ouvintes a olhar para os lírios do campo, "que não trabalham nem fazem suas roupas" (Lc 12.27). Olhar os lírios do campo é mais que simplesmente parar para sentir o perfume das flores. É um chamado de Jesus ao exercício de uma disciplina que, se praticada com regularidade, altera profundamente nossa maneira de viver. É uma disciplina que nos chama a parar, a escutar, a sentir o gosto das coisas. É uma disciplina que nos encoraja a trocar a refeição rápida entre reuniões de trabalho por um jantar com amigos, que pode ter hora para

[4] Ver Richard Foster, *Celebração da disciplina: O caminho do crescimento espiritual* (São Paulo: Vida, 1983).

começar, mas não tem hora para acabar. É um convite para a roda de samba, em que alguns cantam, outros tocam e outros ainda dançam. É um convite para o improviso como forma lírica de responder ao presente da vida, que Deus nos dá.

Aceitar esse convite é coisa séria. Não é possível aceitá-lo e deixar de praticar essa disciplina profundamente espiritual da hospitalidade à arte e ao outro, como brincadeira. Esse convite é difícil para alguns de nós, criados não para saborear, mas para comer rapidinho e voltar logo para o escritório. É um convite a uma forma de viver jardinando a própria alma, plantando árvores que produzirão frutos de sabor ainda não experimentado. É um convite crucial para recuperar nossa humanidade, para ser lembrados dos sabores das frutas do jardim.

Honramos a Deus à medida que recuperamos nossa humanidade, pois é justamente na experiência do mundo de Deus, relacionando-nos com aqueles que nos rodeiam, que entendemos, pouco a pouco, o que significa o caminho do discipulado.

Sobre os autores

Alexandre Brasil Carvalho da Fonseca é pró-reitor de Pessoal da UFRJ. Sociólogo, professor associado do Instituto Nutes de Educação em Ciências e Saúde da UFRJ, e presidente da organização Paz e Esperança Brasil.

Andrea Ramos Santos é ecóloga apaixonada por pássaros. Trabalha na A Rocha Canadá, e vive com o marido, Gustavo, em Brooksdale, o Centro Ambiental da A Rocha, na Grande Vancouver.

Benjamim Lenz César é pastor do Ministério Sal da Terra em Anápolis (GO), e *founder designer* da BJ Plus Design. Casado com Thaiany e pai da Catarina.

Davi Rabelo é pastor na Igreja Presbiteriana do Planalto, em Brasília (DF). Graduado em Desenho Industrial na UnB, fez teologia no Seminário Presbiteriano de Brasília. Possui mestrado pelo Regent College em Cristianismo e as Artes. Casado com Fernanda e pai de Levi, Tomás e Natan.

Davi C. Ribeiro Lin é psicólogo clínico, professor e doutor em Teologia e pastor. Casado com Aline e pai de Bernardo.

Everton Kischlat é presbítero da Igreja Presbiteriana do Planalto, em Brasília (DF). Engenheiro agrônomo, auditor federal de Finanças e Controle da Controladoria Geral da União, e vice-presidente da Associação de Proteção e Assistência ao Condenado do Distrito Federal (APAC/DF). Casado com Raquel e pai de Isabela, Felipe e Julia.

Fabiane Behling Luckow é musicista e artista visual, mestra em Etnomusicologia (UFRGS) e doutoranda em Teologia Prática (Faculdades EST). Atuou em função pastoral na Comunidade Luterana São João, em Pelotas (RS).

Fabio Tadashi Suzaki é consultor de empresas, mestre em Psicologia Social e Cultural (LSE), conselheiro da Glocal Aceleradora de ONGs e membro da assembleia da Visão Mundial. Casado com Claudia.

Fernanda Kivitz é socióloga e mestre em Educação pela PUC-SP. Atua em projetos que conectam infâncias e espiritualidade. Mãe da Valentina.

Flávia da Hora é mestre em Serviço Social, servidora pública federal e consultora de projetos sociais. Atua no cuidado pastoral, ensino e consultoria na Comunidade da Vila e na Glocal Aceleradora. Casada com Gustavo da Hora e mãe de dois filhos.

Giovanna de Barros E. Amaral começou no jornalismo e na missão com estudantes universitários. Estudou liderança cristã no Servo de Cristo e serve o ministério infantil e de comunicação na Igreja Metodista Livre da Saúde, em São Paulo. Casada com Tiago e mãe de André e Isabel.

Guilherme Ribeiro de Paula serve como pastor associado na Igreja Presbiteriana, na Sociedade Bíblica do Brasil e na rede Contemplatio. Publicitário, autor e tradutor, tem doutorado em Ministério, Semiótica e Cultura pelo Portland Seminary. Casado com Thais.

Gustavo da Hora é pastor na Comunidade da Vila e na Glocal. Formado em Teologia, técnico em Artes Gráficas e graduado em Comunicação – Produção Editorial. Casado com Flávia da Hora e pai de dois filhos.

Isabelle Ludovico é psicóloga clínica e escritora. Casada com Osmar há 45 anos, com quem ministra oficinas e retiros de crescimento psicoespiritual. Tem dois filhos e seis netos.

João P. B. Lotufo Jr. é educador agroecológio, pai apaixonado, esposo em construção. Compartilha suas peripécias em @borapermaculturar.

José Walter Sales e Silva é economista e administrador. Casado com Ludhiana e pai de quatro filhos.

Karen Aquino é secretária de formação e engajamento missionário da ABUB e doutoranda em Ciência da Religião pela UFJF. Casada com Arthur e mãe de Levi.

Karen Bomilcar é escritora, formada em Psicologia e Teologia. Atualmente, é psicóloga hospitalar na rede pública de São Paulo (SP).

Keren Moura é filha, irmã, tia e amiga. Atua como comunicóloga e *designer*.

Ludhiana E. M. Sales e Silva é formada em Letras-Tradução, com mestrado em Comunicação Transcultural. Casada com Zé e mãe de quatro filhos.

Luiz Henrique Ramos Santana é presbítero na King's Cross Baptist Church e gerente de projetos do London Project, movimento de revitalização e plantação de igrejas da City to City em Londres. Casado com Justyna e pai de Ruby e Levi.

Marcell Silva Steuernagel é Ph.D., professor de Música e Igreja e diretor do mestrado em Música Sacra da Southern Methodist University/SMU, em Dallas, Texas. Casado com Caroline, com quem tem três filhos.

Marcos Almeida é compositor, cantor e multi-instrumentista. Casado com Débora Otoni e pai de três filhos, Joaquim, Isabel e Cecília.

Marcos Vinícius A. B. De Matos é professor efetivo de Direito Público na Brunel University, em Londres. Membro da Diretoria da Aliança Bíblica Universitária do Brasil (ABUB) e membro fundador da Rede Cristã de Advocacia Popular (RECAP). Casado com Priscila Vieira e pai de Aurora.

Martina Seefeld Storck é *designer*, casada com Guilherme e mãe de Olívia e Giovana. Faz parte da Igreja Batista do Prado, em Curitiba.

Osmar Ludovico é diretor espiritual, mentor e autor. Conduz retiros espirituais de casais e revisão de vida há mais de quarenta anos. Mora em Portugal e serve na rede Contemplatio. Casado com Isabelle.

Paula Reis Oliveira é bióloga. Casada com João Lotufo e mãe de Iberê e de um outro lindo ser humano que ainda está para chegar.

Rachel Currie Triska é vice-presidente da CitySquare, organização de combate à pobreza em Dallas. Atuou como diretora executiva e pastora líder da comunidade de fé Life in Deep Ellum. É mãe de duas filhas.

Raquel Arouca é bióloga, fundadora da ONG A Rocha no Brasil e, atualmente, mobilizadora nacional do movimento Renovar Nosso Mundo. Casada com Jonatas e mãe de Joaquim e Serena.

Ricardo Barbosa de Sousa é pastor da Igreja Presbiteriana do Planalto, em Brasília (DF), e coordenador do Centro Cristão de Estudos. Casado com Maria Cristina.

Rosana Basile é mineira e artista plástica. Mãe de três meninas e casada com Davi, com quem criou o Teologarte, *site* que busca conectar as artes e a fé cristã.

Sandro e Christiane Scheuer Caetano, ele mineiro, ela catarina, que dividem os erros e acertos nos últimos dezoito anos. Estão à espera de dois filhos para adoção.

Sarah Nigri de Angelis é historiadora, mestre em História Social das Relações Políticas (UFES), especialista em Democracia Participativa e Movimentos Sociais (UFMG), secretária geral da Aliança Bíblica Universitária do Brasil (ABUB) e membro da Igreja Presbiteriana Independente de Botucatu (SP). Casada com Rafael e mãe de Davi.

Silêda Silva Steuernagel, revisora e tradutora, compartilha com Valdir a vocação do pastoreio, da palavra escrita e da nutrição espiritual em 45 anos de matrimônio. Tem quatro filhos e sete netos.

Sônia Regina C. B. Gertner é pedagoga, psicóloga, especializada em Saúde Mental e Psicanálise, mestra em Saúde Pública, pesquisadora da Fiocruz e membro da Igreja Batista Itacuruçá, no Rio de Janeiro. Casada com Ernesto Gertner e mãe de Sofia e Flora.

Soraya Cavalcanti é professora e psicóloga, e mestre em Serviço Social pela PUC-Rio. Servidora pública, atua como coordenadora do Programa de Capacitação Continuada Capacit Mulher, na Subsecretaria de Políticas Públicas para Mulheres do Estado do Rio de Janeiro. Casada com Júlio César Vidal.

Thais Romano é jornalista e co-fundadora da loja de roupa de mesa Aconchego. Serve na diretoria do Centro de Reestruturação para a Vida (CERVI) e na rede Contemplatio. Casada com Guilherme.

Thiago Crucciti, pai da Valentina, é diretor executivo da Visão Mundial no Brasil.

Tiago da Costa Santos atua como facilitador e *designer* de serviço. Serve no ministério de louvor e adoração na Igreja Metodista Livre da Saúde, em São Paulo. Casado com Giovanna e pai de André e Isabel.

Valdir Steuernagel, pastor luterano, embaixador da Aliança Evangélica, Visão Mundial e colunista da Ultimato. Casado com Silêda, com quem tem quatro filhos e sete netos, e com quem se dedica ao ministério da nutrição espiritual e vocação missional.

Ziel J. O. Machado é pastor na Igreja Metodista Livre, SP, vice-reitor do Seminário Servo de Cristo e presidente de honra da International Fellowship of Evangelical Students. Casado com Solange e pai de Thiago, Lucas e Sarah.

Compartilhe suas impressões de leitura,
mencionando o título da obra, pelo e-mail
opiniao-do-leitor@mundocristao.com.br
ou por nossas redes sociais

Esta obra foi composta com tipografia Palatino e Europa
e impressa em papel Pólen Natural 70 g/m² na gráfica Imprensa da Fé